한국 교회음악 작곡가의 세계

17인의 작곡가를 만나다
한국 교회음악 작곡가의 세계

김규현 지음

예솔

서문

교회음악 작곡가의 재조명과 재평가를 위하여

세계음악사 초기를 보면 교회음악 작곡가들의 역사이고 작품양식 변화의 역사임을 알 수 있다. 세속음악이 발달하면서 교회음악 작곡가들의 입지가 점차 좁아져 갔다. 5, 6세기가 지난 오늘날에도 교회음악 작곡가들은 조명을 받지 못하고 제대로 인정받지 못함에도 불구하고 오직 믿음과 신앙으로 교회음악을 만들어 하나님을 찬양하는 데 공헌하고 있는 작곡가들이 우리나라에는 꽤 많다. 이들은 일반 어느 작곡가들보다도 교회음악작품을 많이 작곡했고 이들의 작곡 또한 우리나라 교회 예배나 교회음악 현장에서 많이 불리며 연주되고 있다.

김두완, 구두회, 박재훈, 나운영, 박태준 등 본서에 수록된 열일곱 분이 그들인데 세 분(박태준, 이유선, 나운영)은 이미 타계하였다. 그리고 세 분(박재훈, 김순세, 백경환)은 현재 외국에 거주하고 있다. 외국 교회음악 출간 서적들을 보면 대부분이 찬송시 작가에 관한 책이 아니면 교회음악 이론서들로 교회음악 작곡가들을 조명한 것은 별로 없는 것 같다.

필자가 이 작업을 시작한 것은 약 10년 전인 1995년으로 3년간 작업을 했다. 이제야 묶어서 내놓게 되어 감개무량하다. 묻혀가는 훌륭한 교회음악 작곡가들을 재조명해서 먼저 우리가 바로 알고 세계 교회음악계에도 소개하자는 데 중요한 출간목적이 있다. 이미 몇 분 작곡가들은 외국 교회음악계에 소개되고 외국 찬송가집에 악보도 수록되어 있다. 앞으로 본서를 영문판도 출간해서 외국에 소개할 생각이다. 그러면 우리나라 교회음악 작곡가들도 세계 교회음악사의 한 반열에 오를 수 있다고 본다.

본서는 문헌을 뒤져서 쓴 것이 아니라 작곡가들을 직접 찾아가 만나서 나눈 이야기를 정리한 것이다. 만난 시점이 10년 전이라 내용에서 시대성이 좀 떨어져 보일 수는 있으나 최대한 최신 내용을 담으려고 했다. 돌아가신 분들은 직계가족의 도움을 받았고 생존하시는 분들은 작곡가 본인이 직접 내용을 수정하고 보완까지 해주었다.

본서의 처음 구성은 〈본문 + 한국교회음악약사 + 작가연보 + 대표적인 찬송가 + 성가독창곡 + 성가합창곡〉 순으로 편집 욕심을 내보았으나 부득이 〈한국교회음악약사〉는 자료의 한계성 때문에 첨가하지 못했다. 수록된 작가들이 변천사를 그나마 말해주고 있어 일단은 이것으로 만족할 수밖에 없을 것 같다. 언젠가는 이 점을 심도 있게 탐구하고 연구해서 제대로 된 역사서를 펴낼 생각이다. 필자가 본문 내용 다음으로 비중을 둔 것은 수록 작곡가들의 연보를 정확하게 하는 일이다. 한눈으로 작가의 모든 것을 읽을 수 있게 하기 위해 생존 작곡가들한테 직접 보완과 검증을 부탁드렸다. 이미 작고한 분들은 문헌조사로 만족할 수밖에 없었다. 간혹 미비한 점이 있을 수 있겠으나 이 점은 증보판을 낼 때 추가해서 보완할 생각이다. 본문과 작품집을 함께 묶어 단권으로 만들 계획이었으나 본문보다 작품의 양이 많아 작품과 본문을 분리했다. 함께 출간하는 작품집은 본문 내용과 대조하는 것은 물론 음악회 현장에서도 활용할 수 있게끔 선곡을 했다.

원로 작곡가들 생존시에 만들어야겠다고 생각했으나 그러지 못하고 몇 분이 작고하시는 일이 일어났다. 작고하신 작곡가들께 미안한 감이 든다. 그러나 한편 이렇게 「한국 교회음악 작곡가의 세계」를 펴내게 되어 정말 하늘을 날 것 같은 기분이다. 지면을 통해서 한국의 대표적인 교회음악 작곡가들을 소개할 수 있기 때문이다. 본서를 내는 과정에서 예솔출판사의 안선영 선생과 김한나 선생의 도움을 잊을 수가 없고 고마운 마음을 드린다. 그리고 본서를 기꺼이 출판해준 김재선 대표께도 아울러 진심으로 감사를 드린다. 바쁘신 와중에도 일일이 악보와 본문교정을 해준 참여 작곡가 제현께도 진심으로 감사의 말씀을 드린다.

필자의 이 작은 노력이 우리나라 교회음악계 발전과 우리나라 교회음악 작곡가를 사랑하고 더 많은 것을 알기 원하는 분들께 작은 지식정보의 보고가 됐으면 하는 바람이다.

2006년 9월 彌阿洞 서재에서
필자 記

차례 (가나다 순)
contents

서문 · 4

1장 생애生涯

교회음악의 정통주의자
구두회 David Tuhoy Koo　　　11

한국 교회음악의 슈베르트
김국진 Guk Jin Kim　　　23

한국 교회음악의 상징적 대명사
김두완 Du Wan Kim　　　35

철저한 교회음악 계승자
김순세 Soon Se Kim　　　43

하나님이 불러 세운 고신대의 교회음악가
김정일 Jung Il Kim　　　55

민족주의 교회음악의 선구자
나운영 Un Yung La　　　63

한국 교회음악의 충직한 작곡가
나인용 In Yong La　　　75

구도자적인 창작 성가음악의 대부
박재훈 Jae Hoon Park　　　83

교회 합창음악의 영원한 지도자
박태준 Tae Jun Park　　　97

하나님이 쓰신 찬양 목회자
백경환 Kyung Hwan Baek　　　　109

낭만주의 교회음악의 계승자
백태현 Tae Hyun Baek　　　　119

중용주의 교회음악 작곡가
오진득 Jin Deuk O　　　　129

정통 교회음악 작곡의 상속자
이영조 Yeong Jo Lee　　　　137

한국 교회음악의 개척자
이유선 Yu Sun Lee　　　　149

전형적인 교회음악 전도사
이중화 Jung Hwa Lee　　　　159

국민주의 교회음악 작곡가
한태근 Tae Geun Han　　　　169

교회음악의 개혁주의자
황철익 Cheol Ik Hwang　　　　182

2장 **연보**年譜와 **작품**作品　　　　195

1장 생애

교회음악의 정통주의자

구두회 David ChaiHi Koo

교회음악의 정통주의자
구두회(1921~)

생애와 학문적 배경

평양 요한학교 재학 시 그는 평양 남산현 감리교회에서 이유선의 지휘로 연주된 F.J. Haydn의 〈천지창조〉를 듣고 감동과 충격을 억제하지 못해 그날 밤을 설쳤다고 솔직하게 고백했다. '나 같은 세대에 이런 대곡을 작곡했다니 나는 무엇을 했단 말인가' 이 말이 뇌리에서 반복되어 자문까지 했다고 한다. 이 충격을 가라앉히기 위해 지휘자인 이유선을 찾아갔다. 조바심을 갖지 말고 이제부터 시작하면 된다는 위로의 말을 들은 것이다.
장수철, 박재훈과 함께 구두회는 한국 교회음악계의 귀중한 3총사라고 할 수 있다. 그는 1921년 음력 8월 3일 충남 공주읍에서 구완서 권사의 차남으로 출생했다. 그는 청소년 시절에 공주, 논산, 대전 등에서 교육을 받았다. 그가 교회음악을 처음 접한 것은 교회의 유치원생일 때이지만 본격적으로 음악 공부를 하고 활동을 한 것은 평양 요한학교에 들어가고부터라 할 수 있다. 그 당시(1940년경) 미국에서 정규 음악공부를 하고 온 이유선한테 음악 이론의 전반적인 것을 배우게 된다. 그의 창작음악세계의 문은 이렇게 해서 열리게 된 것이다.
이때 그와 함께 배운 사람은 캐나다에 이민 간 박재훈과 현재 아내가 된 김경환(당시는 애인)이었다. 주로 집중적으로 배운 것은 앤더슨(Anderson)의「화성학」Vol. I, II와 키슨(Kitson)의「대위법」이었다. 그는 이것을 완전히 독파한다. 그가 중학시절(16세 때)에 다니던 교회 성가대 지휘자인 박유현(평양출신의 대전 철도국 직원)한테 음전을 공부하고 졸업했을 때 당시 충남 예산 지방 감리교 감리사이고 학비를 대준 서태원 목사가 지교회 담임을 권했으나 적성에 맞지 않아 거절했다. 교수들은 그가 조직신학 교수가 되는 것이 적당하다고 권장했으나 결국 그는 신학교 교수가 되지 않았다.

어느 날 새벽기도회를 마치고 요한학교 기숙사에 돌아와 잠을 청했는데 그때 꿈속에서 한 인물(계시)이 나타나 자신의 고민을 물었다고 한다. 조직신학 교수가 꿈이었는데 일본 유학 가는 길이 막혀 고민 중이라고 했더니 굳이 그 길로 갈 것이 아니라 음악의 길로 가라고 충고했다. 그가 학비가 많이 들어 포기했다고 하니까 하나님이 크게 역사하실 것이라는 말을 남겼다고 한다. 이 말을 듣고 이것이 하나님의 뜻인 것을 뒤늦게 깨달았다고 한다. 이 일이 그에게 큰 전환점을 갖게 하는 계기가 된 것은 물론이다. 그래서 일본 동경에 먼저 가 있는 장수철과 박재훈에게 전보를 쳐서 입학원서를 보내달라고 하게 된다.

제국 음악학교에 입학한 그는 기뻐하기보다는 등록금을 걱정해야 했다. 그래서 그는 학교 교무실과에 가서 통사정을 해 얼마간의 등록금 납부 연기를 허락 받고 공부하게 된다. 그러나 그는 학교와의 약속을 지키지 못 했고, 교무과에 찾아가 학교의 처분만을 기다렸다. 이런 딱한 사정을 안 교무과장은 그에게 위로의 말을 하며 편의를 다시 보아주었다. 그때 당시 상급 학년에는 첼로의 전봉초, 성악에 이동일, 바이올린에 이동훈, 그리고 작곡에 서창선 등이 공부하고 있었다. 이 와중에 학도지원병 이야기가 떠돌고 있어 그는 동급(Classmate) 간부들의 만류를 뿌리치고 학문을 포기하고 귀국하게 된다. 잠시 공주의 고향집을 들렸던 그는 그곳에서도 학도병 징용 문제로 다시 평양에 오지 않으면 안되었다.

필자와 좌담하는 향파 구두회 장로

친구의 집에 머물고 있을 때 징용을 면제 받을 수 있는 기회가 주어진다. 즉 초등학교 교사모집에 응시해 박재훈과 나란히 합격되어 강서군에 있는 강선국민학교 교사가 된다. 그는 합격을 재확인하고 수차례 하나님께 감사를 했다. 부친의 임종을 지켜보지 못했던 그가 탈상(脫喪)을 끝내고 다시 평양으로 가려고 하는데 그의 형이 38선이 있어 왕래가 자유스럽지 못할 텐데 반드시 가야만 되겠느냐고 울먹이며 간청하여 그는 평양행을 포기하고 다시 머물게 된다. 충남도청 학무과에 근무하고 있는 부친의 친구와 중앙청 군청 음악과장으로 있는 이유선의 덕으로 그는 대전사범학교 음악교사(1946~54)가 되어 후학들을 가르치게 된다.

사변이 나면서 국학대학이 대전으로 옮겨와서 그는 그 학교 대학부 영문과에 부인과 함께 입학해서 함께 졸업한다. 졸업 후 배재 중고등학교 음악교사(1954~57)가 되었는데, 어느 날 행운이 그에게 온다. 즉 감리교 재단에 봉사한 자를 위한 미국의 십자군장학재단이 주는 십자군장학금을 받게 된 것이다. 1957년에 그에게 미국 유학의 길이 열린다. 그는 보스턴 대학교(Boston University) 음악대학원에서 휴고 노덴(Dr. Hugo Norden)으로부터 전통작곡법 이론과 기법을 배워 작곡으로 석사(M.M)를 받고 박사과정 중에 귀국했다(1959). 숙명여자대학교 음악대학이 그를 기다리고 있었다. 그곳에서 정년퇴임할 때까지 자리를 옮기지 않고 충실하게 지조를 지키며 곧은 작곡과 교수로 일관했다.

퇴임 후에 그는 박사과정을 이수하지 못한 것이 아쉬웠는지 캘리포니아 신학대학(California of Theological College)에서 음악 박사학위(1984)를 받았고, 미국 미드웨스트 대학(Midwest College & Theological Seminary)에서는 교회음악 박사학위를 받았다. 그리고 찬양신학원에서 대학원장으로 재직하면서 후학들을 가르쳤고, 현재는 명예 교수로 있다. 86세의 고령인데도 불구하고 안양대학교 음악과와 감리교 신학대에 출강하고 있으며 자신의 아호를 딴 향파음악연구회 대표로 있다. 그리고 한국교회음악협회와 한국교회음악작곡과협회의 고문으로 있으면서 후배들의 활동을 도와주고 있다.

창작세계와 교회음악 사상

금년(2006)은 그의 작곡 66년을 맞은 해이다. 이런 그의 교회음악을 3기로 나누어 보려고 한다. 제1기는 양악수용과 습작기로 보아야 될 것 같다. 그가 이유선한테 배웠던 시기와 일본 유학 시기 그리고 귀국해서 교편생활을 한 시기 즉 유학 전 시기가 그것이다. 이 시기는 주로 성악곡 중심의 조성음악이었고, 낭만 초기 슈베르트(F. Schubert)의 찬송가류의 노래들이 대부분이었다. 이때 작품들은 전란 시에 옮겨 다니느라고 분실된 것이 많아 현재는 몇 밖에 남아 있지 않다고 한다.

제2기는 교회음악의 절정기라고 할 수 있다. 미국 유학 시기와 귀국해서 활발하게 활동한 1960~70년대에 쓴 작품들이다. 18세기 전통 작곡 기법을 현시대에 맞게 고도로 응용한 작품이 만들어진 시기다. 주로 합창곡과 독창곡이 만들어졌는데 그 좋은 예가 〈새 노래로 주께 노래하라〉(1961), 〈여호와께 경배할찌어다〉(1967), 〈당신이 문 밖에〉(1976), 〈만세반석〉(1974) 등이다. 특히 〈새 노래로 여호와께 찬양하라〉는 여러 기법을 고도로 응용한 합창곡인데 국내 교회음악 작곡가들의 작품에서는 찾아 볼 수가 없는 훌륭한 작품이다.

이 시기에 쓴 찬송가로는 〈사철에 봄바람 불어 잇고〉(1960)와 〈어머니의 넓은 사랑〉(1966)이 있는데, 이 두 곡은 통일찬송가(305, 304장)에 수록되어 있고 국내 찬송가로는 제일 많이 부르는 곡 중에 하나라 할 수 있다. 이 두 곡은 기존 찬송가와 다른 것은 없으나 작가가 하나님의 음성을 듣고 그 영감을 받고 만든 것 중에 하나가 앞의 두 찬송가라고 한다.

제3기는 정착기와 성숙기이다. 국악의 평조나 계면조 그리고 교회선법을 한국 정서를 적절히 표현하기 위해 전통 개념 안에서 전통 개념을 초월하고 있는 시기, 즉 조성의 기능을 역기능 처리해 평조와 계면조 음계와 절충하는 것이 그것이다. 그 대표적인 곡으로 신작 중보 찬송가 593장 〈성경에서 찾게 되었네〉(1992)와 571장 〈창조주의 빛〉(1991), 합창곡 〈만세반석 열리니〉 등을 들 수 있다.

제3기를 통해서 그의 음악은 조성을 유지하되 어떻게 구성하고 디자인(design) 했느냐와 무슨 변화의 추(cone)를 세웠느냐로 작품경향을 알 수 있을 것 같다.

그의 작품의 근대성은 선율 자체에 있다기보다는 반주 양식이나 구성의 다양성에서 나타나고 있었다. 그 좋은 예가 독창곡 〈당신이 문 밖에〉(박화목 시)를 들 수 있다. 조성적인 표현 유지 + 한국적 분위기 살리기(한국적 정서 표현)로 융합된 것이 그의 창작음악의 기본 골격이라고 본다. 세속음악은 교회음악보다 더 진보적이고 근대적인 표출을 하고 있는 반면 성가곡은 편의성과 온건성을 우선하고 있다.

그는 회중 찬송가를 신앙적 노래라고 보고 편이성을 강조한다. 하나님의 영적 능력에 입각해 만든 찬송가하면 서구 것, 우리 것하고 가릴 필요가 없다는 것이 그의 교회음악관이다.

그리고 무조건 외국 것을 배제하려 드는 자세는 잘못이라고 한다. 역사적으로나 문헌적으로 가치가 있는 곡은 우리가 수용해서 불러야 한다는 주장이다. 교회음악 창작에 인간의 재능을 나타내 돋보이려는 것은 올바른 신앙인의 태도가 아니라는 의견이다.

현대음악 이론과 기법을 미국 유학 시 가드너 리드(Gardner Read)한테 배웠으나 성가 작곡에는 부적합하고 무미건조한 음악이 될 가능성이 있어 쓰지 않는다고 한다. 또한 토착화 문제도 그는 미악(美樂)의 원형을 가리며 전통 조성음악과 5음계 혹은 교회선법 등과 절충하는 기법을 쓰고 있었다. 토착화 작업을 어디까지나 기독교 문화에 바탕을 두고 한국적인 정서 표현을 할 때 진정한 교회음악이 만들어 질 수가 있다고 한다. 굿거리장단이나 5음계는 교회음악 토착화의 최상이 아니라는 논리다. 기존 교회음악에도 얼마든지 다양한 리듬이 존재하고 있고, 굿거리장단이나 세마치장단을 끌어 들여 한국적 운운하는 것은 우스운 일이라고 한다. 잡신을 위한 음악 소재를 교회음악에 차용하는 것은 매우 위험한 발상이라고 보고 있다. 새벽 예배가 한국적으로 정착되어 가는 것 같이 교회음악의 토착화도 자연스럽게 되어야지 억지로 토착화를 하려들면 거부감만 조성하게 된다는 주장이다.

그는 영감이 떠오르지 않으면 작곡을 하지 않는다. 인위적인 것은 성가가 아니기 때문이다. 하나님이 영감을 주실 때까지 덮어두고 기다리며 기도를 한다. 이렇게 철저한 그이기 때문에 세속음악과 교회음악의 개념도 분명히 하고 있다. 그가 말하는 교회음악은 가사가 있어야 되고, 기악음악은 존재할 수 없다는 지론이다. 있다면 기존 음악의 주제 변형을 한 것에 불과하다고 한다.

그는 교회음악의 조건을 첫째로 종교적인 요소(religious element)가 있어야 한다고 강조한다. 경건해야 되고, 엄격해야 되고, 심도가 깊고 사색적이어야 되고, 신앙적으로 소망을 주는 음악이어야 한다고 강조한다. 둘째는 영적인 요소(spiritual element)가 있어야 한다는 것이다. 셋째는 기도의 요소(prayerful element)가 있어야 한다고 말한다. 들음으로써 누가 시키지도 않았는데 간절한 기도의 연발 작용을 일으키게 해야 하며, 기도하는 마음이 우러나야 하고 통회 자복하는 힘을 갖고 있어야 한다는 것이다.

세속음악은 인간의 감정을 나타내고 전달하는 데 끝나지 그 이상은 없다고 한다. 헝가리의 수도 부다페스트 출신인 음악학자 랑(Paul Henry Lang, 1901~)은 교회음악과 세속음악과의 차이는 그 기능에 있다고 했다. 그 첫째가 계시 받기 기능이고, 둘째는 증거, 전달 기능이라고 한다. 음악을 들으면 마음이 뜨거워지며 자주 노래를 부르고 듣고 증언하고 하나님을 찬양하는 행위가 복음을 전하는 행위가 되면 전달의 기능이 이루어진 것이다. 셋째는 호응의 역사를 말하고 있다. 즉 자기가 부름으로 말미암아 동일한 감격을 느껴 호응하는 것이다. 이와 같이 3가지 기능을 발휘할 때 교회음악이 될 수 있고, 그렇지 못하면 세속음악에 지나지 않는다고 랑의 논리를 들어 타당성을 증명해 주었다.

그는 교회음악의 바른 줄기 찾기와 바르게 펴나가기 운동의 필요성을 강조하고 있는데, 그것은 세속음악의 아류 같은 음악들이 교회음악인 양 교회에서 판을 치고 있기 때문이다. 교회음악의 정통주의자란 어휘가 그에게 적당할지 모르지만 그는 교회음악의 정통성과 전통성을 고수하고 있는 절대주의자다. 조성음악과 교회음악 악기 외에는 결코 용납과 수용을 하지 않고 있는 그다. 그는 교회음악의 기본 줄기가 중세기 음악에서 근원적인 출발을 하고 있다고 본다. 오늘날 족보도 없이 마구잡이로 연주되고 있는 개신교 찬송가나 복음성가는 반드시 올바른 교회음악의 뿌리를 찾아 논리적으로 정립되어야 한다고 주장한다.

세속음악을 제외한 그의 대부분의 작품들은 전통에 입각해서 만들어

아내 김경환 장로와 함께

지는 것을 볼 수가 있다. 특히 그의 교회음악들은 신본주의 사상이 강하게 느껴지며 모난 데가 별로 없다.

그가 교회음악에 자신의 이름을 영원히 남기게 된 것은 통일 찬송가 304장인 〈어머님의 넓은 사랑〉(주요한 작시, 1966)과 305장 〈사철에 봄바람 불어 잇고〉(정영택 작사, 1966) 두 곡 때문이라고 할 수 있다. 전자는 주요한이 자신을 길러주신 할머님을 생각하면서 작시한 것이고, 후자는 정영택이 자신의 행복한 가정을 소망하면서 작시한 것이라고 한다. 이 두 가사를 그는 부친의 곧은 절개에 감사하고, 온화한 가정을 갈망하며 타계하신 어머님을 그리며 작곡한 것이라고 했다.

기대와 전망 그리고 그의 현재

동경 유학 시 힘들 때면 자주 부르고 힘을 얻었던 찬송가는 〈주안에 있는 나에게 딴 근심 있으랴〉(456장)라고 한다. 그러면서 이런 기도를 하곤 했다. '주님! 속담에 젊어 고생은 돈을 주고도 못 산다고 했습니다. 제가 젊었을 때 고생은 얼마든지 감당하겠습니다. 그러나 제가 이 고생하고 굶주리는 것은 저의 대로 끝나게 해 주시옵고, 저희 자식들에게는 이런 고생과 굶주림을 받지 않게 해 주시옵소서. 그러면 제가 일생 동안 주님의 교회를 받들면서 헌신하겠습니다. 그리고 무엇이든지 마다하지 않고 하겠습니다.' 이 기도는 현재 이루어졌고 그는 자신의 기도대로 살려고 노력하고 있다. 그가 앞으로 할 일은 한국 교회음악계를 위해 헌신하는 것 같다. 그는 지금 집필 중에 있는 「음악신학」에 온 정열을 다 쏟고 있다. 이것이 그의 역작이 되기 때문이다. 고희를 훨씬 넘긴 그가 젊은이 이상으로 교회음악을 위해 뛰고 있는 것을 보면 부끄럼을 느낀다. 국내 교회음악계가 그나마 이런 분 때문에 명분이 서고 있다고 본다.

우리는 그가 하고자 하는 모든 일을 이루었으면 한다. 작곡법 연구, 한국적 창작법 연구 등이 그가 계획한 것들이다. 우리는 이것을 간절히 기대해 본다. 그의 학문적 배경을 보면 이 일들을 충분히 하고도 남고 희망적이다. 그가 신학을 했고 작곡을 했고 작곡 56년의 경력도 갖고 있기에 무엇인가 나올 것만 같다. 정통과 전통주의자인 그가 교회음악의 뿌리 찾기와 이론정립을 하는데 한국 교회음악계가 관심을 가져야만 할 것이다. 자신의 마지막 사명으로 생각하고 탈고 중에 있다는 「음악신학」을 우리는 손꼽아 기다려 본다. 주님의 음성을 듣고 그것을 받아 옮겨 쓰는 것이 그의 사명이라고 한 겸손한 그다. 이런 그의 모습이 거룩해 보이고 아름답게 보인다. 좀 더 깊은 신앙적 자세로 성경을 통독하며 믿음 안에서 교회음악을 전공할 것을 후배들에게 충고도 하고 있다.

그는 현재 그의 아내 김경환 장로와 단 둘이서 살고 있다. 그의 딸 바이올리니스트 구진경은 현재 미국의 메트로폴리탄 오페라 오케스트라(Metropolitan Opera Orchestra) 단원으로 있고, 장남 구자경은 과학기술대 수학과 교수로 재직하고 있다. 그리고 차남 구자윤은 한양공대

전자공학과 교수로 있다. 향파는 현재 남산 감리교회 원로장로로 있으면서 한국교회음악협회와 한국교회음악작곡가협회 고문으로 활동하고 있다. 그는 한국 교회와 교회음악계의 보배로운 존재이고 대 지도자다. 우리는 그를 소중하게 생각해야 할 것 같다.

한국 교회음악의 슈베르트

김국진

한국 교회음악의 슈베르트
김국진(1930~)

교회음악 세계와 사상 그리고 창작이론

"당신의 곡을 쓸 때면 왜 그렇게 어렵고 힘든지요." 작곡가 김국진이 16마디의 찬송가를 쓸 때에 하는 기도다. 그는 우리들에게 음악교육자 특히 오스트리아의 작곡가 겸 음악교육자인 체르니(C. Czerny, 1791~1857)나 독일의 피아니스트 겸 작곡가인 바이엘(F. Beyer, 1803~1863) 등과 비교할 수 있는 작곡가 겸 교육자로 널리 알려져 있다. 자신이 직접 교육용 피아노 작품을 써서 제자들을 교육하였고, 이것을 연주회를 통해서 보급하고 있기 때문이다. 그의 작품목록을 보면 놀라지 않을 수 없다. 약 3천여 곡이나 된다. 그의 가곡 작품을 보면 한국의 슈베르트라고 할 수 있겠다.

작곡가 김국진은 평안남도 대동군 청룡면 이천리에서 나서 그곳에서 초·중·고등학교를 다녔다. 그때 학교는 소학교와 오중학교라고 했다. 오늘날 초·중·고등학제와 같은 것이다. 그가 작곡을 하게 된 동기는 교회 풍금이다. 그의 나이 정도 된 작곡가라면 누구나 경험했듯이 교회 풍금은 그가 음악을 하는 데 눈을 뜨게 했고, 동기 부여를 해주었다. 풍금을 처음 쳐 본 것은 중학교 다닐 때다. 그 이전 소학교 시절은 시대 상황이 너무나 어려웠던 때라 오늘날과 같은 환경과 음악교육은 상상할 수가 없었다. 그 당시 음악교육기관이 있었다면 평양 음악학교와 평양 숭실전문학교가 전부였다.

중학생 시절 풍금을 치며 작곡을 하는 그에게 이재면 목사가 작곡을 하려면 화성학을 배우라고 조언을 한다. 이때 화성학이란 말을 처음 들었다. 이 말은 그에게 충격적이었고, 새로운 것을 발견한 듯한 기분이 들었다고 한다. 그는 당시 평양 음악학교에 다니고 있는 일가친척뻘 형인 김명주를 찾아가 화성학 책에 대해 물어보고 일본어판 화성학책을 얻는다. 이것을 빌려다가 밤새도록 베껴서 독학으로 화성학을 터득했다. 그는 화성을 풀면서 풍금으로 화음의 울림을 확인했고, 감지했다. 그리고 그 기능적 특성과 쓰임도 스스로 터득했다. 화성학 공부에 어려움이 있을 때 이재면 목사를 찾아가 조언을 구하여 가르치는 대로 따르기도 하고, 화성학 책 전체를 베끼는 작업을 통해 터득하기도 했다. 어느 날 곡을 써 가지고 김명주한테 보이니까 깜짝 놀라며 칭찬을 아끼지 않았다고 한다. 그만큼 그는 형 이상으로 급성장하였다.

그는 오중학교를 졸업하고 열여덟 살 때 성화신학교 예과 2년에 입학해서 2년 후에 마치고 본과에 들어가 신학을 공부했지만 신학보다 언제나 음악이 우선이었다. 신학공부는 뒷전이었고 작곡이 전부였다. 그가 본과 2년 때 성화신학교가 폐교하여 모든 학생이 뿔뿔이 흩어졌다. 목사가 되는 길을 택하지 않은 것은, 시대 상황의 어려움도 있었지만, 하나님의 뜻이 음악목회나 음악전도 쪽이라고 깨달았기 때문이기도 하다. 그가 신학교 학생 시절에 배운 그리스어, 라틴어, 에스페란토어, 히브리어 등은 지금도 성가 작곡을 하는 데 도움이 된다. 당시 교장이던 배덕영 목사(신학교 폐교와 동시에 정치 보위부에 끌려감)와 교감이던 박대선 전 연세대학교 총장을 생각하면 오늘에 와서도 자부심을 갖게 된다고 한다.

그는 중학교 시절(1944)에 동요를 많이 써서 발표했는데, 〈대동강 동부〉, 〈그리운 어머니〉 등이 그 곡들이다. 이웃 동네 아이들까지도 언제 배웠는지 자신의 노래를 부르는 것을 들었다. 신학교 1학년 때는 성가곡을 발표했다. 그때는 복사기나 등사기가 없어 일일이 손으로 베껴서 불렀다. 교회를 중심으로 해서 발표한 소위 작곡발표회는 이런 식으로 한 것이다. 그러던 중 본과에 들어와서 신학공부의 중요성을 깨닫는다. 올바른 교회음악을 하려면 반드시 성서를 알아야 되고, 믿음이 있어야 성가를 작곡할 수 있다는 판단이 섰기 때문이다. 그래서 그는 신학공부에 또 한번 전력투구를 하게 된다. 이때 만난 동문 중 하나가 부흥강사로 유명한 신현균 목사다.

영원한 스승 말스베리와의 만남과 교회음악과의 관계성

1950년 1월 성화신학교 폐교령과 함께 졸업장을 받아든 그는 동네 근처 궁령산 깊은 곳에 들어가 칩거를 하며 6.25가 나서 국군이 평양에 입성할 때까지 작곡공부와 작품쓰기에 전념한다. 그러나 이 일은 오래가지 못하고 아버지의 부름을 받아 내려오게 된다. 소외양간 밑에 파놓은 땅굴로 들어가라는 명령이다. 이때 나이 19세였다. 그곳에서 그는 성탄절 칸타타와 찬송가들을 작곡하는 일로 나날을 보냈다. 그런데 하루는 땅굴 안이 너무 답답해서 밖으로 나와 책상머리에서 그동안 써놓은 칸타타를 정리하는데 정치 보위관원들이 들이닥쳤다. 죽을 줄로만 알았으나 작곡하고 있는 그를 보고 한 정치 보위관원이 "음악가로군." 하며 인민공화국에서도 당신 같은 사람들을 쓴다면서 인민위원회에 나오라며 그냥 돌아갔다. 그는 즉시 금령산으로 도망을 간다. 그때 잡혀간 사람들은 모두 죽었는데 그는 작곡을 했기 때문에 살아남은 것이다. 이것이 하나님께서 자신을 지키시고 살리신 것이라고 지금까지도 믿고 있다. 그는 하나님께 입은 은혜를 갚기 위해서 작곡하는 작품에서 열 곡 중 하나를 지금도 십일조로 드리고 있다. 이것은 그의 스승 드웨이트 말스베리(Dweight Malsbary)한테 받은 영향도 있지만 그는 이것이 자신의 신앙이라고 생각한다. 하나님께서 위험 가운데서 살리

자작 작품을 지휘하고 있는 모습

현악4중주 작품을 발표하고 난 뒤 인사하는 김 선생

시고 지키신 일을 생각하면 자신을 모두 드려도 시원치 않다고 그는 말한다.

1.4후퇴 때 김재경 목사의 인솔로 월남한 그는 폐병을 앓고 있음에도 군에 입대하게 된다. 정보 계통의 첩보원이고, 낙하산도 타야만 하는 부대였다. 다행이 미군에 소속되어 그곳에서 건강을 회복했다. 군 제대 후 그는 생의 전환점에 들어선다. 독일계 미국 작곡가인 말스베리와의 만남이 그것이다. 이 만남은 영원한 스승과 제자 관계가 된다. 부산에 거주하는 친구인 김재승 씨가 근무하는 민생병원 원장의 집에 기거하며 온천장 교회 성가대를 맡아 지휘를 하고 있을 때다. 그는 성가대를 통해 자작 성탄절 칸타타와 성가 작품을 연주하게 되는데, 이것을 당시 당회장이던 이재만 목사가 부산에 선교사로 와 있는 말스베리에게 갖다 보여주면서 사제 관계가 이루어지게 된다. 말스베리는 전 평양인학교와 숭실전문학교 교수였다. 그러나 대동아 전쟁이 일어나자 본국으로 돌아가 신학을 하여 목사가 된 후 선교사로 부산에 다시 왔다. 말스베리는 그의 작품을 보고 제자로 삼고 싶다고 했다. 이렇게 해

서 그는 말스베리의 제자가 되고 5년간 피아노, 작곡, 관현악법 등 작곡가로서 갖추어야 하는 모든 것을 배우게 된다. 이것이 그가 본격적으로 작곡공부를 하게 된 동기다.

그가 스승 말스베리에게 한 약속이 있다. 작품을 쓰면 십일조를 드리는 일과 교회음악을 하겠다는 약속이 그것이다. 그는 하나님이 자신을 살려주셨기 때문에 찬양곡을 안 쓰면 하나님을 배신하는 것이라고 믿고 있다. 이런 면에서 그와 교회음악은 어떤 숙명적인 관계성을 갖고 있는 것 같다.

음악 세계와 창작 논리들

그의 작품들은 대체적으로 1, 2기로 나눌 수 있다. 즉 제1기는 전통 서양음악의 답습기(20~30대 전반)로 양악기법을 충실하게 응용해서 작품을 쓴 시기다. 주로 성악곡이 주종을 이루고 있다. 제2기는 한국적 어법과 기법의 정착기(30대 후반~현재)다. 우리 민요 연구를 통한 김국진 음악 어법의 새로운 발견과 응용이 그것인데, 그 논리는 범동양주의(pan-orientalism)로 나타나고 있다. 한국 선율에 의한 피아노 소품(1971)은 그의 작품에서 서구주의적 사상과 기법을 탈피하고 우리의 화성을 가진 한국적인 대위법으로 전환하였다. 형식 어법 등을 우리 것으로 바꾸었다. 그러나 찬송가는 될 수 있으면 서구식에다 맞추었다. 그래서 그의 작품은 양악과 차별의식을 가지려는 노력이 보인다. 그는 한때 12음기법으로도 작품을 써 보았지만 자신이 추구한 답을 얻을 수가 없었다고 한다. 그의 작품 경향은 조성적 범동양주의 음악(tonal pan-orientalism music)*에 가깝다고 할 수 있다.

---

*이 용어는 어패가 있을 수 있지만 조성을 갖고 있으면서도 소위 한국적 표현 접근을 동양적 표현 접근으로 말한 것이다.

그의 작품들은 교회음악의 뉘앙스 즉, 종교성이 강하게 느껴지는 반면 그의 교회음악관은 일반 음악과 교회음악의 차별을 두지 않으려는 사고다. 음악 자체의 내용이 중요한 것이지 뉘앙스나 종교성은 그렇게 문제가 될 수 있는 성질이 아니라는 것이다. 교회음악의 세속화 문제도 그렇게 걱정을 안 한다. 독일 작곡가 바흐(J.S. Bach, 1685~1750)처럼 하나의 유형(틀)을 만들어 놓으면 문제가 될 것이 없다는 것이다. 그러나 거룩성(sanctity)은 신축성 있게 다루어야만 한다는 논리다. 이런 것을 보면 그의 작품들은 종교성을 띤 것이나 우리 한국 민족성을 진하게 느끼게 한다.

그가 다작을 하는 이유는 곡을 안 쓰면 작곡의 맥이 끊어지기 쉽기 때문이다. 언제나 마음을 다해 써야만 마음이 편하다고 한다. 또한 이렇게 쓰다 보면 유사한 작품이 나오게 되는데, 쓸모없는 곡은 과감히 버린다. 많은 작품 중에 선택해 쓰시는 분은 하나님이시니까 모든 것은 하나님께 맡긴다는 낙천적인 사고다. 세월이 흘러가면 언젠가는 후대 사람들이 자신의 작품을 인정하고 불러 주리라는 인위적인 사고는 생각조차 하기 싫다고 한다. 그는 오직 하나님 중심으로 곡을 쓰고 있다.

그의 작품에 나타난 근대성(modernity) 문제에 대해서는, 조성적인 흐름을 갖고 있지만 자신의 화성 체계와 선율 개념에 우리 정서와 사상을 자기 식대로 담았기 때문에 근대성을 갖는 것으로 설명하고 있다. 문제는 어법과 기법이 양악이 주체가 아니라 우리 음악기법이 주체가 되고, 본질이 되어야 한다는 것이다. 우리의 근대성 개념과 서구 근대성 개념은 반드시 차별을 두고 논리화해야만 한다는 지론이다. 서구와 동양의 근대성 개념이 틀리기 때문이다. 그래서 그는 우리의 근대적인 표현 양식과 시대적 선율 개념으로 작품을 쓰고 자신의 방식대로 틀짜기를 한다.

그는 앞으로 한국음악 이론 정립에 의한 한국형 작품을 쓰고 싶다고 한다. 국악 리듬과 장단 그리고 양식이 좋은 소재가 될 수 있다는 생각이다. 한국 찬송가 모델도 이런 것을 연구한 뒤 제시하겠다고 한다. 이제

1978년 크리스마스 오라토리오 '평화 왕이 오셨네' 칸타타 연주회 지휘

국내 작곡가들은 '제2의 서양 찬송가'를 쓰는 일을 그만 해야 한다고 강조한다. 그는 교회음악의 한국화와 현대화 문제를 용광로로 비유하고 있다. 한국에 있는 우리의 모든 소리를 용광로라는 큰 그릇에 용해하여 이 시대에 맞는 음악으로 만드는 일이라고 한다. 바흐가 그렇게 했고, 모차르트가 그렇게 했다고 그는 설명하고 있다. 이런 면에서 일반 음악을 교회음악화 하는 것은 문제가 될 수 없다고 한다.

교회음악 사상과 미래 전망

그는 이제라도 예배음악이 주체가 되어야 하고, 말씀이 교육의 기능을 가져야만 한다고 말한다. 교회음악의 경건성(sanctity)을 그는 솔직함과 순수성으로 정의하고 있다. 그리고 신작 찬송가일 경우 적어도 하나님의 힘과 성령을 입은 작품이어야만 한다는 논리다. 인간의 인위성이 가미된 것은 신작이라고 할 수가 없단다. 우리나라 교회에 직업 교회음악가가 없는 것을 그는 개탄하고 있다. 교회와 목회자들이 만들지 않았기 때문이다. 일반 음대 출신을 선호하는 문제도 국내 교회가 반성해야만 한다는 의견이다. 서울대학교를 나왔다고 목사 안수를 받을 수 없는 것과 같이 교회 성가대 지휘자들도 일반 음대 출신보다 신학교 교회음악과나 종교음악과 출신들을 우선 받아들여 교회음악 지도자로 세워야 한다는 주장이다. 교회음악과 출신들을 이제라도 교회가 고아(?)로 만들지 말아야 한다는 것이다.

그는 '자신의 음악 행위에 책임지는 자가 되라.'고 그의 제자들한테 강조하고 그도 실행하고 있다. 인간이 없는 음악은 존재 가치를 생각할 수 없기에 그의 작품들은 사회성을 갖고 있다. 소위 대중성이 강한 면도 있다. 교회음악도 이제 일정한 범주 안에서 벗어나 사회성을 가져야 한다는 것이다. 그것이 예배가 되어야 하고, 전도와 교육이 되어야만 한다는 논리다. 천여 곡이 넘는 그의 성가곡들은 인간을 이해하고 쓴 순수한 음악이란 점에서 그의 음악은 소위 인본주의(humanism) 같은 것을 느끼게도 한다. 그래서 그의 작품들은 모난 것들이 별로 없고 순진한 한국 신도를 위한 음악같이 들린다.

그는 오래전에 〈바이올린 콘체르토〉를 피아노 악보로 완성해 놓았고, 〈승리의 십자가〉 등 20여 편의 칸타타를 완성해 놓고 연주할 날을 기다리는 중이란다. 그리고 위촉을 받아쓰고 있는 〈바이올린과 피아노를 위한 콘체르토 그로소(Concerto Grosso)〉**를 작업 중에 있다. "당신을 위한 찬양 음악을 쓸 때면 왜 그렇게 어렵고 힘든지요. 저에게 힘과 능력을 주시옵소서. 주님." 그는 이렇게 기도하며 오늘도 작업을 하고 있다. 그는 명예나 권위를 위해서 어떤 일을 하지 않는다. 대학 교수병도 걸리지 않았다. 순수한 프로 전업 교회음악 작곡가만으로 영원히 남기를 원하고 있다.

**합주협주곡으로 번역되며, 바로크 시대의 협주곡에 있어서 가장 중요한 양식으로 독주 악기군들과 관현악단을 위한 곡을 지칭한다. 전형적인 합주협주곡의 경우는 두 대의 바이올린과 관현악을 위한 것이다.

하나님이 선택하셔서 세우신 작곡가 김국진, 그는 오늘도 하나님의 영광을 나타내기 위해서 성령의 소리를 찾는 데 땀 흘리고 있다. 하나님이 살려주신 은혜를 갚지 않으면 못 배기기 때문이다.

한국교회음악의 상징적 대명사

김두완
Kim Du Wan

한국 교회음악의 상징적 대명사
김두완(1926~)

생애와 창작음악 정신

한국 교회음악의 상징적인 존재인 작곡가 김두완은 부친 김치근 목사의 아들로 1926년 3월 27일 평남 용강에서 태어나 국민학교를 그곳에서 다녔고, 일본에서 메지로 중학교와 쿠니다찌 대학을 다녔다. 그의 부친은 그에게 의학 공부를 해 농촌 교역을 하도록 부탁했지만 그는 음악을 택했다. 지금까지도 그의 부친의 말씀을 거역한 것이 부담이 되어 교회음악 작곡을 통해서 풀어보려고 노력 중이라고 한다.
교회음악의 절대주의자 김두완, 그는 일본 쿠니다찌 대학에서 후쿠이 교수와 가마찌 선생한테 양악 작곡을 배웠는데, 이 시절에 쓴 습작들은 작곡 훈련을 위한 곡들이기 때문에 모두 버렸다고 한다. 그의 본격적인 창작 작업은 일본에서 공부를 마치고 귀국하여 대광 중·고등학교 음악교사 시절부터 시작된다. 이때 수많은 칸타타들이 쏟아져 나오는데, 이것은 학생들에게 더 많은 성서 내용을 이해시키기 위해서 한 작업이었다. 〈사울의 변화〉, 〈여호수아의 시련〉, 〈기드온〉 등이 그 대표적인 칸타타들이다. 초연은 그가 지휘하는 대광고등학교 합창단과 합주단이 했다. 이 와중에 교회음악에 대한 이론적 확립을 위해 찬송가, 바흐, 베토벤(L.v. Beethoven) 음악 등을 분석하고 연구하였지만 그 해

작업실에서

답을 제대로 얻지 못했다. 그래서 그는 교회음악의 정통과 뿌리라고 할 수 있는 카톨릭 음악을 배우기 위해 카톨릭 음악의 대부인 이문근(1918~80) 신부를 찾아가 3년간 그에게 작곡과 교회음악 이론을 배웠다. 그에게서 받은 영향이 그의 창작음악세계에 큰 변화를 가져온 것은 물론이다. 교회선법 응용이 그의 작품에 나타난 것이 그 좋은 결과다. 교회음악은 성서적이어야만 하며 예배 중심적이어야만 한다는 것이 그의 주 사상이 된 것이다.

이것은 아름답고 단순한 선율에 편안함을 주는 화성 체계를 구축하고 작품화하여 나타나고 있다. 그의 음악은 부르기 쉽고 연주하기 쉬운 반면에 올바른 해석 접근을 하기에는 매우 어렵다. 그의 창작의도와 음악적 특성을 모르고는 제대로 표현 접근을 할 수 없기 때문이다.

그는 또한 한국적인 교회음악을 쓰기 위해서 국악 공부도 게으르지 않았다. 그것을 기반으로 작품도 썼지만 올바른 교회음악의 정형이 아니었음을 인지하고 교회선법과 서구 전통 조성음계를 절충하여 오늘날까지 써 오고 있다. 4천여 곡이 넘는 작품을 썼기 때문에 표절과 모방

시비가 없는가에 대한 의문은 있겠으나 그는 음악을 전공한 자녀들한테 곡을 써서 검색까지 받는다고 한다. 묵인해 준 모방은 간혹 있을 수 있으나 자작품 표절은 결코 있을 수가 없다는 게 그의 주장이다.

작품쓰기와 연구를 통한 음악목회는 그가 지금까지 추구해 온 길이고 사명이자 사역이라 한다. 그래서 그의 대부분의 작품들은 모두 말씀(message) 중심이고, 예배 중심이며, 음악이 모나지 않고 종교적이다. 이런 김두완의 창작음악세계를 작품 세계, 음악적 특성, 교회음악 정신 등으로 나누어 점검하고 끝으로 그의 교회음악사상과 교회음악관이 무엇인가를 단편적으로나마 논하려고 한다.

창작음악세계와 음악적 특성 그리고 정신

그의 창작음악은 한 마디로 신앙이 담긴 '준(準) 그레고리오 성가' 라고 할 수 있다. 즉 선율의 아름다움이 그것을 말해 주고 있다. 그리고 내용 또한 성서적 메시지를 담고 있다. 그의 음악 언어와 기법은 서구 전통 성악곡 양식을 느끼게 하는 점도 없지 않지만, 그것을 그대로 답습하거나 번안하는 식의 작품 창작은 하지 않고 있다. 그의 음악이 단순하고 쉬운 곡이라고 할지라도 분명한 자신의 소리(Originality)는 그의 칸타타 〈순교자〉, 〈승리의 그리스도〉나 독창곡 〈서로 사랑하자〉, 〈어지신 목자〉 등에서 말하고 있다.

그가 일본 유학시절에 쓴 작품들은 서구 지향적인 모방과 습작 단계였다면 귀국해서 대광고등학교 학생들을 위해 쓴 칸타타들은 한국 교회음악의 뿌리를 찾는 한국작품이라고 할 수 있다. 그의 작품들 〈본향을 향하네〉, 〈어린양을 보라〉, 〈어지신 목자〉 등은 특히 화성보다 선율 자체에서 진하게 신앙적 뉘앙스를 느끼게 하고 있다. 이것은 아마 그의 신앙이 음악적으로 구체화되어 표현됐기 때문일 것이다.

그의 작품들은 심한 도약 선율보다 안전음역 안에서 순차 선율이 많음을 볼 수가 있고 음악 자체(특히 선율)가 모나지 않고, 반음계적 선율을 지양하고 있다. 이런 선율 구조를 형성하고 있기 때문에 김두완의 교회음악 형성과 독창성이 가능할 수 있는 것 같다. 그의 작품들이 근원적으로 유태 음악이나 러시아의 성공회 음악과 유사한 면이 있다고 하지만 그 영향은 결코 받지 않고 있다. 그것들은 자신의 작품들이 세속화될 수 있는 요인을 제거하거나 여과 역할을 해준다는 것이다.

대광고등학교 음악교사직을 그만두고 1974년 기독음대를 설립하여 학장으로 30년 근속하며 음대생들을 위한 교회음악 교재를 작품으로 만들었는데, 이때 쓴 곡들이 적지 않다. 이 작품들은 그를 교회음악 작곡자로서 더 높은 인정을 받게 했다. 이때가 한국 교회음악의 정형과 양식 수립을 제시한 시기라고 할 수 있다. 또한 이 시기를 그의 음악 정착과 수립기로 보면 어떨까.

그가 쓴 기법들은 교회선법과 5음계(4음과 7음을 생략한)를 응용한 것인데, 5음계 선율작법에 대위법적인 대위성부를 부가하는 다성음악 양식이다. 이것은 합창성부나 반주부에서도 나타나고 있다. 그러나 그가 교회선법 5음계를 응용했더라도 그는 결코 조성음악을 이탈하지 않는다. 그 이유는 교회음악은 심령을 감동시켜야만 하고 편안함을 주어야만 한다는 그의 신앙과 음악 사상 때문이다. 그리고 그의 음악들이 다른 작곡가들과 다른 점은 성서적 내용 접근이 확실한 점이고, 음악적인 무리가 없는 신앙적 감정이입이 분명한 점이다. 그는 작곡을 사전에 계산해서 쓰지 않고 하나님이 내려주는 소리를 받아 적듯이 영감으로 쓰고 있다. 그래서 그의 음악은 인위적인 것이 될 수가 없다. 반주부도 보편화된 음형을 쓰고 있고, 음향이 깨끗한 화성작법을 쓰고 있다. 이것은 그의 음악 철학에 기인한다. 그는 또한 자기 자신을 속이면서 작곡을 하지 않는다고 한다. 이런 자세가 작품에 반영되어 있기 때문에 그의 작품들이 쉽고 간결한 모습으로 보이는 것이 아닌지 모르겠다. 이것은 어떻게 보면 남을 생각하는 배려와 겸손한 마음의 산물인 것 같다.

2004.12.16 한국 기독교 문화예술 대상 수상

음악적 특성

앞글에서 언급한 대로 그의 음악적 특성은 구조적인 단순성과 대중성이다. 그리고 메시지를 담고 있는 선율의 순수성과 아름다움이다. 작품 자체는 얼마든지 완벽하게 분석할 수 있게 되어 있다. 그러나 음 하나 화음 하나에 대한 작의와 표현성을 발견하기란 그렇게 쉬운 것이 아니다. 그의 음악은 대부분이 대위법적인 접근보다는 화성적인 곡쓰기 접근을 하고 있다. 그래서 내용 전달 기능이 다른 작곡가들보다도 강하다. 그리고 클라이맥스 형성을 후반부 최고음에 두는 점이 특성이다. 그 좋은 예가 〈서로 사랑하자〉와 〈어지신 목자〉다. 단순성과 대중성, 그리고 예배 중심적인 절대성은 그의 창작음악의 핵이고 특징이라

할 수 있다.

교회음악 사상

그가 교회음악만을 고집하고 있는 것은 분명한 이유가 있다. 세속음악과 교회음악을 동일한 개념으로 양립하여 작업을 할 수 없기 때문에 그는 교회음악 창작만을 고집하고 있다. '김두완 하면 교회음악, 교회음악 하면 김두완' 이미지가 여기에서 온 논리다.

그는 교회음악은 예배 중심체로서 그 기능을 가져야만 한다고 주장한다. 한국 교회가 예배 중심이 아니고 인간 중심이 되어 가고 있는 것을 그는 안타깝게 생각하고 있다. 그를 예배음악의 전통주의자나 절대주의자라고 해도 과언이 아니다. 창작 교회음악이 10년이나 20년 후에 이해되고 인정될 수 있다는 논리는 수용할 수 없고, 오늘날 하나님께 드릴 수 있는 참 예배음악이 되어야 한다는 것이 그의 지론이다. 이것이 그의 작가적 정신이며, 교회음악 창작이념이자 주 사상이다. 즉 고집스럽게 교회음악은 성서로 돌아가야 된다는 주장이 바로 그것이다. 그는 교회음악을 하나님께 예배드리는 음악으로 정의하고 그 미학을 교회음악 철학으로 설명하고 있다. 교회음악은 성서나 예배를 떠나서는 결코 성립할 수 없다는 이론이다. 성서에 근거한 아름답고 쉽고 편안함을 주는 예배음악이 그의 창작 교회음악 사상이고 철학이다.

기대와 전망

오늘날 그의 교회음악들은 한국 교회음악의 고전이 되고 있다. 그럼에도 불구하고 그의 음악들을 단순하고 쉬운 곡으로 생각하려는 경향이 있다. 그것은 단순히 외형적인 악보 자체를 보고 판단하는 지엽적인 발상이고, 위험한 결론이다.

그의 성가 독창곡들을 분석해 보면 작품에 숨겨 있는 작가의 이야기들과 표현 논리들이 수없이 많음을 발견할 수가 있다. 그 좋은 예가 〈어지신 목자〉, 〈본향을 향하네〉, 〈어린 양을 보라〉, 〈서로 사랑하자〉 등이다. 특히 선율 자체에 담긴 내용이 더하다. 이것들을 제대로 발견하지 못하고 쉬운 곡 운운하는 것은 위험한 발상이다.

그는 음악의 최고봉인 교회 오페라를 생애의 마지막 작품으로 쓰고 싶어 했는데 이미 그는 이것을 네 곡이나 썼다. 〈아버지께 돌아왔다〉, 〈솔로몬의 재판〉, 〈요셉〉, 〈모세〉 등이 그것이다. 그는 소망을 이루었다고 볼 수 있다.

오늘날 국내 교회음악계는 외형적 팽창에 비해서 너무 낙후되어 있다. 100년이 넘는 한국 교회음악사에 제대로 된 이론서나 작품이 별로 없다. 이러면서 교회음악을 한다고들 야단이다. 현시점에 그는 교회음악 이론서를 많이 내놓았고 그 나름대로 작곡기법을 보여주었다. 그에게 거는 기대는 한국 찬송가와 한국 칸타타의 정체성 수립이다. 그가 누구보다도 교회음악 작품을 많이 작곡했고 그 개념 정리를 확실히 해 왔기 때문이다. 최근에 와서 그가 교회음악의 사회성을 주장하고 있는데 이런 논의나 주장은 이미 국내 교회음악계가 했어야만 했다. 이제라도 이를 바탕으로 한국 교회음악학다운 이론서를 내놓아야 될 것 같다. 교회음악 미학도, 연주론도, 한국 교회음악사도 나와야만 한다.

제1세대인 그가 교회음악이란 씨앗을 한국 교회음악계에 뿌려 놓았고, 현재 그 뿌리가 잡혀가고 있다. "영적인 감동을 주는 음악"이 교회음악의 본질이라고 그는 말한다. 한국 교회음악의 상징 김두완, 그는 한국 교회와 음악계에 잊지 못할 영원한 교회음악의 큰 인물임에 틀림없다.

철저한 교회음악 계승자

김순예 Kim Soon Ye

철저한 교회음악 계승자
김순세(1931~   )

성장과정과 교육배경

1982년 7월에 캘리포니아 주 로스앤젤레스로 이민 간 재미 교회음악 작곡가 김순세는 우리나라 교회음악계에 중진이자 원로 교회음악 작곡가라고 할 수 있다. 우리는 그를 〈내 마음 주께 바치옵니다〉(1972), 〈감사 노래〉(김기영, 1955) 〈주님 나를 부르시네〉(1978) 등을 쓴 작곡가로만 알고 있다.

그는 유치원을 운영했던 김정섭 장로와 백완전 권사의 5남매(3남 2녀) 자녀 중 차남으로 1931년에 황해도 서흥군 오운리에서 모태 신앙으로 출생했다. 그보다 아홉 살 위로 인천교육대학교 교수였고, 현재 인천 내리 감리교회 장로인 김순제가 맏형이다. 김순제는 우리나라 민요와 뱃노래 연구가로 더 유명한 음악교육 학자다. 그의 남동생도 감리교 장로로 있다.

그가 성장하고 교육받던 시기는 경제적으로 매우 어려웠고, 학교 교육 또한 아주 열악한 환경이었다. 네 살 때 부친의 전근으로 오운리에서 개성으로 이사 온 그는 개성소학교를 다녔다. 소학교를 마치고 송도중학교(그 당시 40년대 후반은 중·고등학교가 없고 6년제 중학교라고 했음)에 진학해서 다녔다. 그가 소학교 3학년 때부터 솔페즈(Solfege)

를 잘했는데, 이것은 아마 부모님을 따라서 예배 시간에 찬송가를 부른 덕인 것 같다. 풍금도 곧잘 연주를 해서 그가 5학년 때부터는 창가 시간(오늘날의 음악 시간)만 되면 전임 풍금 반주자가 되다시피 했다. 비록 낡고 조그마한 풍금이었지만 그는 풍금을 연주할 때면 신명이 나서 반주를 했다.

중학교 저학년 시절에 작곡가 나운영(1922~93)에게 지휘법을 배웠고, 대학생 때는 원로 지휘자인 김생려에게 배웠다. 그리고 관현악법과 작곡법은 이미 고인이 된 바이올리니스트 겸 지휘자이며 작곡가인 이동훈(1922~74)에게 배웠다. 풍금 반주법은 소학교 시절에 독학으로 익혔고, 피아노 반주법은 중학교를 입학해서 익히게 된다. 학교 강당에 있던 피아노를 남몰래 훔쳐가면서 지도 선생 없이 독학으로 터득했다. 이런 그의 노력을 볼 때 청소년 시절이지만 그가 얼마나 음악을 하려는 강한 신념과 의지력을 갖고 있는가를 엿볼 수 있다.

전문적으로 작곡법을 배운 것은 중학교 4학년 때라고 한다. 그 당시 청파동에 살고 있던 나운영에게 개인적으로 사사를 받았고, 바로 위의 형인 김순제에게도 배웠다. 형에게 받은 영향도 많다. 4학년 학기말쯤 그는 서울대와 경향신문사가 주최하는 전국 남녀 중학교 음악콩쿠르 작곡부문에 가곡 〈제비〉를 응모하여 1등 없는 2등을 한 적도 있다. 그리고 중학교 때는 밴드부 코치와 중학교 성가대 지휘까지 했다. 이것이 그의 음악활동의 시작이라고 할 수 있다.

6.25 사변 당시(1950년 12월) 육군군악학교가 있었는데, 그곳에 입학해 예과 1년과 본과 2년 교육과정을 마치고 졸업한 일도 있다. 그때 작곡과 교수로 나운영이 가르쳤는데 그에게 작곡이론을 배웠다. 교장은 첼로를 하는 육군대령인 김판기라고 했다. 작곡 동문은 작곡가 김규환, 이미 고인이 된 팀파니스트 김동수, 파곳 주자인 황성팔 등이고 동문들은 피아니스트 이명학, 박정윤, 바이올리니스트 이재현, 비올리스트 이준우, 재미 첼리스트 양재표, 플루티스트 조민구 그리고 재미 음악가 이주호 등으로 그의 음악친구들이다.

군악학교에서 그는 편곡을 주로 했고, 육군교향악단(국립교향악단 전신)에서는 호른을 불었다. 육군교향악단의 호른 주자로서 동남아시아 6개국을 함께 순회공연하면서 많은 음악적 경험과 오묘한 음악세계의 체험을 했다. 이 경험과 활동은 그가 음악가 특히 작곡가가 되는 데 큰 밑거름이 된 것은 물론이다.

그의 음악적 변천과정은 태동기(1940~50)→ 육성기(1950~60)→ 성장기(1960~75) 등으로 전반부를 나눌 수 있는데, 이 과정은 음악가가 되기 위한 준비 과정이라고도 할 수 있다.

교육자, 지휘자 그리고 작곡가로서의 면모

그의 생애 중반은 왕성한 음악활동기(1975~85)라고 할 수 있다. 교육자로서, 지휘자로서 그리고 작곡가로서 온몸을 음악에 던진 시기다. 중등학교 교사 10년과 대학교수 10년 그리고 성가대 지휘자로서 40여 년의 활동이 이를 말해 주고 있다. 특히 그는 교회 성가대 지휘자와 교회음악 작곡가로서 그의 삶 전체를 살다시피 했다. 1950년 부산 초량감리교회 성가대 지휘(1955년까지)로 시작해서 현재 미국 밸리연합감리교회 성가대 지휘까지 오직 교회음악만을 연주해 오고 작곡해 왔다. 그의 성장기라고 할 수 있는 60년대 중반에서 70년대 중반은 음악교육에 더 많은 비중을 두었던 시기다. 이때 그는 이화여대 사범대학 부속 고등학교 교사직과 강남대학교 음악학과 주임교수직을 맡고 있었다. 연주활동은 교회 성가대 지휘와 대학 음악과 합창단 지휘가 주 무대였다. 작곡활동은 그의 성장기에는 큰 자리를 차지하지는 못했다. 그러나 이 시기에 그는 전문 음악가로서의 준비를 완벽에 가깝도록 했다. 대학 음악교육을 통해서 음악이론 체계를 수립하였고, 대학 합창단과 성가대 지휘를 통해서 음악적인 능력을 확인하며 자신을 다져갔다.

1978년 한국에 있을 때 그는 메시아연주위원회가 주관하는 제16회 메

김순세 장로 오페라 작품에 출연한 배우들과 함께

시아 연주회(세종문화회관 대강당)를 서울시향 반주로 객원 지휘했는데, 이것은 성가대 지휘자로서 자기 확인과 합창지휘자로서 자리매김을 하는 좋은 자리가 됐다. 어떻게 보면 이것은 하나님께서 그를 교육자로 세우시기보다 하나님의 성호를 찬양하는 찬양 전문 지휘자로 세우시기 위한 시험이라고도 할 수 있다. 그는 대외활동으로 전국합창총연맹 이사직과 한국교회음악협회 중앙위원 등으로 있으면서 국내 교회음악계와 합창제를 이끌어 갔다. 그리고 찬송가위원회 상임위원으로도 있으면서 찬송가 개편 작업에 상당한 기여를 했다.

82년 미국에 이민 가면서 그는 L.A.에 소재하고 있는 윌셔 연합감리교회 성가대 지휘자로 봉직했고(1982~92), 순수 아마추어 교회음악 연주단체인 나성 서울코랄 상임지휘자를 역임했다(1984~88). 그리고 미국 한인 연합감리교회 연합성가대 주최 메시아 연주회를 4회(제1~4회) 지휘했다. 또한 윌셔 연합감리교회 성가대(1989)와 밸리 연합감리교회 성가대(1993)를 통해 하이든의 〈천지창조〉를 두 번씩이나 지휘하는 왕성한 연주활동을 보이기도 했다. 그리고 그는 6대 한인교회음악협회 회장까지 역임했는데, 이런 그의 적극적 사고와 정열적인 자세가 오늘날 교회음악가 김순세를 있게 한 것이다. 그의 창작 교회음악 발표는 70년대 접어들면서 활발해졌다. 학교 음악교육에 창작음악의 필요성을 느껴 몇 개의 교육용 학교음악을 쓰기도 했으나 대부분 교회음악 작품들이다.

교육용 무용음악 교재로 그가 편저한 『어린이 춤곡집』은 현재까지도 좋은 반응을 얻는다. 그는 주로 한국교회음악작곡가협회의 신작 성가발표회를 통해 발표했다. 이 시기에 만든 작품들이 오늘날 국내 교회 성가대나 성악가들이 많이 부르는 곡들이다. 〈내 마음 주께 바치옵니다〉(1972), 〈주의 음성〉(1978), 〈주님 나를 부르시네〉(1978) 등이 그 곡들이다. 1977년 미국에 이민 가던 해 그가 성가대 지휘자로 있으면서 장로 안수를 받은 종로감리교회 본당에서 그의 창작성가 작품세계를 정리하는 창작성가 발표회(1982)를 갖기도 했다. 이때 『김순세 성가집』(1982)도 함께 내놓았다. 그는 미국에서도 두 번(1986~96)에 걸쳐서 창작성가 작품발표회를 가졌고, 성가곡집은 역시 2집까지 출판했다.

현재 작곡하고 있는 작품은 멘델스존의 오라토리오 〈엘리야〉를 한국인 정서에 맞게 각색(정애덕)한 교회 오페라라고 한다. 112곡 중 반은 완성했고, 반은 작업 중이다. 이 작업을 위해서 많은 기도를 하고 기도원까지 가서 하나님께 떼(?)를 쓰기까지 했다.

교회음악관과 창작음악 이념

교회음악은 믿음이 있는 신앙인들이 해야지 그렇지 못한 사람들이 만들면 진정한 의미에서 교회음악이나 예배음악이 아니라고 그는 생각하고 있다. 그리고 지나친 기교주의 교회음악은 경계해야 된다고 했다. 완성도 낮은 음악이라든가, 감동을 주지 못 하는 작품은 교회음악으로서 그 가치를 상실한 것과 진배없다고 했다. 그는 교회음악의 정통성을 주장하는 전통주의 교회음악가다. 성서의 본질을 이탈한 음악은 교회음악이 아니라는 것이 그의 생각이다.

그래서 그의 작품들과 그가 성가대에서 연주하는 음악들은 순수 교회음악들이 대부분이다. 가장 초기 교회음악 작품이라고 할 수 있는 〈감사노래〉(1954)로부터 최근 작품인 〈온 땅이여〉(시편 100편, 1997)를 보아 알 수 있듯이 그의 교회음악 특히 예배음악은 기독교적인 특성이나 과거 교회음악의 전통성을 잘 유지하고 있다. 그리고 그의 작품들은 성령의 도우심이나 하나님의 영감을 받아 곡을 쓴 것이다. 성령의 도움이나 영감 없이 작곡이 잘 안 된다고 한다. 일반 음악 창작 과 달리 작곡 기법의 기교나 인위적인 발상이 동원된 것은 올바른 교회음악의 참 모습이 아니라고 했다. 그는 이것을 경계하고 있다. 자신의 능력이나 지식으로 작곡하지 않고 기도를 통해 하나님의 능력과 영감을 받아서 작곡을 하고 있다. 이것이 그가 말한 교회음악 작곡가의 참 모습이다.

소위 한국적인 교회음악의 수립은 양악이론 바탕 위에 우리 것을 담아야 한다는 지론이다. 그 단계를 선율 → 리듬 → 화성 순으로 한국화할 것을 제안한다. 그는 또한 21세기를 맞은 한국 교회음악계는 서구음악 모방 단계를 벗어나 21세기의 성숙한 교회음악답게 그에 걸맞은 창작태도를 보여주어야만 한다고 했다. 그는 이를 이루기 위해 이국 땅 미국에서 기도하며 고민하고 있다. 그의 교회음악을 바라보는 시각은 주관적이기보다 객관적이다. 그래서 그의 작품들은 객관적인 작업 태도를 보이는 것이 대부분이다. 또한 그는 인간 중심과 기교 중심의 창작음악이 아니라 하나님 중심의 순수 예배음악 창작만이 자신의 창작이념이라고 한다. 이것은 성서의 본질 안에서 이루어져야 한다고 했다. 교회음악의 정통성은 성서의 내용적 의미성을 벗어나면 안 된다는 생각이다.

연합성가대를 지휘하는 김순세 장로

작품에 나타난 음악적 특성과 기법

그의 음악적 특성은 전통 양악의 본질과 양식을 유지하면서 한국 교회 음악의 틀을 형성해가는 데 있다. 은사인 나운영으로부터 받은 영향은 그저 한국적 창작음악사상에 접근하는 정도에 불과했다. 나운영식 창작기법(上 4도 + 下 5도 병행기법)을 응용한 곳은 찾기 힘들다. 그의 작품 특성은 몇 가지로 나누어 논할 수 있다.

첫째는 양악의 고전 양식에 신낭만주의적으로 표출하는 것이다. 전통 화성학 개념을 작품에 유지하면서 인성의 표현개념에 의해 다량으로 감성을 표출한 점이다. 〈감사의 노래〉(김기영), 〈내 마음 주께 바치옵니다〉, 〈주님 따라 가는 길〉(이원호, 1987) 등이 그 좋은 예다. 그리고 다량의 에너지 표출을 위한 그의 선율선은 반음계적 순차진행으로 조성개념 하에서 이루어지고 있다. 그의 작품 선율선은 원음(diatonic tone)보다 변화음이 더 강한 색채감을 주고 있다. 또한 그의 선율선은 도약보다 순차 비중이 크다. 그리고 음역은 10도 내지 13도 안팎이 대부분을 차지하고 있다.

둘째 한국적 표현설정을 하되 기능화성 논리를 5음계적 선율개념으로 응용한 점이다. 즉 양악의 화성학 이론을 소위 한국적으로 음악화 한 것이다. 다시 말해서 화성 진행을 5음계적인 진행을 통해 한국적 소리로 만드는 것이다. 〈주님 나를 부르시네〉(1978)는 이 논리를 아주 적절히 절충한 역작이다. 그리고 〈오 나의 주님〉(김춘빈, 1982)과 찬송가 〈세상 만물 지으실 때〉(반병섭, 1977)도 그 좋은 예다.

셋째는 대중성과 전문성을 동시에 갖고 있는 점이다. 그의 작품들은 성악적인 창작 접근이 잘 되어 있어 부르는 데 유연함이 있고 듣기가 어렵지 않아서 편하다. 특히 선율이 아름답고 낭만성이 강한 느낌을 주고 있다. 즉 〈감사의 노래〉, 〈내 마음 주께 바치옵니다〉, 〈여호와여 어느 때까지니이까〉(김춘빈, 1954) 등이 그것이다.

넷째는 양악의 전통성 안에서 근대적인 발상과 구성체를 갖고 있는 점이다. 그 좋은 예가 〈주님 나를 부르시네〉, 〈사마리아의 예언〉(김춘빈, 1979)이다. 전자는 구성체와 표현적인 면에서 근대적으로 발상을 했고, 후자는 창작발상과 표현적인 측면에서 근대적으로 창작 접근을 했다. 특히 후자의 곡 중간 부분에 피치(pitch)가 있는 말하는 낭독(speaking voice)에서 상하 시차를 달리한 반주 음형(上 완전4도 병행(R.H.) + 下 완전5도 병행(L.H.))의 반복에 의한 인성과 대칭 구조는 현대음악 유형의 단면을 보여주고 있어 그의 또 다른 면모를 느끼게 한다.

다섯째는 선율 자체들이 합창곡적인 구성체를 갖고 있는 점이다. 그래서 독창곡을 합창곡으로 편곡해도 융합과 적합성을 갖고 있다. 그 좋은 예가 〈내 마음 주께 바치옵니다〉이다. 그가 어떤 장르의 음악을 작곡하든지 합창곡적인 창작사고가 선행된다. 그의 작곡은 주로 공통관습시대 음악(common practice period music), 즉 18세기와 19세기의 작곡을 벗어나지 않고 있다. 단지 한국적인 표출을 위해서 온화한 음군 화음(tone cluster chord) 기법을 간헐적으로 응용했을 뿐이다.

지금까지 언급한 그의 작품의 음악적 특성과 기법에서 알 수 있듯이 그의 창작음악 추구는 한국적인 교회음악 창작이다. 그리고 주관적이고 인위적인 창작이 아니라 기도를 통해 하나님으로부터 받은 성령의 힘과 영감으로 쓰는 교회음악 창작을 하고 있다. 그래서 그의 작품들은 기독교적인 강한 사운드나 뉘앙스를 갖고 있다. 서구 음악전통의 양식이란 큰 그릇에 한국적인 정서란 내용을 담아 만들어 낸 신낭만적인 5음계적 표현양식이 그의 음악적 특성이라고 할 수 있다.

교회음악 작곡가로서 그에게 거는 기대와 전망

평생을 음악교육자와 성가대 지휘자 그리고 교회음악 작곡가로서 몸을 바쳐 온 그에게 국내 교회음악계는 많은 것을 기대해도 될 것 같다. 음악생활 50여 년간 스스로 다져 만들어 온 김순세만의 음악이론과 작곡의 노하우를 가지고 있기 때문이다. 그동안 그가 교육하고 지휘해 온 것이 국내 음악계나 음악교육 발전에 크게 기여 한 것은 틀림없다. 그러나 그보다 더 큰 기여라고 한다면 창작 교회음악의 한국형 제시라고 할 수 있다. 그는 교회음악의 모든 장르를 작곡했는데, 이는 하나님의 성호를 찬양하기 위한 것이 그 첫째 목적이다. 선교 200년이 넘는 현 시점에 예배음악도 우리 것으로 해서 드려야 된다는 생각이다. 이를 위해서 어려움을 감수하면서 작업하고 있다. 이 점이 그에게 거는 기대 중 하나다.

그의 교회음악 작품들은 대학에서 연구를 하고 있고 연주회장에서도 자주 불리고 있다. 이런 현상은 그의 작품들이 기독교적인 음악양식과 교회음악으로서 예술적인 가치성을 갖고 있기 때문이다. 그의 작품들은 한국형 교회음악으로서 충분한 필요조건을 갖고 있으며 음악적인 것은 물론 신학적인 면과 문학적인 면까지도 겸비하였다. 이런 순수 창작음악이 한국 교회음악으로 자리매김해 갈 때 세계 속의 한국 음악으로서 국제적인 경쟁력을 가질 수 있을 것이다.

하나님이 불러 세운 고신대의 교회음악가

김정일

하나님이 불러 세운 고신대의 교회음악가
김 정 일(1943~)

생애와 음악교육적 배경

지휘자 김정일은 1943년 9월 7일에 중국 만주에서 태어났다. 그 당시 부친(김대홍)은 만주에서 사업을 하고 있었다. 그런데 사업이 뜻대로 잘 안 되자 부친은 가족을 데리고 이북으로 와서 성경학교를 다녔다. 졸업 후에 부친은 작은 교회의 전도자가 됐다. 그때 김정일은 국민학교 1학년으로 일곱살이었다. 이북 생활은 짧았다. 6.25전쟁이 일어나는 바람에 국민학교 1학년 때 그는 다시 부모를 따라 월남했다. 부친은 부산에서 철마제일교회를 개척해 목회를 하며 현재 그가 재직하고 있는 고신대에 입학해서 신학을 전공하고 졸업했다. 부친은 목사안수를 받고 여러 교회에서 목회를 하다가 84년에 향년 67세로 작고했다.

김정일은 부친의 목회지 이동 때문에 국민학교(철마 · 북천)와 중학교(진주 · 웅천)를 여러 곳을 다녔다. 61년에 부친이 마산 제일문창교회에 부임하면서 그는 마산고등학교에 입학을 하게 된다. 그때 당시 마산고는 전국의 10대 명문고 중 하나여서 합격을 했을 때 그가 졸업한 웅천중학교는 큰 잔치를 베풀어주었고 부친이 시무했던 교회 교인들로부터는 대대적인 축하를 받기도 했다.

그의 국민학교 시절에는 음악 교육환경이 매우 열악했다. 음악을 접하

연구실에서 연구하는 김정일 교수

는 것은 학교 음악시간이나 교회 예배 시 찬송가를 부르고 배울 때 정도였다. 중학교 시절에 교회 풍금을 독습해서 익혔는데 부친이 시무하는 교회 예배시간에 찬송가 반주를 하기도 했다.

음악을 공부하겠다고 마음먹은 것은 고등학교에 들어와서다. 이 문제를 부모와 상의한 결과 허락을 받았다. 부모는 피아노 교육자 겸 작곡가인 조두남(1912~84)을 소개하며 그에게 배울 것을 권하기까지 했다. 주위 사람들의 권고도 있고 해서 조두남을 찾아가 레슨을 청했다. 고등학교를 졸업할 때까지 3년간 피아노를 조두남에게 배웠다. 고등학교 3학년 때는 5.16기념 교내 피아노 경연대회에서 1등을 한 일도 있다. 재미 목사가 된 이종은 장로가 창단한 임마누엘합창단의 부 반주자까지 했다. 반주자는 현재 서울신학대 교회음악과 교수인 정정숙이었다. 고등학교를 졸업할 무렵 조두남에게 자신의 진로 문제를 상의했다. 남자는 피아노과보다 작곡과에 들어가 작곡을 전공하는 것이 좋을 것이라고 권고하여, 당시 연세음대 교수인 나운영(1922~93)을 소개하며 추천서를 써 주었다. 이것을 들고 나운영을 찾아갔다. 그에게 작곡 레슨을 받고 연세음대 작곡과에 입학해서 졸업할 때까지 4년간 나운영에게 작곡을 배웠다.

상명여고 음악교사로 재직 시(1972~78) 현직에 있는 관계로 주간인 본 대학을 갈 수 없어서 연세대 교육대학원에 입학해 음악교육을 전공하고 76년에 졸업하게 된다. 그의 향학열은 이것으로 끝나지 않았다. 고신대 재직 때인 82년에 독일 쾰른 국립음대 교회음악과에 입학해 합창지휘 전공을 하게 된다. 그리고 97년에는 또 다시 독일에 들어가 에센 폴크방 국립음대에서 1년간 합창지휘를 연구하고 돌아온다. 그가 배우고 연구한 모든 학문은 필요에 의해서 한 것이지만 궁극적인 목적은 하나님의 영광을 찬양하기 위한 일에 두고 있다.

교육과 음악활동

대학을 갓 졸업하고 난 그의 교직활동은 이화동에 있던 예일여고의 전신인 문선여상의 음악교사를 하며 시작된다. 꽤 유명했던 문성여상 합창단을 지도하기 위해 특채로 채용된 것이다. 이때 당시 연세대 음대의 성악과 교수인 황병덕 학장이 추천을 해 주었다. 대학 재학 시 채플 시간에 찬양대를 지휘한 유명세 덕분에 픽업된 것이다. 예일여고에서 약 2년간 재직하다가 삼각지에 있던 상명여자 중·고등학교로 자리를 옮겨 학생 오케스트라와 합창단을 맡아 지휘했다.

78년 부산 고신대학교 종교음악과가 신설되면서 교수로 채용되어 오늘날까지 30여 년 동안 종교음악과를 이끌어 왔고, 교육적 수준도 일반 음대나 음악과 이상으로 끌어올리는 데 큰 역할을 했다. 그리고 대학 부설 교회음악연구소를 설립해 교회음악 강습회를 8회까지 열기도 했으며, 전국 대학 교회음악과 종교음악학과 학회장과 한국음협 부산 지부장도 역임했다.

현재 그는 한국찬송가공회 21세기개발전문위원과 한국찬송가위원회 음악분과위원으로 활동하면서 부산 사랑의부부합창단 상임지휘자로 있다. 10년간 부산 장로성가단을 지휘하고 명예지휘자로 지휘해 비중 있는 교회음악 작품들을 많이 연주했다. 그가 지휘해서 연주된 작품들은 구노 〈장엄미사〉(78)와, 비발디 〈글로리아〉(80)와, 헨델 〈메시아〉(81, 84, 85, 88, 89, 92, 93)와, 멘델스존 〈바울〉(83, 98), 〈엘리아〉(86, 94)와, 바흐 〈마태 수난곡〉(87, 99), 〈b단조 미사〉(90), 〈크리스마스 오라토리오〉(93)와, 하이든 〈천지창조〉(91, 95) 등이다. 그리고 부산 장로성가단 지휘를 통해서는 앤섬(anthem)류의 합창곡을 주로 연주했다. 그는 교회 성가대를 40여 년 가깝게 지휘해오고 있다. 그동안 50여 곡의 성가곡을 써서 발표했고, 작년에는 성가작곡집도 출간했다.

그의 성가 작품의 특성은 한국적인 뉘앙스를 갖고 있는 동양적 사운드와 전형적인 성가 모습을 갖고 있는 점이다. 그의 작곡집 서문에서 '영적인 경험이나 체험을 토대로 하지 않는 교회음악은 허공을 치는 꽹과리에 불과하다'고 언급한 대로 그의 작품들은 다분히 영적인 흐름을 갖고 있다. 하나님이 주는 영감을 받아 오선지에 옮긴 음악이 그의 노래들이다.

교회음악에 대한 이념과 논리들

그는 교회음악만을 교육하고 작곡하고 연주하고 있다. 이 일은 하나님이 그에게 주신 천직이다. 대학에서 일반 작곡 공부보다는 교회음악 공부에 더 관심을 갖고 했다. 그래서 교회음악 강의를 더 많이 들었고, 그것에 푹 빠지기까지 했다. 두 번에 걸친 독일에서의 음악연구도 교회음악 지휘를 위해서 했다. 심지어 오르간 연주법까지 배웠다.

그는 교회음악과 일반 음악의 차별성 있는 연주를 이렇게 설명하고 있다. 일반 음악은 내용과 대상이 자연과 인간, 사물이기 때문에 인간 자신의 만족과 기쁨을 위해서 음악행위를 하는 반면 교회음악은 내용과

고신대 교회음악과 정기연주회를 지휘하는 모습

대상이 하나님이기 때문에 연주가 영적인 봉사가 되어야 한다는 지론이다. 그러기 위해서 연주자 자신도 영적인 마음으로 생활을 해야 한다고 말한다. 또한 우리나라 교회와 교회음악 지도자들이 너무 빠르게 미국의 유행하는 교회음악을 따라가고 무비판적으로 수용해 가는 데 문제가 있다고 지적한다. 미국의 복음송가적인 재즈 풍의 성가 합창곡이 국내 교회 성가대에 난무하는 것을 우려하고 있다. 일종의 카타르시스적인 대중음악 같은 노래를 불러 인간 자신만의 희열을 느끼려 드는 일은 없어야겠다고 한다. 이런 것은 교회음악의 참모습이 아니고 시대적 산물이라고 한다. 그는 교회음악이 정통성을 유지해야 된다는 것을 특히 강조하고 있다. 미국이 복음송가라는 교회음악 양식을 토착화 하듯이 우리나라도 우리 식의 교회음악 양식을 개발해가야만 된다고 말한다.

국내 작곡가들은 대곡에만 관심을 갖지 찬송가 같은 작은 곡을 작곡하는 데는 등한히 하고 있는 것도 아쉽다고 말한다. 우리나라 교회가 교회음악을 그냥 좋아하는 수준에서 벗어나 이해하는 수준으로 가야함도 말한다. 하나님의 말씀과 함께 내용 있는 음악을 더해야 올바른 예배가 될 수 있다고 한다. 이제라도 한국 교회가 전임 음악지도자 제도를 도입할 것을 강조하고 있다. 반드시 음악전도사나 음악목사라는 명칭이 아니더라도 좋다는 의견이다. 성가사나 찬양사란 명칭도 제시하고 있다. 한국 교회가 재정이 없어 전임 음악전도사나 음악목사를 세우지 못하는 것이 아니라 교회지도자들의 이해 부족이 원인이라고 했다.

그는 은사 조두남으로부터는 물욕과 세속에 물들지 않는 순수한 생활의 철학을 배웠고, 작곡가 나운영에게서는 음악하는 정신과 자세를 배웠다. 그리고 당시 충현교회 당회장이던 김창인 목사로부터는 인자하고 너그러운 마음을 쓰는 기독교 정신과 신앙을 배웠다. 이것들이 용해되어 쏟아져 나오고 있는 것을 그의 작품과 그가 지휘해서 만든 음악이 말해 주고 있다. 그는 학생들에게 이런 조언과 충고를 해주고 있다. '최선을 다하라'는 것과 '풍부한 독서를 통해 쟁이 소리를 듣지 말라'는 것이다. 그리고 음악사를 읽어 역사의식을 갖기를 권하고 있다. 이것은 그의 오랜 경험과 학문 과정에서 얻은 산 조언이다. 앞으로 그는 교회음악 연구소나 센터를 설립해 교회음악의 저변 확대와 연구 그리고 지도자 양성을 하고 싶다고 했다.

부산이 자랑하는 교회음악가

"고신대 하면 김정일, 김정일 하면 고신대"를 연상할 만큼 김정일은 고신대 사람이 됐다. 몇 년 전에는 고신대 종교음악과 설립 20주년 겸 그의 근속 20주년 기념 작곡발표회를 가졌다. 그동안 써 놓은 곡을 모아

발표한 자리였다. 작곡집도 함께 출판했다. 2003년에는 회갑 기념 작곡발표회도 가졌고 동시에 작곡집 2집과 CD를 출판하기도 하였다.

그의 인생 여정은 놀라울 정도로 하나님이 상관하셨고, 함께 하셨다. 그 결과 경제적 어려움이 덜했고 삶도 순탄했다. 평생을 하나님을 찬양하는 삶을 살아온 그에게 주신 하나님의 축복이 있는 큰 배려다. 그는 이것을 누구보다도 잘 알고 있다. 그래서 그는 하나님을 찬양하는 일이라면 마다하지 않는다.

그는 홍익대학교 미대에서 공예(염색)를 전공한 부인 조명자 권사와의 사이에 두 딸을 두고 있다. 모두 중앙음대에서 장녀 은영은 첼로를 전공했고, 차녀 은예는 바이올린을 전공했다. 현재 두 사람 모두 음악계에서 활발히 활동 중이다. 부산이 자랑하는 교회음악가 김정일은 교육자이며 지휘자이고 작곡가로서 한 번에 세 마리의 토끼를 잡고 있는 전형적인 교회음악가다. 부산 지역에서 교회음악 분야의 대부라고 해도 과언이 아니다. 그래서 우리가 그에게 거는 기대도 크다. 앞으로 국내 교회음악계를 위해 헌신하는 모습을 더 많이 우리에게 보여주었으면 하는 마음이다.

민족주의 교회음악의 선구자

나운영 Na Un Yung

민족주의 교회음악의 선구자
나 운 영(1922~1993)

자신을 다져서 만들어 온 생애

6.25사변이 한창이던 시절에 부산에서 전쟁으로 말미암아 찢길 대로 찢기고 유리방황하는 우리 겨레를 생각하며 하나님의 인도하심을 간절히 사모하는 맘으로 시편을 읽던 중 악상이 떠올라 단 3분 만에 반주까지 작곡한 것이, 시편23편인 〈여호와는 나의 목자시니〉(1953)라고 나운영은 『제3수상집: 스타일과 아이디어』(1985)에서 언급하고 있다. 이 작품의 탄생은 그를 유명하게 했고 작품을 통한 전도의 좋은 본보기가 됐다. "나는 자신을 소위 음악선생과 작곡가라고만 생각하지 않고 주제넘게도 음악전도사로 자처하고 있습니다." 이 말은 그가 하나님으로부터 음악전도사로서 사명을 받았음을 인지한 말이다. 나운영은 자신의 길을 스스로 다져서 만들어 온 고독한 예술가의 길을 걸어온 작곡가다. 그는 부친 나원정(羅元鼎)과 모친 박정순(朴貞順) 여사에게서 1922년 3월 1일 서대문구 미근동에서 출생했다.
미동보통학교에 입학하기 전부터 부친에게 양금 교습을 받았는데 이 교습이 그의 창작정신에 영향을 주었다. 중앙중학교를 졸업하던 해인 1939년 12월 동아일보사 주최 신춘문예 작곡부문에 예술가곡 〈가려나〉(김안서, 1939)가 당선됐는데 이것이 작곡을 본격적으로 하게 된 계기

1939년 중앙중학교 졸업 때 밴드부 맨 앞에서 지휘

가 되었다. 유학을 떠나 동경 제국고등음악학교 본과에 입학해 1942년 졸업과 동시에 동 음악학교 연구과에 재입학해 히라오 요시오(平尾貴四男)와 모로이 사부로오(井三郞)에게 작곡법을 배웠다. 1943년에 태평양전쟁으로 귀국한 그는 채동선(1901~53)이 이끄는 현악4중주단에 입단했고 혜화동성당의 성가대 지휘자로도 취임한다. 1945년부터 그는 현 중앙대학교 전신인 중앙여자전문대학의 전임교수가 됐고, 서울대, 이화여대, 숙명대, 연세대, 목원대, 세종대 등에서도 교수로서 가르쳤고 대학의 고위직까지 맡으며 학생들을 가르치기도 했다. 초기 전임교수시절(1945년)에 성악가 유경손 여사를 만나 명동성당에서 결혼을 했다.

그는 작곡가로서뿐만 아니라 훌륭한 교육자로서 많은 제자를 길러냈다. 그의 제자들은 현재 대학교수로서 자리매김을 하고 있고 국내 음악계의 지도자들이 되어있다. 나인용, 박재열, 김규태, 이만방, 이영조, 이경희, 안일웅, 박준상, 한정희, 이영자, 김정일 등이 그들이다.

그는 한국 전통음악에 관심을 갖고 국악을 연구했는데 일본에서 귀국

1958년 강의하는 나운영

후 조선 정악전습소에서 민완식으로부터 양금을 배우기도 했다. 1946년에는 민족음악문화연구회를 창립해 회장을 역임했고 1976년에는 제주도에 한국민속음악박물관을 설립해 관장으로 있으면서 제주도 민요를 채보해 연구 논문과 자신의 작품에 응용하기도 했다.

1943년에 혜화동성당 성가대 지휘자로 출발하여 서울교회(현 한양교회)(1946~48), 덕수교회(1974~48)를 거쳐 성남교회(현 서울 성남교회 1948~80)에서 32년간 봉사하고 부인과 함께 성가대 근속30주년 기념 표창까지 받았다. 1971년에는 장로임직을 받았다. 서울 성남교회에서 지휘하면서 틈틈이 한국 찬송가를 작곡하여 성가대를 통해서 발표해 온 데에는 특별한 이유가 있다. 1979년 8월 제주도에 갔을 때 폭풍우로 머문 일이 있었다. 그때 하나님으로부터 계시를 받았다고 한다. 한국 찬송가를 매월 일곱곡씩 작곡해서 봉헌하라는 하나님의 명령을 받은 것이다. 그래서 그는 1979년 9월부터 하나님이 부르실 때(1993년 10월 21일)까지 한 번도 거르지 않고 1,000여 곡이 넘도록 찬송가를 만들어 자신이 1980년에 창립한 운경교회(1987년 호산나교회로 개명)에서 봉헌을 했다. 그는 한국찬송가위원회의 찬송가 편집에 전문위원과 위원장으로서도 관여하기도 했다.

1974년에는 미국 국무성 초청으로 포틀랜드(Portland) 대학교 교환교수로「한국 고대음악과 현대음악」을 강의했고 자신의 교향곡을 직접 지휘해 연주한 일도 있다. 그때 그 대학으로부터 명예 문학 박사 학위를 받았다.

생전에 그는 수많은 음악단체장을 역임하고 국가 교육기관의 고위직도 맡았지만 그의 천직은 음악을 통한 전도사직이라고 생각했다. 고인이 될 때까지 그는 하나님이 주신 사명을 다한 것이다.

창작 교회음악 이념과 이론 그리고 세계

나운영의 창작이념은 '선 토착화 후 현대화(先 土着化 後 現代化)', 즉 민족적 아이디어에 현대적 스타일을 결부한 현대적인 한국음악 창조

1944년 경성후생악단 시절(가운데 첼로 안고 있는 사람이 나운영)

에 있다. 민족성과 시대성을 등진 작품은 좋은 작품이 될 수 없다는 지론이다. 그래서 그의 작품들은 그가 창안한 작곡기법을 통해서 현대적인 한국음악을 입증하고 있다. 제1기라고 할 수 있는 50년대 전반에 쓴 가곡 〈접동새〉(1950)나 성가독창곡 〈여호와는 나의 목자시니〉(1953)가 그것이다. 창작의 왕성함을 보여준 시기라고 할 수 있는 제2기(50년대 후반부터 70년대)에 쓴 부활절 칸타타(1950)에 나오는 〈변화산상〉과 〈골고다의 언덕길〉 등의 작품은 그의 창작사상이 어떠한 것인가를 잘 보여준 좋은 작품이라고 할 수 있다. '선 토착화 후 현대화'란 그의 창작이념을 보아서 알 수 있듯이 작품 대부분이 근대적이며 한국적 색채가 매우 강한 인상을 주고 있다.

교회음악에 대한 그의 이론은 절대적이다. 즉 교회음악의 본질을 이탈한 음악은 교회음악이 아니라는 지론이다. 그래서 그의 교회음악 작품들은 교회음악(예배음악)의 뉘앙스나 종교성(religious mood)을 벗어난 것이 별로 없다. 그가 쓴 네 권의 수상집 『주제와 변주』(1964), 『독백과 대화』(1970), 『스타일과 아이디어』(1975), 『여호와는 나의 목자시니』(1985)는 교회음악의 조건을 잘 제시하고 있다. 즉 하나님의 성호를 찬양하는 내용과 종교성을 강조하고 있다. 음악이 하나님을 찬양하는 데 기독교적인 흐름(mood)을 갖고 있어야 한다는 것이 그의 주장이다. 나운영 작품은 세속적인 뉘앙스가 너무 진하다는 비난도 있지만 그는 한국 교회음악은 먼저 민속적인 것에서부터 출발해 민족적인 것으로 승화해야만 한다고 자신의 수상집에서 언급한다. 그의 교회음악 작품들이 한국 교회와 교단에서 많은 비난과 야유를 받았지만 오늘날 그의 성가 작품들은 어느 작가들의 작품들보다 더 많이 연구되고 불리고 있다.

이런 현상은 그의 교회음악 작품들이 교회음악으로의 확실한 조건을 갖추고 있고 가치성을 갖고 있기 때문이다. 서양음악 작곡이론을 한국적으로 소화한 민족음악 이론의 작곡학적 체계 수립이 그의 할 일이고 갈 길인 것을 어느 강연에서 언급한 일이 있다. 덧붙여서 그는 좋은 작

1973년 '메시아' 지휘하는 모습

품을 쓰려면 먼저 참된 인간이 되어야 한다고 강조한다. 항상 최상의 것을 하나님께 바친다는 자세를 그는 작품에서 보여주고 있다. 그의 수많은 작품들은 그냥 태어난 것이 아니다. 여러 차례 걸쳐서 수정보완한 뒤에 완성된 것이 대부분이다. 심지어 1950년대 작곡한 〈주기도〉는 무려 25년간 여섯 차례나 수정보완해서 완성한 작품이라고 한다. 이런 그의 정신과 작업태도는 자신의 작품을 책임지겠다는 그야말로 진정한 작가 정신의 표본이라고 할 수 있다. 작품은 작가가 숨을 거두었을 때 비로소 완성되는 것이라고 하던 그의 말이 기억난다.

그의 성가작품들은 대체로 부르기에 좀 어려운 반면 부르면 부를수록 더 친근감을 갖게 한다. 이것은 그의 음악이 종교성을 더 진하게 느끼게 하고 음악성이 있기 때문이다. 특히 〈시편 23편〉, 〈골고다의 언덕길〉,

1963년 서울 성남교회에서 지휘하는 나운영

찬송가 〈손들고 옵니다〉(1963) 등은 더욱 그렇다. 그가 쓴 수상집들에서 알 수 있듯이 그의 날카로운 지적과 정곡을 찌르는 비평문으로 신선한 감을 주었는데 이것 또한 그의 작품들과 닮은 것이 많다. '예술은 짧고 인생은 길다.'는 아이러니한 그의 인생관은 작곡이 작가의 생리적인 것이 되어야 함을 지적한 것이다. 작가는 작품으로 인생의 승부를 걸어야 되듯이 그도 그렇게 살아 온 것이다.

작품특성과 작곡기법

그의 작품특성은 대체로 다음과 같다. 첫째로 작품이 국악 소재로 출발한 점이다. 특히 국악의 장단과 음 소재가 많은 부분을 차지하고 있다. 둘째는 그 양상이 국악의 비기능적 기법과 서구 전통적인 기법이 절충된 점이다. 즉 한국 전통개념과 근대 서구개념의 절충 방법인데 그 현상은 소위 한국적인 근대음악의 사운드로 표출되고 있다. 셋째는 나운영 음악의 독창성을 형성하고 있는 점이다. 한국 민속음악의 재구성을 통한 나운영만의 톡특한 색채(sound)를 보여주고 있기 때문이다. 넷째는 작품내용과 구성체가 압축된 창작면모다. 그의 곡들은 대부분 긴 작품보다 압축된 듯한 짧은 곡들이 많다. 작품이 장황하지 않고 군더더기를 모두 쳐낸 듯한 간결한 면모를 보이고 있다. 다섯째는 국악의 표현양식과 그 유형을 작품에 재구성해 응용한 점이다. 즉 판소리, 시조, 산조 등의 기본 양식을 여과해서 새롭게 재구성한 것이다. 이런 면모를 입증케 한 기법들은 ① 4, 5도 음정 병행법과 투영법 ② 대위법적 응용 ③ 3화음의 병행 및 투영법 ④ open chord(3음 생략된 화음)의 응용 ⑤ 부가화음(added chord)의 사용 등이다. 특히 4, 5도 음정의 병행법과 투영법은 그의 작품에 가장 많이 등장하고 그의 곡의 특성이 되었다. 이런 기법들이 그의 작품의 기본 골격으로 단조로움을 피하기 위해서 3도 기능화성과 절충한 곡도 있다. 그리고 순수 조성음악도 그는 무시하지 않고 있다. 그러나 그의 선율구조는 민요풍 내지 시조 그리고 판소리 등의 측면을 작품에 상당수 응용해서 반영하고 있다.
그의 새롭고 독창적인 아이디어 찾기의 노력을 볼 때 그의 음악이 얼마나 스스로를 다져 만든 작품인가를 알 수 있다. 그래서 나운영 음악은 쉽게 풀 수 있는 음악이 아니다. 그 풀이법의 특징을 이해해야만 쉽게 풀어갈 수가 있다. 시편23편을 가사로 한 〈여호와는 나의 목자시니〉는 30년이 넘어서야 겨우 풀리는 것을 볼 수 있었다. 이 곡은 오늘날 한국 교회음악의 고전이고 한국성가의 표본을 보여준 걸작이라고 할 수 있다. 그의 '선 토착화 후 현대화'란 창작이념을 이해하기 위해서는 그의 음악적 특성과 작곡기법에 대한 이해가 선행되어야하고, 그래야 그의 작품도 제대로 이해할 수가 있다.

재조명의 필요성과 그 가치성

앞에서 언급했듯이 나운영의 일생은 하나님의 의와 그의 나라를 위해서 살아온 생애라고 할 수 있다. 교수생활도 작곡생활도 성가대 지휘도 모두 하나님의 의와 나라를 위해서 행한 것이다. 그리고 그는 손에 피가 마를 때까지 하나님을 위해서 살아간 진정한 교회음악 작곡가다. 천5백여 곡이나 되는 그의 많은 교회음악 작품들을 한국 교회와 교계가 이제라도 재조명하고 그 가치를 평가해야만 될 것이다. 그는 박재훈, 김두완과 함께 한국 교회음악계의 세 명의 거두이자 우리나라 교회음악계를 대표할 수 있는 인물이기 때문이다.
한국 교회와 교계 그리고 교회음악계는 국내 작가와 작품에 대한 평가나 인정도가 상당히 인색한데 이제는 그 의식구조를 바꾸어야만 한다. 진정으로 한국음악을 하려는 사람을 인정하고 밀어주는 노력이 필요하다.
지금까지 나운영의 생애와 작품의 특성을 짚어 보았으나 이것은 그의

1974년 교향악 발표회에서 지휘하는 모습

작품세계의 일부에 지나지 않는다. 그는 스스로 외친 '민족적 아이디어에 현대적인 스타일의 한국적인 현대음악 창출'이라는 큰 기둥을 뿌리 깊게 세웠다. 그 기둥을 국내 교회음악 작곡가들과 음악계가 그 기둥을 재조명하고 재평가하여 한국 교회음악의 정체성이나 정형을 설정하고 수립하면 된다. 그의 성가 작품들은 이런 것을 만들어 가는 데 좋은 밑거름이 될 것이다. 작곡을 사명으로 알았고 하나님의 계시와 영감을 받아 써 온 작곡가 나운영은 이제 우리 곁에 없지만 그의 분신들인 작품들이 언제나 우리 곁에서 하나님을 느끼게 하고 있다. 남의 탓이 아니라 내 탓으로 알고 살아온 겸손한 그다. 한국 교회와 교회음악계는 그의 작품들을 수용하고 인정하는 마음을 가지고 한국 교회음악의 보배로운 존재로서 여겨야만 할 것이다. 그는 하나님이 선택해서 쓰신 진정한 음악전도사이기 때문에 그러하다.

한국 교회음악의 충직한 작곡가

나인용

한국 교회음악의 충직한 작곡가
나인용(1936~)

교회음악으로 자신을 다져온 생애

나인용은 미국 유학 시절(1971~72) 이런 기도를 하게 된다. '길가에 버려져 차이는 돌 같은 존재지만 주께서 주춧돌로 써 주신다면 주님을 위해서 살겠습니다.' 란 간구다. 이 약속이 그의 생애 후반기에 창작음악을 통해서 지켜져 가고 있다. 이 창작음악은 병마의 좌절과 고통을 신앙으로 극복해 승화한 아름답고 위대하다고 할 수 있다. 그의 생애는 일반 작곡가들과 같이 평탄하지 않았다. 수십 년을 병마와 싸워야 하는 육체적인 시련과 정신적인 고통을 함께 겪어온 것이다.

그는 충남 예산에서 지방 관리이던 부친과 독실한 기독교 신자인 모친 사이에서 둘째 아들로 태어났다. 그의 형인 나원용은 감리교 목사(전 종교감리교회 당회장)다.

그는 모친이 설립한 예산 오가감리교회의 풍금을 접하고부터 자연스럽게 음악을 시작하게 된다. 그때 나이는 유년 주일학교 초등부 때니까 열세살이다. 이때부터 교회 풍금을 치면서 교회음악을 터득하게 된다. 교재는 찬송가가 전부였다. 독실한 기독교 가정에서 자랐기 때문에 그는 어떤 면에서 교회음악을 누구보다도 많이 접했다고 할 수 있다. 음악의 길로 가는데 동기를 부여해 준 것은 아마 기독교 학교인 광

성고등학교의 합창단 반주와 채플 시간의 예배 반주를 맡은 것인 듯하다. 이때(50년대 후반) 그가 반주한 곡들은 모차르트의 〈글로리아〉와 베토벤의 〈천사의 합창〉 등 수준 높은 합창곡들이다.

국민학교 3학년 때부터 앓기 시작한 골수염 때문에 학업에 많은 어려움이 있었지만 신앙과 교회음악 연주를 통해 자신을 극복하고 전진할 수 있었다. 이것은 믿음이 아니고서는 도저히 불가능한 일이다. 하나님이 그를 미리 교회음악가로 쓰시겠다는 어떤 큰 뜻이 있어서 이런 징조를 그를 통해 보이신 것이 아닌가 생각된다. 죽은 몸이었는데 주님의 은총으로 살아가고 있다고 그가 실토한 것을 보더라도 그렇다.

그가 본격적으로 음악(작곡)공부를 한 것은 연세음대에 입학하고부터라 할 수 있다. 그동안 그가 동경하던 나운영(1922~93)을 음대에서 만나게 되고, 그에게 작곡도 배우게 된다. 아이러니컬한 점은 그가 종교음악과를 다니면서 교회음악곡을 한 곡도 쓰지 않은 것이다. 성악곡보다는 기악곡을 먼저 써야만 작곡가로서 대성할 수 있다는 스승의 작곡교육 이념 때문이다. 국민학교(유년주일학교)부터 고등학교까지 교회음악만을 부르고 연주하며 터득해 온 그의 삶이 대학에 들어와서 세속음악 작곡 일변도로 바뀐 것이다. 그러나 그는 대학을 다니면서도 교회 성가대를 지휘했고, 누구보다도 교회음악을 연구하는 일에 게으르지 않았다. 그가 교회음악을 작곡하기 시작한 것은 대학을 졸업하고 중·고등학교 음악교사가 되면서부터이다. 이때 최초로 쓴 곡은 〈애국의 찬송〉(1960년대)이란 작품이다.

교사 생활 10년을 하는 동안 그는 새로운 창작음악 세계를 열어가야겠다는 강한 욕구와 의지를 갖게 된다. 그래서 미국 노스캐롤라이나(North Carolina) 음대로 유학을 가게 된다. 이것은 또한 자신의 교회음악을 더 값진 것으로 만들기 위한 도전이었다.

미국 유학을 마치고 모교의 작곡과 교수가 되고부터는 그의 음악활동에서 차지하는 교회음악은 그 비중이 더 적어질 수밖에 없었고, 그에 대해 안타까움을 갖고 있었다. 그는 건강이 악화되어 몇 번 쓰러진 일이 있은 후, 이것이 하나님께 약속한 것을 지키지 않아 하나님이 노하신 것이라고 이해했다. 그래서 자신이 하나님에게 한 약속을 지키기 위해서 최선을 다하며 살아가고 있다고 한다. 지금까지 그가 하나님의 가호와 은총이 있었기에 이만큼 살았고, 교회의 장로가 됐으며, 성가대 지휘자가 됐고, 음대 교수가 될 수 있었다고 고백하고 있다.

하나님의 깨우침과 은총에 사는 믿음 생활

그렇게도 자신을 괴롭힌 병마가 유학 가는 해(1970)부터 씻은 듯이 말끔히 나왔다. 이것은 하나님이 그에게 베푼 어떤 깨우침이고 은총이라고 생각하고 있다. 그리고 하나님의 분명한 어떤 뜻이 있다는 것도 믿고 있었다. 그래서 그는 일반 음악 창작에 비해 교회음악 창작에 더 공을 들이고 기도하며 작곡하고 있다. 인간의 즐거움을 위한 교회음악보다 하나님 중심인 음악을 쓰겠다는 것이다. 오래전에 중풍으로 쓰러졌을 때도 그는 많은 것을 깨닫고 회개했다. 죽음의 문턱을 왕래하면서 죽음의 고통을 직접 체험한 일도 있어서 자신이 지금 살아 있는 것이 아니라 죽어 있는 산몸이라고 여기고 있다.

이런 체험이 오늘날 그의 작품 안에서 승화되어 쏟아져 나오고 있다. 그 좋은 예가 구약성서 욥기의 내용에서 착안한 〈Wood Wind Quintet〉(1990)과 그리스도의 고난과 죽음을 생각하며 썼다는 〈현악4중주를 위한 골고다(Golgotha)〉(1995)다. 고통 속에서 느껴지는 원초적인 절박함의 표현보다 창조주 하나님의 범주 안으로 돌아가 작곡을 하고 있다는 것이다. 이래서 그의 교회음악 작품들은 극단적인 표현보다 원만하고 서정성이 내재한 아름다운 곡들이 많은 것 같다. 그가 앞으로 작곡하려고 하는 교회 오페라 〈베드로의 고백〉을 통해 자신의 진실한 신앙 모습을 음악으로 고백하겠다고 한다.

1999.10.1 동경 오페라 시티홀에서 동경음악제 첫날 가야금 협주곡 〈도약〉을 연습한 후

교회음악에 대한 생각들

그는 개방적이라기보다 엄격하고 전통적인 사고를 가지고 있다. 즉 하나님께 드리는 제물은 반드시 일차적인 것이어야만 한다는 논리다. 의식적(liturgical)이고 예배적인 하나님 중심의 상향적 음악이 되어야만 한다는 생각이다. 그래서 예배음악은 경건해야 되고, 경거망동한 동적인 음악은 부적합하다고 강조를 한다. 예배 전에 복음송가(gospel song)로 흥을 돋우는 인상을 주는 것에 질색한다.

그는 예배음악을 하나님께 드리는 제물이라고 정의하고, 복음송가는 나를 향한 노래로 본다. 하나님을 향해 드리는 노래(찬송가)와 인간을 향해 부르는 노래를 반드시 식별해서 예배에 써야만 한다는 것이 그의 생각이다. 정통 예배음악이 더 중요시되어야 할 현 시점에서 무분별한 사이비 교회음악의 난무와 세속화를 우려하고 있다. 찬양은 일차적인 드림의 행위이고, 은혜는 받음의 이차적인 행위가 되기 때문에 찬양을

대만 사범대학에서의 '한국과 대만 상호 교류 연주 및 세미나'에서
관현악곡 태(太)에 관한 세미나를 하는 장면

제일주의로 생각해야만 된다고 말한다.
교회음악인들이 소명감 내지 사명의식이 부족한 것이 교회음악 발전에 저해 요소가 되고 정체현상을 유발하고 있다는 지적도 한다. 그리고 한국 교회음악의 토착화 문제에 대해서 나운영의 창작논리를 적극 지지하지만 인위적인 한국성 표현은 바람직한 현상이 아니라고 한다. 자연스러운 창작서법과 잘 들어맞는 이론체계가 더 합리적이라고 한다.
그는 좋은 찬송가를 하나님의 성령과 능력에 힘입어 쓴 곡이라고 정의하고 있다. 그 음악은 하나님을 느끼게 하고, 감사하는 마음을 갖게 하는 음악적 흐름이 있다. 그리고 너무 인위적이고 지나친 기교난발의 곡은 찬송가로 부적합하다고 한다.
그는 찬송가 작곡가로서 불리기에는 아직 멀었다고 겸손한 말을 한다. 그보다 교회음악 전 장르를 작곡하는 것이 그의 꿈이다.

하나님이 주신 교회음악 창작소명

왜 교회음악을 작곡하느냐란 물음에 그는 하나님이 베풀어 준 사랑과 은총을 감사하지 않을 수 없어 작곡을 한다고 대답한다. 그리고 이것이 자신에게 주신 소명이라고 한다. 그러나 그는 교회음악보다 세속음악을 더 많이 작곡했다. 이것이 늘 마음에 걸렸다. 골수염에 시달리고 중풍에 쓰러졌을 때 그가 수없이 다짐한 것이 있다. 즉 일어나게 해주신다면 주님을 위해서 무엇이든지 하겠다는 서원 기도가 그것이다. 이제 하나님이 주신 사명과 은혜가 무엇인지 어렴풋이나마 깨닫게 됐다. 그래서 자신에게 준 달란트를 최대로 활용해 하나님을 찬양하겠다는 것이다. 이제는 교회음악 비중을 세속음악보다 더 크게 두겠다는 것이다.

1979년 성가대 지휘자로 부임한 상동감리교회에서 장로가 된 그는 하나님이 선택한 은총 입은 진정한 교회음악 작곡가의 길도 가고자 한다. 연세음대 교수를 정년퇴임한 지금 재직 때보다도 더 열정적으로 곡 쓰는 일에 많은 시간을 투자하고 있다. 그동안 오페라 두 편을 작곡해 초연하기도 했다. 찬송가공회 음악전문위원으로도 찬송가집 만들기에 공 들이고 있는 그는 남은 생애에 교회음악 창작을 통해서 하나님의 은혜를 갚아 가겠다고 한다. 우리나라 창작음악계의 제2세대로서 우뚝 선 나인용을 하나님은 큰 인물로 쓰고 계신 것이다.

구도자적인 창작 성가음악의 대부

박재훈

Jae Hoon

구도자적인 창작 성가음악의 대부
박재훈(1922~)

창작 교회음악 세계와 주요 음악 사상

국내 성가 독창회나 성가 합창제의 한국 창작성가 레퍼토리로 선정되는 곡들이 대부분 박재훈의 성가작품들이고, 통일찬송가 317장 〈어서 돌아오오〉(1943), 256장 〈눈을 들어 하늘 보라〉(1952), 311장 〈산마다 불이 탄다〉(1967), 460장 〈지금까지 지내온 것〉(1967)은 예배 시간이나 집회 때에 무수히 불리고 있다. 이런 것을 볼 때 그가 얼마나 신앙적이고 성악적인 작곡가인가를 알 수가 있다. 특히 그가 해방 후에 쓴 동요 〈어머니 은혜〉(윤춘병)와 〈엄마 엄마 이리와〉, 〈산골짝의 다람쥐〉 등은 현재 초등학교 음악교과서에 들어가 있고, 한국인이라면 안 부른 사람이 없을 정도로 유명한 노래들이다.

그를 만난 해인 1995년에는 자신의 동요 창작50년사를 맞게 되어 감개무량하다고 말했다. 그는 처음부터 음악을 하려고 한 것도 아니고, 음악적인 분위기에서 자라온 것도 아니었다. 단지 그는 농촌 사람에 불과했다. 말로만 듣던 피아노도 17살이 돼서야 겨우 볼 정도이던 그가 오늘날 한국 교회음악계에 크게 자리 매김할 수 있게 된 것은 그의 부단한 노력도 있지만, 교회 성가대와의 관계에 의한 영향이 매우 크다. 바로크 시대에 바흐가 토마스 교회 예배를 위해서 수많은 곡을 썼듯이 박재훈도 영락교회 예배 찬양과 성가대를 위해서 수많은 작곡을 하였다. 오늘날 목사가 된 그를 세속음악 작곡가라고 하는 사람은 아무도 없다. 초기에 쓴 세속곡들은 다 버렸고, 지금은 교회음악만 작곡하고 있다. 이것이 하나님이 주신 사명이라고 생각하고 또한 신앙이라고 한다.

박재훈은 1922년 11월 4일(음) 강원도 금화군 금성면에서 박창숙(朴昌淑) 여사의 4남으로 태어났는데, 일제시대 상황이기 때문에 매우 어려운 시기이서 제대로 학교에도 다니지 못했다. 이런 그를 평양에서 목회를 하고 있던 형이 불러 문요한(John Z. Moore, 1874~1963) 선교사가 설립한 선교 계통의 신학교인 요한학교에 입학시킨다. 거기서 구두회와 장수철(1917~66)을 만난다. 이들 세 사람은 그 학교를 졸업(1943년 제3회)하고 일본 동경 제국고등음악학교로 유학을 간다(40년대). 하지만 학도병이 되어 전쟁터로 끌려가는 것이 두려워 유학 생활 일 년도 채 안 된 상태에서 학업을 포기하고 다시 평양으로 돌아오게 된다. 일본에서 신학공부를 해서 목사가 되려 했는데, 뜻대로 되지 않았다. 이 뜻이 나중에 이루어져 회갑 기념으로 82년 6월에 미주 한인장로교회의 목사 고시를 통과하여 같은 해 11월에 목사 안수를 받았다. 그 후 캐나다에서 큰빛장로교회를 개척하여 7년 동안 시무하다 은퇴 2년을 남겨 놓고 그의 후계자 젊은 목사에게 강단을 물려주고 지금은 80이 넘었음에도 불구하고 자신이 개척한 큰빛교회 성가대를 지휘하고 있다.

일본에서 평양남도로 도망치다시피 돌아온 그는 20대에 평남 강서구에 있는 문동보통학교 교사가 된다. 이때 미국에서 공부를 마치고 돌아온 원로 성악가인 이유선(1911~2005)을 만나면서 그의 음악은 변화한다. 이유선과 일주일에 한 번씩 화성학 공부를 하고 토론을 했다. 먼저 공부하고 있던 구두회와 그는 이유선의 첫 제자가 된 것이다. 이때 작곡한 것이 찬송가 317장 〈어서 돌아오오〉(1943)이다. 이유선은 박재훈이 졸업한 요한학교에서 가르치다가 개성에 있는 성도중학교에서 가르쳤는데 일본 관리들의 반미감정 때문에 교사직을 물러나야 하는 수모도 당했다. 이 학교는 일제의 탄압으로 1944년 폐교했다.

박재훈 교사는 학생들에게 가르쳐줄 마땅한 노래가 없음을 안타깝게 생각하다가 일제시대에 기독교서회가 발행한 월간 『아이생활』(해방 후 『새 벗』으로 바뀜)에 발표된 동시들을 가지고 밤을 새워가며 작곡한 것을 음악교재로 삼아 학생들에게 가르치기도 했다. 그렇게 지내다 일제시대에 평양에서 도저히 살 수가 없어 1946년 부활절 때 서울로 월남하게 된다.

남하해 보니, 이때 부르던 노래들은 〈뜸북새〉(박태준 곡)와 〈오빠생각〉(박태준 곡) 그리고 〈백두산 뻗어내려 반도 삼천리〉(현재명 곡) 등이 전부였다. 이래 가지고는 안 되겠다고 생각한 그는 자작곡을 포함한 동요 모음집 『일백 동요집』을 등사본으로 약 5백여 권을 만들어 명동에 있던 국제음악사(주인 박태현)에 내 놓았는데, 이틀 만에 매진되는 기현상도 있었다고 전언한다. 그는 약 10년간 대광고등학교의 음악교사로 있으면서 야간에는 강남대학교의 전신인 중앙신학교를 다녀 제1회 졸업생이 된다. 다시 6.25전쟁이 터지자 부산으로 내려가게 되는데, 그곳에서 1953년 새들고아원을 빌려서 시작된 영락교회의 지휘자로 임명된다. 그는 또한 해군 정훈음악대에 복무하면서 한국교회음악협회 창단 멤버로 일하게 된다.

1973년 미국으로 이민 가기 전까지 약 24년간 영락교회 성가대 지휘자로 봉사(1953~59, 63~73)를 했는데, 이때 그에게 찬송시를 써 준 석진영, 정영택, 김정준, 이호운, 반병섭, 김재준, 정대휘, 김회보 목사 등을 지금도 잊지 못한다. 이민 생활 약 10여 년간은 그의 창작음악의 왕성기라고 할 수 있다. 이때 나온 성가 작품들이 오늘날 꽤 많이 불리워지고 있다. 작곡공부는 국내에서 이유선에게 배운 화성학 공부가 전부여서, 독학하다시피 했다. 성가대 지휘 체험을 통해 오랫동안 터득했기 때문에 어느 작곡가들보다도 살아있는 소리를 만들어 낼 수가 있었다. 그는 여기에 만족하지 않고 37세의 나이로 1959년 미국으로 유학을 가

웨스트민스터 합창대학(Westminster Choir College)에서 1년간 (1959~60) 수학한 후, 크리스천 신학교(Christian Theological Seminary)에서 3년간 배우고 교회음악 석사학위(M.A.)를 받고 졸업한다. 이것이 그의 음악교육의 전부다. 미국에서 공부하고 귀국(1964)해 67년 발간한 개편찬송가 편찬간사로 일을 하고, 병고에 있던 친구 장수철을 대신해서 선명회 어린이합창단을 지휘(1964~66)하기도 했다. 그리고 잠시 한양대학교 음악과 교수로 재직(1967~72)하다가 건강상의 문제와 더 좋은 작품을 쓰기 위해서 다시 미국에 들어가게 된다.

여기서 그의 초기 부산 시절의 이야기를 하고 넘어가야 될 것 같다. 그가 미국으로 들어가기 전에 갈등과 고민 중에 성경을 읽다 발견한 "해방"이란 주제를 가지고 오페라를 써야겠다는 계시 같은 강한 사명을 받게 된다. 그래서 그는 대본을 국내에 있는 가까운 사람들한테 부탁을 했지만, 20년이 지나도 써주는 사람이 없었다. 그런데 20년간 기다린 보람이 있는지 당시 『기독공보』에 근무하던 김희보 목사가 이것을 써 준 것이다. 이 대본을 들고 그는 70년대 초 미국으로 건너가 오페라 〈에스더(Easther)〉를 완성해 가지고 돌아온다. 72년 김자경오페라단에 의해서 초연됐는데 교계의 좋은 반응을 받았다. 3.1운동을 주제로 한 오페라 〈유관순〉도 국내 오페라단을 통해 공연된 바 있다. 또한 〈다윗

오페라 〈에스더〉 1막 중에서 이스라엘 민족이 포로생활에서 구원을 간구하는 장면

오페라 〈에스더〉 2막 중에서 에스더가 이스라엘 민족에게 3일간 식음을 전폐하고 기도하며 구원을 간구하도록 부탁하는 장면

오페라 〈에스더〉 3막 중에서 에스더와 모르드개가 자유를 얻게된 이스라엘 민족들과 함께 여호와 앞에 감사의 찬양을 하는 장면

왕〉과 〈토마스 목사〉에 대한 것도 쓸 계획이라고 한다. 교회 오페라가 많지 않은 우리의 현실에 그가 계획한 오페라들이 그의 생애 중에 꼭 만들어졌으면 하는 바람이다.

국내에 있을 때엔 주로 영락교회 성가대를 통해서 작품을 발표하고, 등사본 악보 출판과 악보 출판사들의 도움으로 작품집을 발간하기도 했다. 73년에 미국으로 이민 가서 캐나다에 정착(1978)하기까지 주로 한 활동은 합창연주와 선교 그리고 음악교육 사업이 전부라고 한다. 이

상황 중에 그는 틈틈이 작곡을 해서 83년에는 〈성 마가 수난음악〉을 영락교회 성가대를 통해 발표하고, 1995년 12월 7일에는 영락교회 창립50주년 기념 음악회 일환으로 칸타타 〈뿌리 온 땅에 편만하리〉를 본인이 직접 지휘하여 초연했다. 자신의 작품을 지휘해 초연하는 고집도 그만이 가지고 있는 개성인 것 같다. 이제는 귀국해서 한국 교회음악의 발전을 위해서 노력하는 것이 어떠냐고 건의했더니 그는 하나님이 준 사명을 국내보다는 외국에서 일하라는 명령으로 받아들이고 싶다고 한다. 외국에 있으면서 국내 교회음악계를 위해서 최선을 다하겠다는 말도 잊지 않았다.

창작음악의 변천과정과 주요 기법

그의 작품들은 초기 습작기인 양악 수용기(1940~60년 전반)와 박재훈 창작음악의 정착기(65~80년) 그리고 성숙 및 간결기(80년~현재) 등으로 나눌 수 있다. 이 이론은 그의 연대기적인 것보다 작품에 나타난 주 경향(기법, 어법, 양식 등에 의한)을 중심으로 한 것이다.

양악 수용기는 주로 바흐 코랄(chorale)을 주 교과서로 한, 음악적 기법의 근원적 출발점이라고 할 수 있다. 이 양상을 보여주는 곡은 주로 통일찬송가 256장 〈눈을 들어 하늘 보라〉, 317장 〈어서 돌아오오〉 등이다. 즉 대위법적인 처리라든가 화성응용이 그 대표적인 것들이다.

음악계에 60년대부터 불기 시작한 한국적인 표현양식이나 기법응용이 박재훈 작품에도 나타나게 된다. 그 대표적인 곡이 시편 150편인 〈할렐루야 하나님을 찬양하라〉(1968)와 〈내 언제나 주님을 찬미하리니〉(1972)라고 할 수 있다. 그가 이를 위해 응용한 기법들은 5음계 선율과 4도와 5도 병행 기법, 그리고 전통 기능화성을 약화시켜 국산적인 발상을 한 2·4·5·6도에 의한 부가화성(added 2·4·5·6 harmony) 등으로, 국악 장단을 필요에 따라서 응용처리했을 뿐이다. 그는 국악의 장단과 음계를 그대로 고집하기보다는 양악기법과 절충하는 기법을 구사했다. 특히 그의 작품경향이 한국적인 낭만주의 음악이란 말이 타당한 논리인지 여부는 많은 이견과 이론이 있을 수 있지만, 그의 음악적인 흐름을 볼 때 합리적인 용어개념이라고 하겠다. 그 좋은 예가 〈목마른 사슴같이〉(1970)라고 본다.

그의 정착기에 와서는 다양한 면모를 보이고 있다. 어떤 작품은 실험적인 것으로 〈할렐루야 하나님을 찬양하라〉가 있고 민요풍의 통일찬송가 460장 〈지금까지 지내온 것〉(1967)도 있다. 정착된 음악양상은 양악 수용기를 벗어난 한국적인 성가 형성에 있지 않다. 오히려 우리의 정서 표현이 더 친근감을 주고 있다(〈지금까지 지내온 것〉과 〈내 언제나 주님을 찬미하리니〉). 한국적 표현접근을 국악 자체에서 찾기보다는 자신의 느낌에서 출발한다. 이런 표현기법(4도 화성, 5도 화성, 5음계, 부가화음 등)이 자연스럽게 몸에서 흘러나오지 않을 수 없다는 그이다.

70년대 초 미국으로 이민가면서 그의 작품들은 변화하게 된다. 기법을 초월한 표현을 해야만 된다는 그의 창작이념 때문이다. 그래서 그는 한국적 창작논리를 벗어나서 창작을 하게 된다. 그 대표적인 작품이 수난곡 〈성 마가 수난음악〉과 칸타타 〈뿌리, 온 땅에 편만하리〉로, 모두 정착기에 보인 국산적인 발상은 더 적게 표출되고 그 대신 서구 전통음악 표현양식들로 그의 정서가 자유분방하게 담겨 있다. 이것은 어떻게 보면 그의 작품이 성숙한 예술 작품으로서의 승화된 모습이라고 할 수 있다. 그의 창작은 이론적이고 구조적인 창작 논리가 아니라 자연스럽게 흘러나오는 소리(흐름) 그 자체를 음악화 하는 작업이라고 볼 수 있다. 이런 면에서 그의 작품들은 낭만주의 성향을 갖고 있다고 할 수 있다.

1995년 내한했을 때 여전도 회관 동문 옆에서 필자와 함께

주요 음악사상과 교회음악 이론들

20년이 넘은 외국 생활(미국과 캐나다)에서 오는 변화인지는 모르지만 그의 교회음악적 사고는 개방적이다. 반면에 그의 작품들은 대부분 보수적인 경향을 띤다. 그의 작곡이 자신의 신앙이라고 했듯이 교회음악의 본질을 예배로 정의하고 있다. 예배용 찬송가도 신앙고백의 노래로 보는 사고다. 이래서 곡조보다는 가사를 더 중요시하고 있다. 곡조는 신체의 옷에 불과하다는 논리다.

끝으로 박재훈의 한국적 신앙표현에 대한 지론을 알아보려고 한다. 예배 시 국악 장단에 의한 창작 예배음악과 국악기(장구, 징, 북, 가야금, 거문고 등) 사용문제에 대한 그의 사고는 상황과 예배 성격에 따라서 얼마든지 가능할 수 있다는 생각이다. 처음부터 국악기들이 귀신을 위해서 만들어진 것이 아니라는 것이다. 그렇기 때문에 이제는 하나님을 찬양하기 위해서 그것들을 써야만 된다고 주장한다. 양악기보다 국악기로 하나님을 찬양하는 것을 한국 교회들은 마땅히 해야 된다는 길선

주 목사의 지론을 들어 그는 설명하고 있다. 길선주 목사를 그는 한국형 예배음악의 실행자 내지 선각자로 보고 있다.

찬양에 있어 국악기 사용에 대한 타당성이나 논리를 성서적인 측면에서 교계 지도자(목사)들이 대안을 제시하거나 확립했어야만 하는데 아직도 그렇지 못한 것을 아쉬워하고 있다. 장구나 징을 미신 행위에 써 왔기 때문에 교회가 거부 반응을 일으키고 있다는 것이 그의 주장이다. 이번에 연주된 칸타타 〈뿌리, 온 땅에 편만하리〉만을 보더라도 부분적으로 사물놀이를 반주용으로 사용하고 있는데, 그것은 축제(festival)를 의미하고 상징화 한다. 즉 한국적 음악이 생성되는 떠들썩한 잔치 표현이 그것이다. 이런 국악기로 예배를 드릴 때 세속화된 느낌을 갖는 것은 기독교 문화가 들어오기 이전의 사고다. 한국의 아름다운 문화 악기를 귀신들을 위해서 사용할 것이 아니라 이제라도 하나님을 찬양하기 위해서 이용해야만 한다고 강조한다.

교회음악 개념을 하나님 찬양으로 보고 미학을 하나님 찬양을 위한 경건성으로 보고 있다. 자신의 창작음악 중심사상도 하나님이라고 한다. 그리고 찬송가는 세계 만인의 것이기 때문에 굳이 우리 것만을 추구하는 것을 불필요한 소모성 행위로 보고 있다. 정말 아름다운 것은 오직 하나님을 찬양한 것 그 자체라고 한다. 그리고 아무리 아름다운 곡조라도 하나님 없는 노래는 사탄의 음악으로 볼 수밖에 없다는 것이다. 개방적인 사고를 갖고 있으면서도 그는 하나님 절대주의자다. 창작을 할 때 오음계(pentatonic scale)를 사용하는 것은 얼마든지 가능하지만, 지나친 민요풍이나 찬불가적 가락과 흐름은 예배용으로 부적합하다는 의견을 갖고 있다. 과거 바흐 시대나 루터 시대 그리고 칼빈 시대는 예배 시 민요 사용이 가능했지만, 오늘날 한국적인 상황에서는 바람직한 현상이 아니라는 생각을 갖고 있다. 교회음악의 현대화에 대해서 과거 (church mode & gregorian chant)의 음소재로부터 출발해서 오늘의 시대에 걸맞은 현대 교회음악 유형을 만들어 가는 일이 급선무라고 한다. 아무리 현대화된 성가라도 불려지지 않는 교회음악이라면 무용지

물에 불과한 것으로 보고 있다. 교회음악의 존재 가치는 예배와 청중이 함께 할 때 가능하지 그 가치를 상실한 것은 예배음악으로 볼 수 없다고 한다.

기대와 전망

어린이로부터 성인에 이르기까지 그의 찬송가를 안 부른 한국 교회 회중은 아마 없을 것이다. 그만큼 그의 성가들은 하나님을 느끼게 하고, 어떤 큰 마력을 갖게 한다. 그는 80을 넘긴 지금도 작품들이 쏟아내고 있다. 1995년 영락교회 창립50주년 기념으로 위촉되어 작곡된 〈뿌리, 온 땅에 편만하리〉(전 33곡)만 보더라도 그의 왕성한 창작의지를 알 수가 있다.

새롭게 그의 작품들을 대할 때마다 기대와 희망을 갖게 하고 있다. 아무도 쓰지 않는 교회 오페라 〈에스더〉(1971)를 쓰는가 하면, 수난곡 〈성 마가 수난음악〉(1983)을 써서 이미 발표했고, 이번에는 칸타타 〈뿌리, 온 땅에 편만하리〉(1995)를 발표했다.

그는 현재 캐나다 토론토에서 목회를 은퇴하고 한국 이민자들을 위한 토론토 교회음악원을 운영하고 있다. 매주 4시간 동안 강좌를 열고 있는데, 주로 음악이론과 악곡분석, 지휘법을 가르치고 있다. 학제는 2년간의 전문학교 과정이다. 1984년 개척한 큰빛장로교회는 현재 어른 약 350명과 어린이 약 200명 총 약 550여 명이 예배에 출석하고 있다. 세계 어디를 가든지 그는 하나님이 선택하신 종으로서 사명감을 다하고 있기 때문에 그에게 거는 한국 교회의 기대는 매우 크다. 찬송가와 〈성 마가 수난음악〉, 〈뿌리, 온 땅에 편만하리〉, 〈에스더〉 등, 그가 아니면 이런 음악들이 어떻게 나올 수 있겠는가.

그의 교회음악 작품들은 오늘도 전국 방방곡곡의 가정과 교회 그리고 학교에서 불리고 있을 것이다. 이것은 하나님이 그를 통해서 음악으로 말씀을 전파하라는 지상 명령인지도 모르겠다. 김두완과 함께 세속의 때가 묻지 않은 진정한 교회음악 작곡가 박재훈을 국내 회중들은 오래 오래 기억할 것이다.

교회 합창음악의 영원한 지도자

박태준

Tae Jun Park

교회 합창음악의 영원한 지도자

박태준(1900~1986)

생애와 교육적 배경

박태준은 경북 대구 남정동에서 부친 박순조와 모친 오환이의 차남으로 1900년 11월 22일에 출생했다. 형제들은 32세 때 요절한 문인 박태원과 바로 아래 여동생 박태연이 있다. 부친은 대구제일교회를 설립하기까지 한 독실한 신앙인이다. 그가 소학교 시절에 음악교육은 불모지였고, 유일하게 음악을 접하던 것은 부모 손에 이끌려간 교회 예배시간에 부르는 찬송가뿐이었다.

그가 음악을 하고자 결심하게 된 경험이 몇 번 있다. 첫째는 미국 선교사가 들려 준 축음기(유성기) 소리에 반했을 때, 둘째는 당시 소학교 교사이던 33인의 한 사람인 이 성(李成)과 학생 신분으로서 이중창을 했을 때, 셋째는 미국 선교사가 풍금을 연주하며 찬송가를 부르는 소리를 듣고서 나도 저렇게 하고 말겠다는 마음을 먹은 때이고, 넷째는 방학 때만 되면 서울에서 내려와 학생들을 모아 놓고 음악지도를 해주는 신학생에게 헨델의 〈할렐루야〉를 남성합창으로 배웠을 때이다. 이런 경험으로 음악을 해야겠다는 강한 의지를 갖게 된다.

그는 기독교 계통의 해남소학교를 마치고 역시 같은 기독교 학교인 대구 계성중학교에 입학해 제5회 졸업(1916)을 했다. 그가 재학 시(열두

살)에는 4부로 된 찬송가를 풍금으로 3년간 독습해 4백여 곡이나 되는 찬송가 전곡을 외워서 연주할 수 있을 정도였다. 그는 누구한테 배우지 않았으나 음악적인 소질이 다분히 있고 남달리 적극적인 소년이었다. 중학교 3학년 때는 다니던 교회의 오르가니스트가 될 정도로 오르간 연주에 익숙해 있었다. 이렇게 해서 그는 음악에 눈을 뜨기 시작한다.

음악에 대한 폭넓은 시야를 가진 것은 평양 숭실전문학교에 입학해서부터다. 음악과는 없었지만 일종의 시창 비슷한 시간이 있었다. 생물학 교수가 방과 후에 합창지도까지 겸해서 가르쳤는데, 그는 이 시간에 많은 것을 얻는다. 그리고 미국 선교사 부인에게서 피아노 반주법도 배우게 된다. 교회에서는 남성합창 단원으로서 활동하며 합창음악의 앙상블을 직접 체험했다. 대학 2학년 때(1917)는 음악단을 조직해 서울 YWCA 강당, 부산, 대구 등 여덟 개 도시에서 순회 합창공연까지 한다. 1921년 졸업 후 마산 창신학교 고등과 교원으로 부임한다. 이곳에서 초등과 교사로 있던 마산 출신 시인 노산 이은상(李殷相)을 만나게 되고, 후에는 노산의 소개로 그의 고종사촌 누이동생 김봉열을 아내로 맞는 인연이 된다.

이곳에서 두 사람의 합작으로 애창가곡 〈동무생각(思友)〉(1922)과 〈평온한 바다〉(1922)가 태어나게 된다. 〈동무생각〉의 탄생은 그가 작곡계에 첫발을 내딛은 데뷔곡이라고 할 수 있다. 2년 후에 윤극영(尹克榮)의 창작동요 〈반달〉(1924)이 나왔고 1년 후인 1925년에는 동요 〈오빠생각〉이 나왔다. 이 세 노래는 홍난파의 〈봉선화〉(1920)와 함께 한국인의 한을 달래주는 국민가요가 되었다.

1942년부터 모교인 대구 계성중학교로 옮겨 8년간 음악과 영어 과목을 가르쳤다. 이때 제자인 윤복진(尹福鎭 1908~?, 아동문학가 겸 동요작곡가 6.25때 월북함)의 노랫말에 많은 동요를 작곡하는데 해금이 안 되어 시인 윤석중의 노랫말로 바꾸어 출판한다. 열악한 사회적인 환경 때문에 그는 체계적으로 작곡을 배우지는 못 했지만, 초창기에 노래를 지을 수 있던 것은 악보 읽는 법을 스스로 터득하고, 건반 악기(풍금과

1960.7.7 연세대학교 종교음악 1년 일동과 함께

피아노)를 연주할 수 있었기 때문이다.

오늘날 한국의 국민적 노래가 되다시피 한 〈동무생각〉, 〈오빠생각〉, 〈새 나라의 어린이〉, 〈맴맴〉, 〈가을밤〉, 〈오뚝이〉, 〈참대 밭〉 등은 그가 아마추어 작곡가 시절에 쓴 곡들이다. 노래가 부족한 일반 대중사회에 누구나 부를 수 있는 쉽고 재미난 노래를 많이 쓰기를 원했다. 이것이 그의 창작정신이자 대중지향주의적 창작사고라 하겠다.

1931년 모교 교사직을 사임하고 평양에 간 것은 본격적으로 작곡 공부를 하기 위해서다. 당시 평양에 거주하고 있는 미국 작곡가 말스베리(Dweight Malsbary)로부터 그는 화성학이 있는 것조차도 모르고 그동안 작곡을 한 것을 알게 된다. 말스베리의 권고와 도움으로 그는 1932년 미국으로 유학을 떠나게 된다.

그해 미국 동남북에 위치한 테네시 주 그린빌에 있는 투스컬럼 대학(Tusculum College)에 편입학해 1933년 6월 1년 만에 문학사로 졸업(A.B)을 한다. 그는 이 배움으로 만족하지 않고 '합창지휘자와 오르가니스트의 메이커' 라고 불리는 유명한 웨스트민스터 콰이어 칼리지

(Westminster Choir College)에 1933년 학사편입을 허가 받고 2년 뒤인 1935년 6월에 음악학사(B.M.)로 졸업하고, 같은 대학 대학원에 다시 입학해 그 다음 해인 1936년 6월에 음악석사(Mus.M.) 학위를 받고 졸업한다.

재학 시 교회음악의 새로운 경지를 발견하고 고국에 돌아가 합창 운동을 할 것을 다짐하며 진로를 변경한다. 어떻게 하면 완벽한 합창을 할 수 있을까란 고민과 기대를 가지고 졸업과 동시에 귀국한다. 모교와 연세대학교 등에서 16년간 가르치다가 미국 우스터 칼리지(Wooster College)에서 주는 명예 음악박사학위(Mus.Ph.D.)를 받는다. 1952년에 열악한 환경을 잘 극복하고 미국 유학까지 가서 음악을 배우고 학위까지 받고 돌아온 것이다.

작곡가, 교육자, 지휘자, 교회음악가로서의 면모

작곡가로서 박태준은 주로 실용주의 내지 현실주의적인 음악창작을 한 작곡가라고 할 수 있다. 그의 작품세계는 대체로 가곡과 동요, 그리고 교회음악으로 나눌 수 있다. 그의 곡들은 한국인들의 현실성과 사회성을 다룬 쉬운 음악 언어로 우리 생활의 이야기를 담은 것이 대부분이다. 그 이야기의 시점은 1920년대부터 40년대 전반의 이야기들이다. 노래 자체 내용이 생활 이야기들이고, 교육적인 측면에서 창작되어 있다. 그의 곡들은 모난 것들이 별로 없고 아기자기한 면이 많다.

그의 작품들은 필요에 의해서 만들어진 것들이 대부분이다. 교육을 위해서 만들어졌고, 우리 민족의 애국심을 돋우기 위해서 만들어졌다. 그 대표적인 곡들은 〈동무생각〉, 〈새 나라의 어린이〉, 〈오빠생각〉, 〈오뚝이〉, 〈가을밤〉 등이다.

〈동무생각〉은 그가 마산의 창신학교에 부임해서 만든 것이다. 곡을 먼저 쓰고, 가사는 후에 붙인 것이다. 가사를 지은 이은상은 동료 교사였

1973년 오라토리오 〈성 바울〉을 지휘하고 난 뒤 오라토리오 합창단 지휘 은퇴 기념 사진

다. 〈동무생각〉의 노랫말은 남해안의 4계절을 그린 향토색이 진한 4악장의 시다. 작곡자 자신도 많은 세월이 흐른 후에 동무생각의 시상을 음악적으로 잘 표현한 우수한 작품이라는 것을 새삼스럽게 깨닫고 놀란 일이 있다. 이 곡은 마산에서 불려지기 시작해서 전국에 퍼진 그의 대표작이다.

우리나라 국민이면 한 번쯤 안 불러본 사람이 없을 정도로 애창되어온 동요 〈오빠생각〉은 대구 계성학교 재직 시, 당시 11세 소녀이던 최순애(崔順愛)가 잡지에 발표한 것을 읽고 1925년에 만든 곡이다. 그녀는 아동문학가인 이원수(李元壽)의 부인이 되었다. 작곡자인 그는 작고하기까지 한 번도 그녀를 만난 적이 없다.

교육자로서 그는 철두철미하고 인자한 아버지 같은 선생님이다. 그는 작곡가라기보다는 인격적인 교육가라고 해야 더 어울릴 정도로 소박하고 학자적이다. 제자를 아끼고 인정해 주는 일에 인색하지 않는다. 결강 한 번 없는 시계 같이 정확한 스승이다. 그는 제자들에게 "믿을 수 있는 사람이 되라"고 항상 강조했고, 자신도 직접 본을 보였다. 그가 길러낸 제자들은 오늘날 한국 음악계나 교육계에 중진으로 한 몫을 하고 있다. 김홍경(전 한국오라토리오합창단 지휘자, 작고함), 윤학원(인천 시립합창단 지휘자), 이관섭(쳄버코랄 지휘자), 최훈차(대학합창단 지휘자), 최시원(작고), 박재열(연세음대 명예교수), 나인용(전 연세음대 교수) 등 헤아릴 수 없이 많다.

지휘자로서 그는 적극적인 사고와 도전적인 사고의 소유자다. 선구자적인 과감성도 가지고 있다. 그래서 그는 누구보다도 초연을 많이 한 것 같다. 신사 참배로 폐교될 때까지 1년 반 동안 모교인 평양 숭실전문학교 재직 시에 평양합창회를 조직했고, 합창기술 교육을 하고, 직접 지휘를 해서 연주회까지 갖기도 했다. 폐교 이후 대구에 내려와서도 대구합창연합회를 조직하여 지휘를 했다. 그는 고심과 연구에 게으르지 않은 전형적인 합창지휘자였다. 그가 대학 다닐 때 채플 시간에 어느 교수가 말한 "유명한 사람이 되기에 앞서 유익한 사람이 되라"는 충고를 마음에 새기고 음악을 할 때마다 잊지 않고 실천하려고 노력했다. 그의 많은 교회음악 연주에 비해 창작 교회음악이 적은 것은 교회음악 작곡가로서 역할보다는 합창지휘자로서 시간적 할애가 더 컸기 때문인 것 같다.

그는 고지식하고 겸손한 지휘자다. 이런 순수한 모습을 제자들은 존경한다. 1975년 12월 연세음대 동문회가 스승에게 바친 『박태준 작곡집』(세광출판사)만을 보더라도 제자들의 마음을 읽을 수가 있다. 동문회장이던 박재열은 작곡집 서문에서 "순수한 촌로 같은 인상 그대로 우리들의 마음속에 영원히 남을 것"을 피력했는데 제자와 스승의 관계를 생각한 좋은 예라 하겠다. 한 교회에서 30여 년 동안 성가대 지휘를 한 것은 국내 교회음악 지도자들에게 좋은 본보기가 된다. 교회음악가로서 그는 성가대 지휘자이고, 교회음악 교육자였다. 그리고 교회음악가의 참 모습을 무언으로 보여준 훌륭한 신앙음악가였다.

그는 음악과 평생을 함께 살아왔고, 그것을 생활화했다. 그리고 생애를 마감하는 날까지 평신도로 남으면서 성가대 지휘에만 온 정성을 다한 지휘자였다. 그가 만든 통일찬송가 493장 〈나 이제 주님의 새 생명 얻은 몸〉(이호운 작사, 1967년 작)은 그의 믿음의 결정체이고, 국내 교회음악계를 위한 선물이라고 할 수 있다. 소학교 시절에 찬송가 소리로 음악을 느꼈고, 그 양식으로 동요와 가곡을 만들어 일제 식민지의 치하에 있던 많은 한국 국민들에게 용기와 위로 그리고 희망을 주던 그의 작품들은 성가작품보다 세속음악이 더 많다. 하지만 그는 한 번도 교회음악 세계를 떠나 본 적이 없는 순수 교회음악가였다.

업적과 음악계에 끼친 영향

그의 업적이라면 해방된 해인 1945년 9월 15일에 한국오라토리오합창단을 창단한 것이고, 한국 합창음악 발전에 기여한 점, 연세대학교 신과대학에 종교음악과를 창설해 교회음악 지도자를 양성한 점, 외국의 유수한 교회음악 이론서를 번역해 국내 교회음악 지도자들에게 깨우침을 준 점이다. 『찬송가학』(1977), 『교회음악사』(1974), 『화성학』 등이 그가 번역한 책들이다.

해방되자마자 미군 환영 연합예배가 부민회관(현 서울특별시 시의원회관)에서 있었는데, 그가 연합성가대를 지휘했다. 이를 계기로 남대문장로교회 성가대 지휘자로 초빙된다. 그는 이때 전문 합창단의 필요성을 느껴 연합 성가대의 대원들을 주축으로 혼성 합창단을 창단했다. 오늘날 한국오라토리오합창단이 바로 그것이다. 그해(1945년 12월) 헨델의 〈메시아〉를 배제고등학교 상단에서 창단 연주회를 겸해서 한국 초연한다.

합창단 때부터 약 27년간 한국에서 초연한 교회음악 합창곡들은 국내 합창계나 교회 성가대에 중요한 레퍼토리이고, 초연곡들은 역사성을 갖고 있는 중요한 명곡들이 대부분이다. 헨델 〈메시아〉, 스테이너 〈십자가〉, 하이든 〈미사 2번〉/〈미사 라단조〉, 베토벤 〈미사 라단조〉/〈미

1983년 미국에서 귀국해 제67회 정기연주회를 지휘하고 나서 합창단과 함께

사 솔렘니스〉, 모차르트 〈레퀴엠〉/〈코로네이션 매스〉/〈미사 브레비스〉/〈미사 다단조〉, 멘델스존 〈엘리야 1번〉/〈엘리야 2번〉/〈성 바울〉, 바흐 〈미사 다단조〉, 브루크너 〈부활절 칸타타〉 등이다. 1973년 당시 부지휘자이던 김홍경이 그의 바통을 이어받아 1974년부터 상임자로 추대되어 이끌어 간 일도 있다.

그의 업적 중 또 하나는 1955년에 연세대학교 신과대학의 종교음악과를 창설한 점이다. 이 당시 교수는 성악에 황병덕과 작곡에 나운영 등이었다. 그때 졸업생으로는 박재열(제1회), 김홍경, 윤학원, 최훈차, 이관섭, 김명엽, 나인용 등이 있다. 이들은 현재 한국 교회음악계에 중추적인 역할을 하고 있다. 그는 1963년에 찬송가 개편 작업에도 대한예수교 장로회 대표위원으로 참여해 찬송가 선곡과 번역 그리고 편집에 깊이 관여한다. 1967년 성탄절을 계기로 출간된 개편찬송가에는 그의 작품이 두 곡 실려 있다. 473장 〈귀한 주의 사랑〉과 482장 〈주와 함께 살리라〉(통일찬송가 493장과 동일)다.

그가 한국 합창음악계나 교회음악계에 끼친 영향은 매우 크다. 앞글에서 언급했듯이 학교 교육 자체가 영향을 주었다. 오늘날 그를 거쳐 간 많은 국내 합창지휘자와 성가대 지휘자들은 그가 베푼 음악적 세례를 밑바탕으로 해서 합창을 하고 있다고 해도 과언이 아니다. 한국오라토리오합창단을 통해서 국내 교회 성가대들에 변화를 가져온 것은 물론이고, 지휘자들의 음악적 시야를 넓게 하는 데도 기여를 했다. 합창교육이 열악하던 20세기 전반에 그는 합창계와 교회음악계에 구세주나 마찬가지였다. 무엇인가 그에게서 배우려고 성가대 지휘자들이 모여들었으며, 그는 해결사 역할을 해주기도 했다. 다양한 음악이 존재하고 있는 현 시점에도 그에게서 음악적 세례를 받은 국내 지휘자들은 마음속에 영원히 그의 영향을 간직하고 있을 것이다.

음악하는 철학과 정신 그리고 사상

그는 음악을 '인간정신의 축복 기능을 가진 예술'로 정의한다. 음악은 인간을 행복하게 하고, 만족스럽게 하는 미적인 음의 세계이며, 그것을 인간이 끊임없이 동경하게 함으로써 스스로 삶과 정신을 풍요롭게 하는 예술이라고 했다. 그의 음악하는 철학과 정신은 기독교 신앙과 정신으로부터 출발한다. 세속음악을 만들어 연주하든, 교회음악을 만들어 연주하든 신앙인의 입장에서 만들고 연주했기 때문에 교회음악적인 뉘앙스를 가질 수밖에 없다. 그래서 그의 작품들은 찬송가식 범주나 기독교 음악적인 뉘앙스를 벗어나지 못 하고 있다.

지휘자로서 합창을 만드는 그는 철두철미하고 분석적인 해석 접근과 완벽주의를 추구한다. 이것은 어떤 면에서 고지식하고 고집스럽게 보일 수도 있다. 그러나 오늘날같이 지나치게 현실성 추구를 우선하는 합창지휘자들에게 좋은 본보기가 될 것 같다. 어려운 곡을 쉽게 포기하고 기피하려 드는 국내 지휘자들의 태도와는 상반된 음악하는 모습이다.

그는 돈의 가치성을 인지하면서도 욕심 없이, 음악만을 전부로 삼았다. 음악가로서의 고집은 흔히 프로들의 세계에서 볼 수가 있다. 그럼에도 불구하고 음악의 정신을 하모니를 이루는 것이라고 의미를 부여한다. 그는 평생을 합창 만들기로 실현해 온 것이다. 1974년 잠깐 다니러 갔는데 위 수술로 인해 8년이나 장남(박남식) 집에서 지내게 된다. 1930년대 초 유학 생활에 이어 두 번째로 하는 미국생활이다. 그는 미국에서 사는 동안 재미 교포들이 만든 나성관현악단의 협연으로 하이든의 〈천지창조〉를 지휘한 적도 있다. 노익장을 과시한 연주회였다. 그 이전에는 헨델의 〈메시아〉도 지휘한 적이 있다.

그는 부인 김봉열(金鳳烈) 여사와의 사이에서 2남(남식, 문식) 3녀(은자, 은보, 송자)를 두었으나, 음악을 전공한 자녀는 한 명도 없다. 음악의 길이 험난해서 자녀들에게 음악을 안 시킨 것이다. 그는 미국 생활 8년을 마무리하고 1982년 귀국해 한국 생활 5년을 둘째 아들(문식) 집에서 지내다가 1986년 10월 20일 노환으로 별세했다. 미망인 김 여사는 현재 둘째 아들이 모시고 있다.

박태준은 신문기자의 질문에 이런 대답을 했다. "지금 생각해 보니 나도 음악을 택한 것이 잘한 것 같아요. 음악은 아무래도 사람들의 마음을 쓰다듬어 주고, 정서적으로 안정감을 가져다주기 때문이니까요. 특히 종교음악은 생명이 길다는 점에서 권할 만한 일이지요. 다른 가곡은 늙으면 못 부르지만 종교음악은 늙어서도 부르니까요. 목사는 정년이 있지만 교회음악이야 정년이 있습니까. 늙어서도 힘만 있으면 성가대도 지휘할 수 있지요." 그의 몸은 하나님 곁으로 갔지만 그의 다정다감한 목소리와 선한 모습은 한국 교회음악계와 음악인들 마음속에 영원히 남을 것이라고 본다.

하나님이 쓰신 찬양 목회자

백경환

Kyung Hwan Back

하나님이 쓰신 찬양 목회자

백 경 환(1942~)

성장과정과 교육배경

백경환은 1942년 3월 29일 평안남도 평양에서 80리 정도 떨어진 강동 마을에서 백한걸 목사의 장남으로 태어났다. 어릴 때부터 노래를 잘하는 아이로 소문나 주위 사람들이 그는 음악가가 될 아이라고 했다. 그래서 그는 의례히 음악가가 되어야겠다고 생각했다. 서울 서강국민학교 시절(50년대 전반)에는 합창반에 들어가 활동했고, 교회학교 초등부 때는 부활절과 성탄절 같은 특별 행사에 독창을 도맡다시피 했다. 성악을 별도로 레슨 받은 것도 아닌데 노래에 재주가 있었다. 배재중학교 때는 밴드부에 들어가서 트럼펫, 트롬본, 바리톤 등과 같은 중학생으로서는 힘든 금관악기를 부른 일도 있다.

그리고 중학교 3학년 때(1967)는 부친이 당회장으로 있는 서교동교회의 고등부 성가대를 지휘하기까지 했다. 배재고등학교 1학년 때(1968) 서양음악사를 읽던 중 음악사는 작곡가들의 역사임을 깨닫고 역사에 남는 것은 연주가가 아니라 작곡가임을 알고 작곡 공부를 해야겠다는 결심을 하게 된다. 부친을 찾아가 작곡공부를 허락받으려고 청했으나 그의 부친은 "너는 목사의 장남이니 목사가 되어야 한다. 네가 목사가 되었을 때는 영어를 잘 해야 큰 목회를 할 수 있으니 대학 영문과에서

영어를 공부한 후 신학교에 들어가 목사가 되어라"는 말씀을 하시며 거절했다. 그리고 음악교사 김치석 선생을 찾아가 호통까지 쳤다. 그 이후 그는 학교의 음악부를 그만 두어야만 했다.

고등학교 2학년이 되면서 더 이상 작곡 공부를 지체할 수가 없다고 판단한 그는 당시(1959) 배재 밴드부 코치로 나와서 가르치고 있던 김홍경(전 한국오라토리오합창단 상임지휘자, 작고함)을 찾아가 작곡을 가르쳐 줄 것을 청했다. 이렇게 해서 작곡공부는 시작되었고, 3학년 때 (1960) 연세대 주최 전국 작곡 경연대회에서 1등 없는 2등을 했다. 상금으로 받은 2만원으로 '성구대사전'을 사서 부친에게 선물했다. 이런 모습을 본 부친은 그가 음악공부를 할 수 있게 허락했다.

그는 1961년 한양음대 작곡과에 어려움 없이 들어가 작곡가 김달성 (1921~)에게 본격적으로 작곡을 배우고 졸업(1965)하게 된다. 졸업 작품으로 〈현악4중주 제1번〉을 발표했으며, 10년 뒤 1975년에는 〈바이올린과 관현악을 위한 랩소디〉를 작곡하여 발표했고, 예술가곡 다수를 작곡하기도 했다. 모교인 한양대, 단국대, 청주대 등의 강사를 하다

동양선교교회 창립 20주년 기념 〈천지창조〉 연주회

가 1976년 9월에 미국으로 유학을 떠나게 된다. 뉴욕에 도착한 그는 한인교회 성가대를 지휘하면서 뉴욕에 있는 매네스 음대(Mannes College of Music) 대학원 작곡과에 입학해서 로브(David Loab)로부터 작곡을 배우고, 1980년 5월에 졸업하게 된다.

그리고 다음 해인 1981년에 볼티모어에 있는 피바디 음대(Peabody Conservatory) 대학원에 입학해 쉬크(George Shick)와 프라우즈니츠(Frederik Prausnitz)로부터 지휘를 배우고 수료(1983)한다. 그가 마음먹은 일반 공부는 이렇게 해서 다 한 것이다. 그러나 교회음악가로서 충분한 조건을 갖추지 못 한 것을 깨달은 그는 다시 개혁 장로회신학대학에 들어가 신학을 전공하고 1996년 졸업한다. 음악과 신학을 겸비한 그야말로 진정한 교회음악가가 된 것이다.

교육과 음악활동

그가 국내에 거주할 때는 작곡가보다 지휘자로서의 역할이 더 많았다. 김자경오페라단 코러스 마스터(chorus master)와 연습 지휘를 6년간 하고, 교회 성가대(서교동, 응암, 동암, 한일, 영락)도 지휘했다. 그리고 한양오페라단을 창단해 베르디의 〈춘희〉와 구노의 〈파우스트〉를 지휘하기도 했다. 도미해서 오늘날까지도 그에겐 지휘자의 역할이 더 많은 자리를 차지하고 있다. 그가 지휘해서 공연한 오라토리오만도 상당수가 있다. 그가 나성한인기독합창단과 교회 성가대를 지휘해서 연주한 곡을 열거하면 다음과 같다.
하이든 〈천지창조〉(1978, 83, 88, 90 공연), 멘델스존 〈엘리야〉(89), 헨델 〈메시아〉(86, 88, 93, 97)/〈성 세시리아의 축일 송가〉(90, 96), 베토벤 〈감람산 위의 그리스도〉(91)/〈합창 교향곡 9번〉(94)/〈코랄 판타지〉(94), 모차르트 〈크레도 미사 K.139〉(95)/〈레퀴엠 D단조 K.626〉(98) 그리고 박인수, 박수길, 백의현 등과 함께 창단한 에밀레 오페라단을 지휘해 공연한 것은 박재훈의 〈에스더〉(89), 장일남의 〈춘향전〉(76), 푸치니 〈나비 부인〉(76) 등이고, 칸타타는 셀 수 없이 많은 곡을 지휘했다.
미국에서도 그는 지휘활동을 멈추지 않고 주로 교회 성가대와 나성한인기독합창단을 통해서 20여 년 가까이 이끌고 있다. 미국에 유학 온 이후로 오늘날까지 그는 찬양과 교육에만 전념하고 있다. 베데스다 신학대학에서는 합창지휘법, 지휘 레슨, 합창 등을 가르치고 있고, 미국의 전체 한인교회 성가대 세미나에 초청되어 교회음악 강의를 1년에 10여 회 이상하고 있다. 특히 왕성한 교회음악 작곡발표회를 하고 있는데, 지금까지 성가 작곡발표회를 4회(1986, 87, 88, 99)까지 했다. 그리고 예술가곡 발표회(1997)까지 하는 대단한 열정을 보이기도 했다.
뉴욕한인음악가협회 회장(1979)을 지냈고, 나성한인교회음악협회 회장(1996~97)을 2년간 역임한 일도 있다. 현재(2005) 베데스다 신학대학 교회음악과 교수이며, 미주 성산교회(당회장 신성종 목사) 전임 음악목사, 나성한인기독합창단 상임지휘자로도 재직 중이다.

교회음악하는 정신과 의미

그는 1984년 하나님의 음성을 듣기 이전까지는 음악만을 위한 삶을 살아왔다. 학문의 목표가 그것이었기 때문이다. 교회 성가대 지휘도 자신의 음악을 위해서 했다. 그러던 어느 날 하나님의 음성을 듣게 된다. "네가 진정 나를 찬양하느냐"란 물음이었다. 그는 하나님을 향해 무릎을 꿇고 엎드려 회개를 하며 하나님을 찬양하는 음악만을 할 것을 다짐했다. 하나님을 찬양하는 것만이 최고의 가치임을 깨달았다. 이로 인해 음악을 만들고 연주하며 전달하는 음악전도사가 된 것인지 모르겠다.

그는 교회음악 활동을 두 가지 측면에서 하고 있다. 첫째는 감사하는 마음이다. 하나님이 자신에게 재능과 건강을 주셔서 작곡, 편곡, 지휘를 할 수 있기 때문이다. 그리고 둘째는 복음 증거자의 마음과 자세이다. 교회음악은 복음이 필수적이기 때문에 어떻게 하면 복음주의적인 교회음악을 만들고 연주할 것인가를 생각하며 한다.

이런 그의 음악적 관심사는 앞에서 언급했듯이 하나님을 찬양하는 것이고, 삶의 궁극적 목표도 하나님을 기쁘시게 하는 것이라고 했다. 하나님을 기쁘게 하면 결국 인간의 마음도 기쁘게 된다는 지론이다. 그는 예배음악의 본질을 믿음으로 정의하고 있다. 믿음이 없는 교회음악 작곡, 믿음이 없는 찬양, 믿음이 없는 어떤 예배 행위도 하나님 앞에서 모두 거짓이며 위선이 되기 때문이다. 복음이 교회음악과 예배음악의 본질이 되어야만 한다는 논리다. 복음이 없는 음악은 그 가치성을 이미 상실한 거나 마찬가지다.

진정한 예배음악은 진정으로 찬양하고 예배하는 자가 많아질 때 가능하다. 이런 사고를 갖고 있는 그의 교회음악관도 예배음악이 중심이

1995.11 파사데나에 있는 Ambassador Auditoririum에서
모차르트의 밤(C단조 미사곡) 연주 광경, 한인기독합창단

되고 있다. 예배음악은 편이성을 갖고 있어야 되고, 누구나 쉽게 부를 수 있어야 한다는 생각이다. 그렇다고 연주회용 교회음악까지 편이성을 가져야 된다는 논리는 아니다. 수준 높은 교회음악 창작과 연주는 교회음악의 발전을 가져 올 수 있기 때문이다.

음악목회자와 교회음악작곡가로서의 기대

이상적인 교회음악 지도자상과 조건을 그는 몇 가지로 나누어서 말한다. 첫째는 일반 음악인들보다 앞서가는 사람이다. 작곡, 편곡, 연주

(지휘)에 능해야 되고, 무엇보다도 교회음악인은 유능한 교사가 되어야 한다. 둘째로 한 단체의 지도자로서 인격을 갖춘 사회적 지도력이 있는 사람이다. 지도력은 힘(power)이 아니다. 인격과 희생, 그리고 솔선수범에서 출발하기 때문이다. 셋째는 깊은 신앙의 지도적 위치에 있는 사람이다. 교회음악은 노래로 된 복음의 메시지이기에 신앙과 믿음이 없으면 올바른 지도력을 발휘할 수 없다.

그는 작곡가로서 한국적 교회음악의 정형화된 창작을 위해 고민하고 있다. 국악 장단이나 그 음계를 썼다고 해서 모두 한국적인 교회음악이 되는 것은 아니라고 했다. 우리의 음향이 내재한 한국적 정서 표현을 해야 한다는 논리다. 토착화 문제에 있어서도 그는 우선 한국적 화성의 토착화가 시급하다고 했다. 그러지 못할 경우 국적 불명의 작품만 낳게 된다는 지적이다. 이 문제는 자신을 비롯해서 한국 작곡가들의 과제라고 했다. 비록 양악적 작곡기법으로 세계성 있는 한국적 교회음악을 만드는 데 많은 어려움이 수반되고 있지만, 그는 이것을 극복해서 좋은 작품을 쓰고 싶다고 한다.

그가 음악을 하면서 가장 보람을 느낀 것을 두 가지 들고 있다. 첫째는 나성한인기독합창단을 이끌고 러시아의 모스크바 차이코프스키 홀에서 헨델의 〈메시아〉를 연주한 일이고, 둘째는 도로시 챈들러 파빌리온 음악센터에서 3천여 명의 청중을 놓고 베토벤의 교향곡 제9번 〈합창〉을 연주한 일이다. 이 기분은 말로다 형용할 수 없다고 한다. 그는 앞으로 남은 생애에 더 많은 신앙을 담은 좋은 교회음악 작품을 쓰기 원하고 있다. 이것이 그가 주님을 찬양하기 위해서 남길 유일한 자신의 분신이라고 한다. '최선을 다하라.' 이것은 그의 좌우명이고 삶의 실천 철학이다. 하나님을 찬양하는 데도 이렇게 하고 있는 것이다.

현재 그는 연세음대 성악과를 나온 부인 홍숙자 사모와의 사이에 1남 1녀를 두고 있다. 뉴욕 Fashion Institute Technology를 나온 딸 백승원은 풀러 신학교(Fuller Seminary)에서 박사학위를 받고 아주대에서 가르치고 있는 Robert Bustamente와 결혼해서 살고 있고 아들 백승열 집사는 L.A Harvey Mudd 대학원에서 전자공학을 전공했고 Peradyne Co.의 엔지니어로 근무하고 있으며 슬하에 2남 1녀를 두고 있다.

30년 넘게 미국이라는 넓은 곳에서 하나님만을 찬양해 온 백경환에게 우리는 음악목사로서의 왕성한 교회음악 활동을 기대해 본다. 그리고 미국에서 교회음악의 꽃을 피우고 있듯이 그가 한국에서도 머지않아 정열적인 꽃을 피울 날도 또한 기대해 보겠다.

낭만주의 교회음악의 계승자

백태현 Paek Taehyŏn

낭만주의 교회음악의 계승자
백 태 현(1927~   )

생애와 음악교육 배경

장로인 조부와 목사인 부친을 둔 백태현은 1927년 3월 28일 서울 천연동의 석교교회 주택에서 2남 1녀 중 장남으로 태어났다. 평안북도 용천은 그가 자란 고향이다. 그는 유년 시절에 부친 백학언(白學信) 목사의 빈번한 사역지 전근 때문에 여러 국민학교를 거쳐야만 했다. 평안북도 용천에 있는 입성국민학교(1935)에서 황해도 한포국민학교(2~4학년까지)로 전학하고(1937), 다시 강원도 이천국민학교(5학년까지)를 다니다가 1939년 부친이 선교사로 만주 도문감리교회에 파송되는 바람에 평북 선천으로 다시 전학가게 된다. 그곳에서 그는 국민학교를 졸업한다.

부친이 담임한 교회에서 누구의 가르침 없이 교회 풍금과 피아노로 찬송가를 치면서 음악을 혼자 터득했다. 시대적인 상황이 그에게 음악교육을 제대로 받을 수 없게 한 탓이다. 이때 연주를 통해서 교회음악의 진가를 느끼고, 음악에 대한 작은 눈을 뜨게 된다. 30년대 당시에는 교육이나 환경이 열악해 음악은 교회를 중심으로 이루어졌고, 대부분 불린 곡들은 찬송가나 동요 등이었다. 유년 시절엔 교회를 중심으로 음악교육이 자의적으로 이루어졌다. 또한 연주하고 터득한 음악도 교회

1965년 중앙국립극장, 제2회 스트링 오케스트라 연주회, 슈베르트 교향곡 B단조 '미완성' 지휘

음악(찬송가)이 대부분이었다.

이런 과정을 거친 그는 만주 연변 용정에 있는 은진중학교에 입학하는데, 2학년이 되었을 때 주일학교 어린이들을 가르치고 그들을 위해 작곡을 하기 시작한다. 화성학과 작곡법도 배우지 않았지만 그동안 찬송가 연주를 통해서 터득한 지식을 총동원해서 감각적인 작곡을 한 것이다. 그때 그는 연가곡식의 추수감사절과 성탄절용 칸타타를 썼다. 그가 직접 작사도 하고 반주도 하면서 어린이 성가대를 지도한다. 이 당시 그는 부친의 신학교 친구인 송득구 목사 댁에서 하숙을 했는데, 송 목사 가정은 음악 가족이었다. 부친이 신학생일 때 베이스로 이름을 떨쳤다면 송 목사는 테너로서 노래를 잘 불렀고, 목소리도 미성이었다. 그의 경쟁자로 송 목사의 아들 송민영(가수 송민도의 남동생)이 있

1967년 제4회 성신스트링오케스트라 연주, 교성곡 'Schon Ellen' 지휘

었는데, 그도 주일학교 어린이 성가대를 지원했다. 그래서 더욱 경쟁의식을 가졌다. 이것이 서로 발전의 계기가 된 것은 물론이다. 그 후 송민영은 대중음악 쪽으로 전향했는데 재능이 뛰어난 친구였다고 한다.
교회에서 가르치고 작곡하던 경험이 그의 진로를 결정하게끔 동기부여도 해 주었다. 유년 시절의 건반악기(풍금과 피아노)와 중학 시절의 현악기(바이올린) 공부와 연주 경험은 그에게 더욱 창작음악에 대한 의욕을 갖게 했다. 특히 어린이 성가대 지도를 하면서 작·편곡의 필요성을 절실하게 느낀다. 4학년을 마치고(당시엔 고등학교 제도가 없었고, 중학교가 4년제였다) 8.15 해방되던 해 9월에 평북 영변에서 철옹국민학교 교사가 된다. 1년간 교직생활을 하면서 어린이 합창단을 조직해 지휘하기도 했다. 이때(1945) 나이 19세였다.
20세 되던 해인 1946년에는 평안남도 순천에 있는 순천중학교 음악교사가 됐으나 다음 해에 동생과 함께 월남한다. 다행히 평북 영변에서 월남한 최 준 장로를 만나 그의 주선으로 수원에 있는 삼일중학교 음악교사가 된다. 교직생활 중에 그는 서울음대 강사로 있던 작곡가 나운영에게 작곡 레슨을 받았다. 음대입시 준비를 위한 레슨이다. 2년 뒤 교사직을 사직하고 1949년 23세의 나이로 서울음대에 입학해 역시 나운영에게 작곡을 배우게 된다. 그러나 나 교수의 갑작스런 사임으로 전공을 바이올린으로 바꾸어 바이올리니스트 박민종에게 바이올린을 배우게 된다. 중학교 때 주먹구구식으로 배워 온 바이올린 공부를 체계적으로 배울 수 있었다.

6.25사변은 음악공부를 중단하게끔 했다. 그는 일단 강화읍으로 가서 교회 청년들과 유학생들을 중심으로 광복합창단을 조직해 지휘했으나 전쟁으로 그것은 얼마가지 못 했다. 그의 부친은 이때 북괴에게 납치되어 생사를 모르는 상태였다. 그는 방위군으로 입대갔다가 51년 제대한다. 당시 대구에 있던 공군 정훈음악대(단장 김성태)에서 잠시 7개월간 바이올리니스트로 있다가 사임했다. 연주자보다 작곡가의 꿈이 더 컸기 때문이다. 1952년 4월에 성신여고 음악교사 생활을 하면서 결혼하게 되고, 전쟁으로 마치지 못한 서울음대를 1958년 3월에 작곡전공으로 졸업하게 된다. 교학처장이던 김성태에게 작곡을 사사하고 졸업했다.

1952년 성신여고 음악교사로 출발해서 1968년부터 성신여대 작곡과 교수로 있던 그의 생애 전반은 성신학원에서 성신 현악오케스트라를 조직해 관현악 운동을 활발하게 한 한국 관현악계의 공헌자라고 하겠다. 1981년 강남대학교 음악과장으로 자리를 옮겨 1990년 8월 정년퇴임할 때까지 그는 관현악 운동의 중요성을 강조해왔다. 이것이 오늘날 한국 악단에 크게 발전할 수 있는 역할이 됐다.

76년 한국교회음악작곡가협회 창립과 함께 올바른 창작 교회음악의 필요성을 절실히 인식하고 일반 음악보다 교회음악 작곡에 비중을 더 두게 된다. 80년에는 그가 한국교회음악협회(당시 회장 구두회)의 연구부장을 맡으면서 교회음악의 발전은 교육에 있다고 선언하고 교회음악 지도자 양성을 위한 교육안을 내놓고, 교회음악 하기대학을 이 교육안으로 신선하게 이끌어 가기도 했다.

결론적으로 그의 음악 편력을 보면 교회음악(유년시절 → 초등학교 교사시절 24세), 세속음악(중·고등학교 음악교사 → 대학교수 시절), 교회음악(대학교수 → 정년퇴임 후 현재) 등으로 음악활동의 변천과정을 볼 수 있다. 그의 음악 50년사는 교회음악과 음악교육의 역사라고 해도 과언이 아닐 만큼 교육과 교회음악 창작 그리고 연구로 채워지고 있다.

창작음악 세계와 작품 특성

그가 교회음악을 창작하기 전후에는 세속음악도 썼는데 성가 작품에 비해 그 양은 적다. 가곡 〈낙화〉(조지훈)와 〈들국화〉, 칸타타 〈운정송 I〉(유정렬, 1964), 〈운정송 II〉(김선양, 1973) 등이다.
또한 군대시절에는 군가까지 작곡했다고 한다. 그가 본격적으로 교회음악을 쓴 것은 70년대 후반부터라고 할 수 있다. 이때 쓴 것 중 하나가 〈주기도〉(1977)이다.
그의 작품세계는 대체적으로 세속음악보다 교회음악이 더 많은 비중을 차지하고 있기 때문에 교회음악을 중심으로 논하기로 한다. 교회음악의 정통성과 전통성을 고수하고 있는 그의 작품은 서구의 공통관습시대 음악의 작곡기법을 응용한 것이 대부분이다.
특히 그의 작품들은 선율미가 있고, 매우 표현적인 음악적 흐름을 갖고 있다. 그 예를 독창곡 〈주님께 감사해〉(심일섭)와 합창곡 〈한 번만 사는 것〉(정치근) 등에서 발견할 수가 있다.
내용적인 측면에서는 강한 종교성을 갖고 있는데 그 종교성이 선율에서 더 강하게 느껴진다. 또한 적용된 화성어법은 전통기법 안에서 이루어지고 있다. 인위적인 화성응용보다 자연적 흐름을 더 중요시하고 있다. 그래서 그의 음악은 자연스럽고 모난 데가 별로 없다. 그리고 그의 작품들은 대부분 아치형식(arch form, A-B-A-coda)으로 구성된 것이 많다. 이것은 완벽한 형식미를 추구한 것이다. 〈주님께 감사해〉, 〈한 번만 사는 것〉 등이 그것인데 어느 작품이고 형식미를 이탈한 곡은 별로 없다. 일정한 형식 안에서 그의 작품은 늘 존재가치를 유지하고 말해주고 있다. 이런 그의 작품세계를 크게 둘로 나누어 보았다.
세속음악기(1950~75)와 교회음악기(1976~현재)가 그것인데, 전자는 주로 가곡, 동요, 세속 칸타타 등을 쓴 시대고, 후자는 예배음악인 찬송가, 모테트, 성가, 독창곡 등과 교회 칸타타를 쓴 시대다. 후자에 와서 작품내용이 완전히 바뀐 것이다. 그의 음악적 사상은 기독교 사상이 중심을 이룬다.
그의 음악적 특성은 몇 가지로 나눌 수가 있는데 그 첫째가 복잡하지 않고 편의성을 추구하고 있는 점이다. 교회음악의 본질을 벗어나지 않기 위해서 그는 회중을 염두에 둔 창작을 한다. 둘째는 예배음악(liturgical music)이 중심인 점이다. 앞글에서 언급했듯이 그것은 선율에서 직접적으로 나타나고 있다. 셋째는 대위법적인 구성보다 화성적인 구성을 하고 있는 점이다. 바로크 양식보다는 고전 양식을 취하고 있다. 그 좋은 예가 〈우리 가족 한 마음〉(김세진)을 들 수 있다. 그는 성가곡을 작곡할 때는 가사를 가지고 다니면서 반복해 읽고 음미해 가며 영감을 얻는다고 한다.

기대와 전망

그는 50세가 되어서야 하나님을 찬양하는 교회음악가가 됐다. 그동안 약 40여 년간 그는 세속음악 활동만을 했다. 본격적으로 교회음악 활동을 덜 했을 뿐이다. 1973년 40대 중반에 장로가 되면서 신앙의 성장을 이루었고, 어떤 사명감 같은 것을 느꼈다고 한다. 세속음악을 통해서 쌓은 음악 경륜을 가지고 후반기 남은 생애를 교회음악 창작에만 전진하라는 하나님의 명령을 들었다고 한다. 그래서 어떤 곡이 진정으로 하나님을 찬양하는 것인지를 고민하며 창작에만 전념하고 있다.
이 글을 끝내면서 그에게 거는 기대와 전망이 어떤 것인지, 몇 가지만

2000년 12월 24일 만나교회 메시아 성가대, 헨델의 '메시아' 지휘

을 언급해 보겠다. 첫째는 교회음악가로서의 기대다. 30여 년간 세속 음악 연주를 통해서 그는 스스로 다져왔고, 성가대 지휘도 겸해 왔기 때문이다. 충분히 그는 능력과 자격을 구비한 사람이다. 둘째는 그의 작품들이 그를 기대케 하고 있다. 다양한 장르의 작품이 이를 말해 준다. 그의 작품이 제1, 2기는 전통기법의 조성음악이라면 제3, 4기는 어떤 음악이 될지 예측하기 어렵다. 그러나 그는 교회음악의 정통성을 깨지는 않을 것이다. 교회음악의 사조형성도 그에게 기대해 봄직하다.

셋째는 교회음악 교육자로서 그를 전망해 본다. 그는 능력 있는 교육기획자이고, 꼼꼼한 교육행정가라고 할 수 있다. 신학교에서도 지도자 양성을 했다. 그의 음악교육 50년사는 이를 입증해 주고도 남음이 있다. 그는 교회음악의 다양성을 주장하면서도 자신은 정통주의자로 남고 있다. 또한 자신의 작품에 고전미와 형식미 그리고 전통미를 추구한다. 그래서 그의 음악들은 아름답고 서정미가 차고 넘친다. 무조음악(12음계법)과 국악적 요소에 의한 음악도 얼마든지 교회음악이 될 수 있다는 생각이다. 작품도 그렇게 쓰고 있다.

그는 차복희 여사(YWCA위원, 감리교 여선교회 전국연합회 자문위원) 사이에서 4남매의 자녀 은주(피아노 전공), 승암(P.A 디자인그룹(주) 대표이사), 선주(첼로 전공), 윤주(바이올린 전공)를 두었고, 원로장로이며 원로 대학교수다. 현재는 자녀들을 모두 출가시키고 부인과 함께 단출하게 살고 있다. 또한 루터교 신학교와 강남대학교 음악과에 출강하면서 갈보리선교교회 장로로 시무하고 있다. 그는 현재 한국교회음악협회 고문이며, 한국교회음악작곡가협회 고문으로 있다.

작곡가 백태현은 오직 교회음악가로 남기를 원한다. 이제 하나님이 세운 전문 교회음악가로 그는 한층 더 자리를 굳혀가고 있다. 국내 교회음악계가 교회음악가를 더 많이 갖는다는 것은 발전과 무관하지 않기 때문에 더욱 그렇다. 그가 한국 교회음악사에 영원히 기억되고 남을 수 있는 인물이 되기를 기대해 본다.

중용주의 교회음악 작곡가

옥진득 Jin

중용주의 교회음악 작곡가
오 진 득(1937~)

생애와 교육 배경

일본 식민지 치하의 어려운 시기 가운데 그는 일본 오사카의 가와니시 교회(川西敎會)에서 1937년 2월 25일 장남으로 태어났다. 유치원생 시절에는 한 교사가 귀여워해 주며 피아노와 풍금도 가르쳐 주었는데, 이 가르침이 음악에 대한 눈을 뜨게 해 주는 계기가 된다. 그는 유년 시절에 가와시니 국민학교의 일본인 교사로부터 당한 일들을 지금도 잊지 않고 있다. 일상생활의 말도 일본어만을 써야 했고, 심지어 찬송가까지도 일본어로 부르며 자랐다. 한국 어린이로서 참기 힘든 것은 일본인 교사의 편견과 학대였다. 교사한테 많은 매를 맞고 발길질과 뺨을 안 맞은 날이 없었다. 그래도 집에 와서 부모님께 맞았다는 말을 한 번도 한 적이 없었다. 나라 잃은 서러움이 이만저만이 아니었다. 그때에는 잘못된 것도 없는데 왜 때리는지 몰랐다. 다행인지 불행인지 그는 부친의 징병 관계 때문에 일본 생활을 청산하고 부친의 고향인 경북 의성에 오게 된다. 이때 안평국민학교로 편입학해서 몇 년 후에 졸업하게 된다.

그는 이 시절에도 교회 풍금을 치는 일에 게으르지 않았다. 풍금이 스톱 달린 좋은 소리를 갖고 있었다. 졸업을 하고 대구로 온 그는 기독교

학교인 계성중학교에 입학했다. 졸업할 때까지 그는 새로운 체험을 많이 한다. 건반오케스트라라고 할 수 있는 피아노를 치고, 학교합창단 단원으로 맘껏 노래를 부른다. 피아노 반주법도 음악 교사가 가르쳐 주었다. 서문교회에서는 학생성가대원으로 봉사했다. 당시 열악한 교육 환경에 피아노는 대단한 존재였다. 이렇게 체험을 통해 음악을 터득한다.

대구를 떠나 서울 용산에 있던 교통고등학교에 입학하는데, 그의 적성과는 아무 관계도 없었다. 역시 서울 생활도 교회 중심이었다. 학교 근처에 있는 신용산교회를 출석하여, 그곳에서 학생 신분으로 오르간 반주자 겸 지휘자가 되었다. 그가 가는 곳은 항상 음악뿐이고, 그는 음악만 생각했다. 음악이 그의 삶 전체를 만들어 준 것이다. 이 당시(50년대 중반) 개인 음악 지도 선생님을 찾던 중 서울역 앞에 있는 남대문교회 성가대 지휘자로 박태준이 있다는 소식을 듣고 찾아가 만난다. 박태준을 그는 〈오빠생각〉, 〈따오기〉, 〈그 집 앞〉 등을 쓴 작곡가로 음악교과서를 통해서 익히 알고 있는 터였다.

박태준이 대구 계성중학교 선배라는 것도 뒤늦게 알게 된다. 박태준으로부터 화성학, 작곡법, 지휘법, 합창음악 만들기 등을 배웠다. 음악만을 생각하고 공부해 온 그는 교통학교 졸업을 앞두고 갈등을 하게 된다. 철도청에 취직할 것인가, 음대에 입학을 할 것인가의 기로에 섰다. 음악에 젖어 살아온 그가 쉽게 음악을 포기할 리는 없다. 그러나 부친의 사업 실패로 대학 가기를 포기하려 했는데 부친이 권고하여 서라벌예술대학 작곡과에 들어간다.

그곳에서 작곡가 김대현에게 작곡을 배우며(50년대 후반) 스승의 영향을 받은 것은 물론 많은 도움과 신뢰를 받기까지 했다. 그들의 관계는 부자 이상으로 가까웠다. 그에게서 영화음악 작곡까지 배워 〈호동왕자 낭랑공주〉, 〈포화 속의 십자가〉 등 영화음악도 작곡했다. 이때 영화감독인 전창근으로부터 영화배우가 될 것을 권고 받았으나 적성에 맞지 않아 거절한 일도 있다. 그의 관심은 음악이 전부이기 때문이다.

화성학 강의하는 오진득 선생

그는 대학을 졸업하고 12년간 음악교사(광주 숭의실업고교와 수피아여고) 생활을 했다. 교사 생활을 마감하고 그는 중앙대학교 대학원에 입학해 다시 김대현에게 작곡을 배우고 졸업(70년대 초)하게 된다. 이때 쓴 논문이 「Josef Matthias Hauer의 12음 화음렬에 관한 연구」다. 이 기법에 의해 세속음악도 많이 썼다. 교회음악 작곡은 관심 밖이었다. 졸업과 동시에 그는 많은 갈등을 하게 된다. 대학원에서 배운 학문은 교회음악과는 아무 상관없는 20세기 작곡기법이었다. 교회음악에 젖어 살아 온 그가 세속음악을 작곡한다는 것은 마음이 허용치 않았다.
이때(70년대) 하나님은 그를 교회음악 작곡가로 발목을 매기 시작하신다. 그에게 아무 일도 주지 않으신 것이다. 많은 어려움과 갈등 상황 중에도 기도와 예배를 열심히 드리고, 결석 한 번 하지 않았다. 그리고 자신의 일보다 우선순위로 하나님의 일을 먼저 했다. 이런 그를 하나님은 미쁘게 보시고 교회음악 지도자로 세워 활동 무대를 열어 주셨다. 80년대부터 그는 기독음대(학장 김두완 장로) 교수가 됐고, 강남대와 청주대, 안양대 음악과 강사로 후진들을 양성했다. 한국교회음악작곡가협회 총무를 거쳐 부회장, 그리고 한국교회음악협회 부회장을 거쳐 2002년부터는 이사장의 중책을 맡아 활발하게 활동하고 있다. 2004년부터는 김두완 장로로부터 기독교음악통신대학장과 아가페음악선교원장 직을 인수받아 학사경영과 행정경영으로 교회음악 지도자를 양성하는 교육사업에 주력하고 있다.

교회음악관과 창작음악 세계

그의 교회음악이나 예배음악관은 절대적인 신앙 안에서 출발한다. 즉 성서에 입각한 의식적인 사고가 그것이다. 그래서 그의 창작음악들은 예전적인 음악에서 이탈한 것이 별로 없다. 그는 창작 교회음악이 원색적인 국악 장단을 심하게 노출하면 예배음악으로서 가치를 상실한 것으로 본다. 시대 상황과 장소에 따라서 음악은 얼마든지 다양하게 존재할 수 있지만 적어도 예배음악만은 세속음악화 되는 일을 하지 말아야 한다고 주장한다.

또한 창작 교회음악들은 과거와 현재 그리고 미래까지 인식된 중용주의 음악이라고 할 수 있다. 다시 말해서 급진주의와 보수주의의 중간 음악이다. 어떻게 보면 그의 작품 경향은 이 두 가지를 절충한 신낭만주의(neo-romanticism) 음악의 경향을 갖고 있다고 할 수 있다. 이 중용주의의 논리는 그의 창작음악 철학이 된다. 그는 이론 이전에 중용을 유지한 교회음악 창작을 하고 있다. 급진적인 실험주의는 자신에게 맞지 않고, 하나님을 찬양하는 음악으로서도 적당하지 않다고 했다. 작곡(예술)을 위한 창작이나, 그림 악보(graphic score)를 위한 예배음악 창작은 시간 낭비며 체력 소비라고 한다. 그는 작곡을 의무적으로 하지 않고 생리적으로 한다. 하나님이 자신에게 작곡의 달란트를 주셨기 때문에 그것을 사명으로 알고 있다. 그래서 그는 자신의 작품에 대한 애착심이 대단하다. 생각에 생각을 더하고 기도를 통해 영감을 얻어 작품을 쓰고 있기에 더욱 그렇다.

그의 작품 변천은 3기로 나눌 수 있다. 제1기는 서구 전통음악 기법인 조성음악이 주류를 이루던 시기다. 학부를 졸업하고 음악교사 생활 12년 동안 창작된 작품들이 그것이다. 30여 편의 가곡과 실내악 소품들이 여기에 속한다. 일반 세속음악이 대부분이다. 그 작품의 양식과 기법은 18, 19세기의 공통관습시대 음악(common practice period music)*과 동일하며, 그의 서구음악 답습기라고 할 수 있다. 이런 면모는 그의 서정가곡들에서 발견할 수 있다.

제2기는 하우어(Josef Matthias Hauer)** 이론을 응용한 무조음악이다. 제2비엔나 악파들의 표현주의 음악과는 또 다른 음악인데, 소위 신표현주의라고 할 수 있다. 12음렬에서 자작의 새로운 화성을 만들어 동양적인 음악을 창작하는 것인데, 표현주의 음악과는 구조적으로나 음색적으로 판이하게 다르다. 이 작업은 70년대 동안 계속됐다. 그는 하우어 이론에 의해 작품을 쓰면서 이것이 진정한 창작인가라는 물음을 던지며 많은 고민을 하게 된다.

그 해답은 80년대에 들어오면서 얻을 수가 있었다. 모태 시절부터 교회음악 특히 예배음악을 듣고 자란 그가 뒤늦어서야 자신이 할 일을 깨달은 것이다. 그는 그동안 하나님이 그를 교회음악 작곡가로 세우기 위해 많은 시간을 기다리신 것을 미처 몰랐던 것이다.

그가 열심히 성가대 지휘를 할 때도 이 뜻을 깨닫지 못했다. 이것을 인지한 후(80년대부터) 그의 교회음악은 본격적으로 쏟아져 나오기 시작한다. 이 시기를 제3기라고 할 수 있다. 이 작품들은 그의 중용주의 창작이념에 입각해서 만들어진 것들이다. 다시 조성음악으로 회귀했지만 그의 음악이 갖고 있는 조성개념은 포괄적인 의미를 갖고 있다. 즉 전음계주의(pandiatonicism)*** 창작이 그것인데 더 압축된 기법의 편

---

* 주로 바로크와 고전(18C)에서 낭만음악(19C)를 지칭함.
** 오스트리아의 작곡가 및 이론가. 반음계적인 단성음악을 도입해 독자적인 12음기법을 만들고 개개의 음고와 음정에 특정한 색채나 정서를 결부시키는 시도를 했다.

성가대 합창제에서 지휘하는 모습

이성 음악이다. 그는 영감을 얻기 위해서 많은 기도를 한다. 자신의 지식으로는 작곡기술밖에 없기 때문이다. 하나님의 영감을 받아쓰려고 하는 그의 겸손한 노력이 좋게 보인다.

그는 회중을 생각하고 비전문가들인 청중을 항상 염두에 두고 작업을 한다. 일회성 작품은 쓰지도 않고 상상조차 하지 않는다고 했다. 과거에는 초·중·고등학교 교가를 20여 편 써 준 일이 있고, 가곡도 30여 편 썼지만 하나님의 뜻을 깨달은 지금은 오직 교회음악 작곡에만 전념하고 있다. 그는 다양한 장르의 교회음악(찬송가, 송영, 성가곡, 칸타타

*** 1937년 니콜라스 슬로님스키가 'Music since 1900'에서 제창한 작곡경향의 하나, 고전적 기능 화성법에 있어서 여러 가지 제약을 떠나면서도 조성적(調性的) 소재로써 온음계에 복귀하려는 것.

등)을 작곡했으나 앞으로 오라토리오와 교회 오페라를 쓰겠다고 한다. 중용주의 창작이념에 입각한 그의 창작 교회음악 양식 창출이 또 다른 그의 면모를 보여줄 것만 같다.

기대와 전망

작곡가로서 남다른 의식과 믿음을 갖고 있는 그의 면모를 간단하게나마 엿보았다. 여기서 우리가 주목했으면 하는 것은 스스로 다져서 교회음악 작곡가로서 자리매김을 한 그의 노력이다. 그리고 그의 창작 교회음악들이 듣는 이들에게 많은 감동과 호응을 얻고 있는 점이다. 그의 작품을 연주하면서 감동을 받은 연주자들로부터 감사 전화를 여러 차례 받고 작곡하는 것에 보람을 느꼈다고 했다. 그의 창작음악들이 영적인 그 무엇 즉 하나님을 느끼게 하기 때문에 듣는 사람이나 부르는 사람들한테 감동을 줄 수 있는 것이다.

그는 고희(古稀)를 지났음에도 불구하고 젊은이 못지않게 왕성한 창작의욕을 갖고 있다. 이런 면에서 그에게 거는 기대는 많다. 즉 창작 교회음악의 올바른 정착과 체계 수립이 그것이다. 그는 앞으로 제자들을 위해서 대위법과 화성학 집필도 계획하고 있다. 기초가 튼튼해야 올바른 창작과 찬양을 드릴 수 있다고 제자들에게 늘 강조하고 있기 때문에 그의 저서출간은 필연적인 것 같다.

그는 부인 김정숙 여사와 사이에 1남(윤철) 2녀(율희, 율하)를 두었다. 자녀들 모두 대학원 교육까지 시켰고 출가시켰다. 오진득의 가정은 교회음악을 생활화하고 있다. 항상 음악이 넘쳐흐르고, 창작이 이루어지고 있다. 고희를 넘긴 그는 현재 장충동 자택에서 살고 있다. 전형적인 교회음악가이자 중용주의 작곡가인 그를 한국 교회나 교회음악계를 위해서 하나님이 교회음악 작곡가로 쓰신 것은 아마 당연지사라고 할 수 있겠다.

정통 교회음악 작곡의 상소자

이영조 Yeongjo Lee

정통 교회음악 작곡의 상속자

이영조(1943~   )

70년대 후반에 독일로 유학 가기 전까지 젊은 작곡가 이영조는 우리나라 작곡계에 소위 뜨는 현대음악 작곡가였고, 젊은 작곡가들한테는 스타 같은 존재였다. 특히 그의 〈남성합창, 피아노 그리고 타악기를 위한 經〉과 〈세개의 훌룻과 피콜 그리고 타악기를 위한 "서라벌"〉(Surabul für 3 Flöten, Piccolo und Schlagzeug), 〈月正明〉 등은 한국적 현대음악의 표본 같은 걸작으로 그를 더욱 유명하게 했다. 모태 신앙인인 그는 어릴 때부터 교회에서 예배음악에 젖어 살았고 또한 그것을 부르며 자랐다. 그리고 음대생 시절부터는 성가대 지휘를 했다. 오늘날도 성가대 지휘는 계속 이어오고 있다. 작곡가이자 교육가 그리고 성가대 지휘자인 이영조의 음악적 면모를 조명해 보았다.

생애와 교육배경

작곡가 이영조는 작곡가인 이흥렬(李興烈, 1907~80)의 7남매 중 다섯째로 1943년 4월 17일 서대문구 북아현동에서 태어났다. 어려서부터 좋은 음악적인 가정환경에서 자란 그는 가족들이 그의 음악교사와 같은 역할을 했다. 누나(영희, 영금)와 형(영욱)이 매일 치는 피아노 음악들은 어린 그에게 좋은 음악감상이 되었고, 음악성까지 기르는 데 큰 작용을 했다. 또한 오늘날 우뚝 선 작곡가가 되는 데 밑거름이 되었다.

그의 선친은 어린 시절부터 그에게 피아노와 음악 기초이론을 가르쳤다. 그가 중학교 2학년이 되었을 때 그의 선친은 친구인 작곡가 김동진에게 보내어 화성학과 작곡이론을 배우게 했다. 연세음대에 입학하기 전까지 약 6년을 김동진(1913~)에게 배운다.

1975년의 이영조 선생

미국 감리교 선교단이 세운 명문 기독교 학교 배재 중·고등학교에 입학한 그는 재학 당시 음악적인 재능을 두드러지게 나타냈다. 밴드부에 들어가 클라리넷을 부는 그는 음악교사 구두회의 권유로 호른을 배웠다. 작곡가가 되려면 오케스트라를 알아야 하며 특히 호른을 잘 알아야 된다고 했기 때문이다. 고교 재학 시에는 그 당시 서울시향의 호른 주자인 김종순에게 호른을 사사했고, 학교 음악회에서 서울음대 작곡과에 다니고 있던 형의 반주로 모차르트 〈호른 협주곡 제3번〉을 연주하기도 했다. 이런 그는 연세음대에 입학해서도 작곡 전공과 병행해서 연세음대 오케스트라에서 정희석 교수의 지휘 하에 호른을 불기까지 했다. 호른 소리의 매력에 푹 빠진 그는 결국 미국에 유학 가서도 호른을 연주했고, 아메리칸 음악원(American Conservatory of Music)에서 호른 연구로 박사학위(D.M.A)까지 받는다.

그는 고교 시절 밴드부 활동을 하면서 합창반에 들어가 노래도 했다. 그 합창반은 기독학생합창단(KSCM)으로 지금은 미국에 이민가 LA에 거주하고 있는 장일환이 지도하였다. 이때의 합창단 경험과 연세음대 재학 시 작곡가 박태준과 지휘자 곽상수 교수 밑에서 연세 콘서트콰이어 멤버로 해외연주를 하며 배운 합창음악 공부는 오늘날 그가 좋은 합

컴퓨터로 작업을 하고 있는 모습

창곡을 많이 작곡할 수 있는 밑바탕이 된다.
고등학교 2학년 때 연세음대에서 주최하는 전국 학생 음악콩쿠르에 참가해 작곡부문에 1등 없는 2등을 했다. 같은 학교 학생으로 현재 미국에 이민을 간 작곡가 백경환도 함께 했다. 부상으로 'Tugris'란 상표명이 붙은 손목시계를 받았다. 심사위원장이던 작곡가 나운영은 잘 쓴 작품이지만 한국인으로서 한국적인 표현이 결여되어 있어 2등밖에 줄 수 없다는 심사평을 했다. 이 심사평은 그에게 한국적이란 무엇인가를 깊이 생각하게 만들었으며 오늘날 그의 작품에서 짙게 배어 나오는 우리의 토속적 요소를 현대화 하는 작업을 하게 하는 계기가 된다. 배재고등학교를 졸업하고 서라벌예술대학에서 2년간 김동진 교수에게 다시 사사 한 후 연세음대 작곡과에 입학해서 나운영으로부터 대학원을 졸업할 때까지 6년간 배운다. 나운영은 그에게 한국적인 창작사고를 심도 있게 가르쳤고, 작곡가의 정신과 철학 세례를 주었다.

음대 재학생 시절에 소위 한국적인 창작이 어떤 것인가를 풀기 위해서 국립국악원을 찾아가기도 했다. 거기서 향피리의 대가인 정재국(무형문화재 6호: 향피리/대취타)으로부터 피리를 배우게 된다. 이것은 그가 한국적인 작품을 쓰게 되는 가장 큰 밑거름이 되며 그의 수많은 학구적인 작품은 이렇게 탐구와 연구를 거쳐 쏟아져 나온 것이다. 1975년에 남성합창곡 〈경(經)〉을 내놓고, 그 뒤에 〈서라벌(Surabul)〉과 〈월정명(月正明)〉, 〈소요유〉, 〈승무〉 그리고 최근에는 오페라 〈처용〉(1987)과 〈황진이〉(1999), 〈목화〉(2002), 〈손탁 호텔(Hotel Sontag)〉(2005)을 내놓았다.

더 논리적인 작업을 위해서 1977년에 독일 뮌헨 국립음대로 유학을 가 그곳에서 오르프(Carl Orff, 1895~1982)와 킬마이어(Wilhelm Killmayer, 1927~)에게 배우게 된다. 칼 오르프는 우리나라에 〈카르미나 부라나(Carmina Burana)〉(1940)로 너무 잘 알려진 독일 작곡가다. 그리고 빌헬름 킬마이어는 20세기 현대음악에 있어서 포스트모더니즘(Postmodernism)* 음악을 대표하는 중요한 독일 작곡가다. 이 두 거장의 작곡 세례를 받고, 1980년 귀국한 그는 모교인 연세음대 작곡과 교수가 된다. 약 7년간의 교수직을 사임하고 그는 미국 시카고에 있는 아메리칸 음악원(American Conservatory of Music)으로 다시 유학을 가게 된다. 그는 그곳에서 작곡학으로 박사학위를 받고 그 학교의 교수가 된다.

김동진에게 유연성 있는 아름다운 선율작법을, 나운영에게 이유 있는 선율작법과 한국적인 창작사고를 하는 법을 배웠다. 그리고 오르프에게 간결한 구성법과 절제된 표현성이 창작음악 쓰기를, 킬마이어에게

---

*20세기 후반에 미술, 건축, 문학 등의 근대양식에 대하여 반작용으로 일어난 양식 예를 들면 전통과 근대양식의 혼합형태, 탈근대나 후기근대라고도 불리운다.

논리적이고 구체적인 창작음악 기법을 배웠다. 이런 배움을 거친 그는 최근에 자신만의 창작음악 기법을 총 정리해서 만든 오페라 〈처용〉(1987)과 〈황진이〉(1999) 〈목화〉(2002) 그리고 〈손탁 호텔〉(2005) 등을 내놓으면서, 2005년 국립 한국예술영재교육연구원의 원장을 맡은 그는 작품과 교육행정의 마무리를 함께 하고 있다.

2005년 3월14일부터 19일까지는 그의 작품세계를 총 정리하는 기간이었다. 네덜란드의 마아스트리히트 콘서바토리(Maastricht Conservatory)에서 그동안 10년간 주제별로 세계 작곡가의 작품 축제를 열어 왔는데 이날은 이영조의 작품을 조명하는 한국음악 축제(Korea Music Festival)였다. 이 기간 중에 그의 주요 작품 18곡이 연주되고 세미나와 워크숍과 작곡가 강연 등이 있었다. 오케스트라, 실내악, 독주곡, 합창곡을 망라하는 대 음악회에서 주최자 측은 이영조를 주제 작곡가로 택한 이유를 "유럽의 영향을 받은 작곡가로서 비유럽적으로 작품을 쓰는 작곡가"이기 때문이라고 하였다. 한국의 토속적 요소가 유럽의 작곡기법 속에 용해된 그의 작품을 두고 일컬은 말이다.

교육, 창작 그리고 연주 활동

그의 교직생활은 대학원 재학 시절 사직동에 있는 성정여자고등학교 음악교사직 1년 근무를 제외하고는 줄곧 대학 강단에서 이루어진다. 독일 유학을 가기 전까지 모교 음대 강사를 하고, 1980년에 귀국해서 모교 음대 조교수가 됐다. 서울음대에도 강사로 출강하며 당시 지방대학 육성방침으로 실시된 문교부의 요청으로 1년간 청주여자사범대학에 동시 출강하였다. 주로 작곡실기와 이론과목을 가르쳤다. 화성학, 음악형식론, 대위법, 관현악법, 20세기 음악분석, 쉔커의 분석법 그리고 작곡실기 등이다. 그리고 대학 교수를 하면서 두 권의 화성학(上, 下)을 펴내고, 10여 권의 역서(공역 포함)를 출간했다. 80년대 후반 미국으로 유학 겸 이민을 가서 박사학위를 받고 모교인 American Conservatory of Music의 작곡과 교수가 되며, 귀국(1994) 전까지 작곡과 과장으로 있었다.

1994년 한국종합예술학교 총장 이강숙의 초빙으로 음악원 작곡과 교수가 됐다. 그리고 3년 뒤인 1997년부터 2001년까지 음악원 원장직을 맡았다. 그의 창작음악 활동은 매우 정열적이고, 자신의 의도가 분명하다. 본격적인 작품발표는 그의 대표적이라고 할 수 있는 타악기와 남성합창을 위한 〈경〉을 발표하면서 시작된다. 그 뒤 〈서라벌〉, 〈시(Dichtung) 6번〉, 남성합창 〈월정명〉, 〈코스모스 I (Kosmos I für Orgel)〉 등을 발표했고, 오늘날까지 100여 곡이 넘는 비중 있는 작품만을 썼다. 그의 작품목록을 보면 성악곡과 기악곡의 비율이 균등함을 알 수 있다. 특히, 오페라 〈처용〉(1988), 〈황진이〉(1999), 〈소리 6번〉, 칸타타 〈용비어천가〉(1995) 등은 역작으로, 그가 추구하는 한국적인 창작기법을 집대성한 작품들이다.

그는 유학 전에는 주로 후반기악회와 20세기작곡연구회(21세기악회 전신)를 통해서 발표하고, 음악원 교수가 된 이후부터는 작곡 단체의 초대 작가로 초청되어 발표하거나 연주자들의 위촉에 의해서 쓴 작품을 발표하고 있다. 그는 어느 작곡 단체에도 예속되거나 소속 되기를 원치 않고 있다. 그래서 그는 어느 작곡 단체에도 들어가 있지 않다. 자신의 독자적인 길만을 가겠다는 생각뿐이다. 현재 그는 2008년까지 작품 위촉을 받아 놓고 작업 중이다. 매일 밤 11시부터 새벽 3시까지 4시간씩 작업을 하고 있다. 그는 낮에는 음악원 교수가 되고, 한밤중에는 작가가 된다.

오늘날 그의 걸작들은 이렇게 해서 쏟아져 나오고 있다. 정년퇴임할 때까지 음악원 교수들을 위해 작품을 쓰려고 한다. 현재 일부 교수 정명화(Cello), 이성주(Violin), 김남윤(Violin), 조영미(Violin), 양성원(Cello), 이호교(D.Bass), 강충모(Piano), 오순화(Viola), 오자경(Organ), 박광서(Percussion), M. Hacrow(Horn)들을 위해 이미 써서 발표하였다. 그의 작품들은 세월이 갈수록 많은 사람들로부터 사랑을 받고 있다. 원인은 완성도 높은 작업을 통해서 자신의 진솔한 이야기를 청중들에게 들려주기 때문이다.

연주활동은 주로 기독교적인 성격을 갖고 있어서 교회를 중심으로 활동하고 있다. 그의 연주활동은 성가대 지휘다. 아현중앙감리교회, 독일 뮌헨 한인교회, 종로감리교회, 미국 시카고 가나안교회, 서울 충신교회 등이 그가 성가대를 지휘한 교회다. 현재는 서울교회 성가대 지휘자로 봉직하고 있다.

그가 대학원을 졸업하고 모교 음대 강사로 재직할 때 세계십자군연맹(ICC) 한국지부의 초빙으로 고아원생들로만 구성된 〈Korean Guys & Dolls〉라는 어린이 합창단을 조직해서 지휘한 일이 있다. 1년여 기간의 훈련을 거쳐 3개월간 미국 순회공연을 했다. 편곡과 지휘는 그가 하고, 발성지도는 아내가 했다. 모교 강사자리까지 반납하고 한 일이다. 그는 이 어린이 합창단을 이끌면서 많은 경험을 하며, 진정으로 인간을 어떻게 사랑할 것인가를 배운다. 남에게 받는 것보다 베푸는 일을 우선하라는 선친의 교훈을 그는 잊지 않고 즐거운 마음으로 실천했다.

80년대 후반 미국에 이민 가서도 그는 한인교회와 사회를 중심으로 음악활동을 했다. 한소리합창단(Chicago Hansori Chorale)과 시카고 여성 카펠라(Chicago Ladies Cappella)를 창단해서 상임지휘자 겸 음악감독이 되어 귀국 전까지 지휘를 했다. 그는 또한 음악문화를 통한 각 인종들의 결속을 꾀하기 위해서 시카고 주재 아르헨틴 대사관과 독일 문화원 후원으로 시카고 현대음악제를 기획하고 조직해서 개최하기도 했다.

그가 만든 음악제는 한국-라틴음악제, 시카고 현대음악제 그리고 한독 현대음악제 등이다. 그는 호른 주자로서도 그곳에서 연주활동을 했다. 귀국해서 음악원의 교수와 원장을 지내고 교수가 된 지금도 호른 연주는 계속하고 있다.

1999.8.3 음악원 연구실에서 필자와 함께

창작기법과 교회음악 생각

그는 작곡이 좋아서 한다. 작곡을 할 때는 신이 나서 팔뚝을 걷어 부치고 한다. 작곡을 안 하면 좀이 쑤셔서 못 배긴다. 그의 창작 인생 여정에 나운영, 오르프, 킬마이어, 세 스승의 영향이 지대했다. 물론 김동진과 선친으로부터 받은 영향도 크다. 이런 거장들의 작곡세계를 그는 나름대로 소화해 자신의 것으로 만들었다. 그렇다고 이 거장들로부터 받은 세례를 그대로 쏟아내는 짓은 안 한다.

예를 들면 한국적인 표현접근 방법도 나운영과는 전혀 다르다. 나운영이 구상적인 접근을 한다면 그는 수십 번의 여과(filteration)를 거쳐서 신추상적으로 만들어 내고 있다. 그리고 오르프가 미니멀(minimal)적인 작곡기법과 타악기적인 표현접근이라면 그는 선적인 긴 선율작법과 색채적인 표현접근을 하고 있다. 90년대 접어들면서 그의 작품들은 선율선에 더 비중을 두고 만드는 것을 볼 수가 있다. 과거 김동진에게 세례 받은 유연성 있는 선율작법이라든지 선친으로부터 영향 받은 아름다운 선율쓰기를 생각할 수 있을 정도로 그의 작품은 선적인 흐름이 두드러지게 나타나고 있다. '음악은 자연스러운 흐름을 갖고 있어야만 한다.' 는 그의 말도 이것을 증명해 주고 있다. 그가 개인적으로 20세기의 선적인 음악의 대가라고 할 수 있는 폴란드의 현대작곡가 로토슬라프스키(Witold Lotoslawski, 1913~94)를 좋아하는 것만 보아도 얼마나 선율을 중요시하는지 알 수가 있다.

그의 작품에는 몇 가지 지속적으로 보이는 것이 있다. 첫째는 일관된 색깔의 변화, 다시 말해서 긴 선율에 생성되는 긴장과 이완의 색깔이다. 이것은 남성합창곡 〈경〉과 〈월정명〉에서 잘 보여주고 있다. 둘째는 한국적인 주제 표현을 지역성보다는 코스모폴리탄(Cosmopolitan)적인 표현으로 접근하고 있는 점이다. 지나친 국수주의를 그는 배제한다. 셋째는 연주자와 청중을 고려한 보편타당한 범세계적인 음악어법을 구사한다. 그는 어느 작곡가보다도 대중적인 사람이다. 그 대중성이라는 것은 인간미가 있는 보통 사람을 말한다. 그는 유행하는 작곡기법이나 남들이 만들어 놓은 기법을 추종하지 않는다. 기법 이전에 음악 자체를 우선하고 있다. 그래서 내용과 완성도를 더 중요시 하고 있다. 자기가 책임질 수 없는 곡을 쓰는 작곡가는 반드시 도태되어야 한다는 것이 그의 생각이다. 책임질 수 있는 소리를 쓰라고 그는 제자들한테 강조한다. 진정한 작가는 책임 있는 작업에서 출발하기 때문이다.

그의 교회음악 생각은 아주 보수적이고 철저하리만치 원칙주의적이다. 교회음악은 교회음악다울 때 그 가치가 더 크다고 했다. 세속적인 음악과 유사한 선율로 예배음악을 하려드는 것은 언어도단이라고 한다. 그러한 것과 유사한 선율로 예배음악으로 창작하는 것은 예배음악을 세속화하는 일이라고 했다. 예배 시 드릴 것과 드리지 말아야 할 것을 분명히 해야 될 사람들이 교회음악 지도자들이라고 했다. 그래서 그는 예배시간에 헌금 찬송이나 특별 찬양을 부르는 독창자나 앙상블의 음악을 먼저 점검하고 있다. 정통성 있는 예배음악을 엄격히 지키는 것은 하나님께 드리는 예배라는 특수한 성격을 갖고 있기 때문이다. 그의 창작 교회음악도 교회음악의 정통성을 벗어나 본 적이 없다. 모태 신앙으로 이어 온 신앙을 그는 그대로 음악으로 표현하고 있다. 그는 열심히 기도하는 작곡가이고, 성가대 지휘자며, 집사다. 연세음대 교회음악과 출신인 메조소프라노 김정희 집사와의 사이에서 1남 1녀를 두었다. 지금은 모두 미국에 유학 가서 박사학위를 마치고 아들은 콜로라도 볼더 심포니 오케스트라(Boulder Symphony Orchestra)의 첼로 수석으로, 딸은 보스턴 월넛 힐 뮤직스쿨(Walnut Hill Music School)에서 피아노 선생으로 재직하고 있다.

이영조는 지금 선친이 살아 있을 때 별장으로 쓰던 시골집에서 살고 있다. 시골 생활을 고집하는 이유는 선친의 체취가 배어 있는 집이고, 선친을 만날 수 있는 유일한 집이기 때문이다. 고 이흥렬 박사의 추모음악회를 3주기, 5주기, 9주기, 17주기에 걸쳐 열고 있는 그는 선친이 남긴 가곡으로 많은 변주곡을 쓰고, 추모음악회에서 연주했다. 어느 형제들보다도 선친의 사랑을 많이 받고 자란 그는 그 은혜를 하나씩 갚아 가고 있다.

그가 언젠가 말했듯이 그는 하나님의 축복을 받은 작곡가다. 이제는 그가 작곡으로 하나님의 은혜를 갚아야 될 차례다. 앞으로 한국 교회와 음악계가 그를 소중히 생각하고 더욱 사랑해야만 될 것 같다.

한국 교회음악의 개척자

이유선 Yu Sun Lee

한국 교회음악의 개척자
이유선(1911~2005)

성장과정과 교육배경

이유선은 감리교의 초대 목사 이익모를 부친으로 해서 1911년 8월 2일 (음) 평안남도 평양에서 출생했다. 유년 시절과 청소년 시절은 부친이 3년을 멀다 하고 전근하는 관계로 여러 지역의 학교에서 공부했고, 그의 부친이 시무하는 교회에 출석하며 영향을 받고 자랐다.

음악에 눈을 뜬 것은 그가 다니던 공주 영명중학교에서 영어와 음악을 가르치던 미국 선교사 부인 앨리스 윌리엄스(Alice Williams) 교사 덕분이다. 그녀로부터 받은 음악지도와 영향은 그가 음악가 특히 성악가가 되어야겠다는 생각을 갖게 하는 데 충분했다. 찬송가를 교재로 그녀에게 배운 기본적인 시창법은 오늘날 음대의 시창청음 수준과 같았다. 이 배움으로 후일 시카고 음대 유학시절에 시창청음 과정을 단기일 내에 마칠 수가 있었고, 학비 절감도 할 수 있었다고 한다.

특히 어린시절부터 교회생활 중심의 삶을 살아왔기 때문에 교회음악을 접할 수 있는 기회가 많았고, 노래 부르기를 어떤 일보다도 더 좋아했다. 그가 오늘날 같이 되기까지는 타고난 음악적 재능도 있지만 하나님이 그에게 성악의 은사를 주어 찬양의 제사장으로 붙들어 세우신 것이라 믿는다. 그는 생애 반 이상을 하나님을 찬양하며 살아왔다.

음악의 길로 가겠다고 확고한 결심을 하게 된 결정적인 동기는 연희전문학교(연세대학교 전신) 상과 재학 시다. 1930년대 초 수원에서 서울로 기차 통학을 할 때 서울역에서 신촌역을 가기 위해 서울역 대합실에서 기다리는데, 그곳에서 만주로 가려는 빈농(貧農)들이 아기를 업고 안은 처참한 모습을 매일 같이 보게 된다. 이런 모습은 대학 상과생인 그에게 큰 충격이었다.

이 당시 한국은 시대적으로 매우 어려운 일제시대 상황이었다. 졸업해도 제대로 취직이 될 수 없었고, 상과는 그에게 적성이 맞지 많았다. 그는 많은 갈등을 하다가 '이럴 바에야 내가 좋아하는 음악을 하겠다' 는 결심을 하게 된다. 마침 다니는 학교에 음악과 아닌 음악부가 있었다. 그 당시 현제명(1902~60)이 시카고 음대에서 귀국해 지도를 하고 있었다. 그는 상대생으로서 음악부를 찾아가 열심히 음악을 공부한다. 이것을 통해 음악가가 되어야겠다는 확신을 갖게 된다.

연희전문학교 상과 졸업(1933) 후 미국 유학을 계획한 그는 유학비를 벌기 위해 레코드 장사를 했으나 1년도 가지 못해 손해만 보고 문을 닫았다. 그는 실망하지 않고 유학비 마련을 위한 도미 고별 독창회를 서울과 평양 등 다섯 도시에서 가졌는데, 그 입장 수입금마저 가장 절친한 친구한테 사기를 당한다. 그는 굴하지 않고 다시 도전을 하여 독창회를 열었다. 이날 수입금은 보잘 것이 없었지만 그는 1935년 말경 유학을 결심하고 배편으로 샌프란시스코에 도착했다. 그러나 뱃삯을 제외하고는 달랑 2달러 80센트밖에 남지 않았다. 샌프란시스코에서 시카고까지 가는 버스 승차 비용은 5달러가 드는데 이것을 가지고는 턱도 없었다.

하나님은 그를 그냥 내버려두지 않았다. 한 동포의 도움으로 시카고에 무사히 도착할 수 있었다. 그는 시카고 음대 성악과에 입학해서 1940년에 졸업하게 된다. 귀국(1941)해서 교직으로 음악활동을 하다가 다시 도미해 같은 학교 대학원에 입학하는데, 학부 졸업 10년만인 1950년에 대학원 전 과정을 마치고 수료한다.

1973년 한국교회음악협회 주최 음악회 당시 청중들의 찬송제창을 지휘하는 모습

학부를 마치고 귀국 도중에 그는 L.A. 제퍼슨 한인교회에서 독창회 (1940)를 가진 일이 있는데, 프로 성악가의 첫 출발(debut)을 멋지게 장식한 것이다. 유학 시 성악을 전공했지만 작곡, 지휘, 화성학 등을 다양하게 배웠고 누구보다도 열심이었다. 그가 귀국해서 번역한 〈화성학 上下〉와 가곡, 찬송가 등과 같은 작품들을 보더라도 그가 유학 시 다양하게 학문 체계를 수립 했다는 것을 알 수 있다. 그가 귀국한 후 한국 음악계와 교회음악계의 발전을 가져오게 됐고, 많은 결실도 가져왔다.

음악활동과 그의 업적

그는 노구에도 불구하고 1976년 12월 남가주한인교회음악인협회가 마련한 원로음악인 위로 및 송년의 밤에 출연하여 노익장을 과시한 일도 있다. 이런 모습은 그가 얼마나 적극적인 삶과 진취적인 음악활동을 했는가를 보여준다. 평소 하나님이 주신 건강을 감사하며 자신이 지닌

음악적 재능과 지식을 후진들에게 전수하며 열심히 연주의 삶을 갖는 것만이 자신의 할 일이요 사명이라고 했다.

음악인들의 결집체가 부재하던 1959년 한국음악협회를 창립해 초대 회장직을 맡고, 한국합창연맹 이사장직(1961~64)을 맡아 적극적으로 한국 음악계를 이끌어왔다. 특히 한국교회음악협회 회장 시절에는 낙후된 한국 교회음악 발전을 위해 강습회나 세미나 그리고 대학교육을 통해서 교회음악 지도자 양성을 한 것은 그의 큰 공적이라고 할 수 있다. 총신대의 종교음악과(1975)와 호서대의 음악과(1980) 창설 등은 이것을 입증한 좋은 예다.

그에게 주목할 것은 일반 음악을 했음에도 불구하고 그의 전 생애가 교회음악과 불가분의 관계를 갖고 있다는 점이다. 그가 성가대원(1928)으로 시작한 교회음악과의 관계는 스스로 교회음악가로 다져서 만들어오는 데 충분했다. 성가대 지휘를 65년 넘게 한 것이라든지, 찬송가 50여 곡을 작곡한 것도 교회음악가이기 때문에 가능할 수 있었다. 미국으로 이주하기 이전에 주로 대형 교회(정동, 동대문, 연동, 중앙, 남산, 수원, 인천 등)의 성가대 지휘자로 봉직하였다. 성가합창 운동과 교회음악 활동을 하며 교회음악을 배우다보니 교회음악가가 됐다고 겸손한 말을 한다.

1941년 귀국해서 평양 존 문(John Moone) 신학교에서 가르치기 시작한 음악교육 생활이 43년이나 된다. 그가 제자들한테 늘 강조하는 것이 있다. 음악에 정열을 쏟으라는 말이다. 정열이 없으면 프로가 될 수 없기 때문이다. 그리고 음악인 특유의 온유한 성품을 갖게 하는 교육에 주력했다. 음악인 이전에 인간을 만드는 교육을 한 것이다. 그러면서 그 자신은 음악 예술의 숭고한 감위(敢爲)와 진실성 그리고 진취적이고 도전적인 태도 유지를 위해 노력했고, 그것이 자신의 철학이고 음악관이라고 했다.

그는 방송(라디오, TV)을 통해 음악 해설을 6천여 회나 한 최장 기록을 갖고 있다(1967~89). 이때 모은 방송 원고로 「음악대가의 일화집」, 「오페라 가이드」, 「오페라의 초대」 등을 내기도 했다. 그리고 30여 년 간 일간지와 음악잡지에 음악평문을 썼는데, 저술가로도 자리매김을 하는 계기가 됐다. 이렇게 볼 때 그의 『한국 양악 80년 史』(1968)와 『한국 양악 100년 史』(1985)의 탄생은 우연한 일이 아니다.

그가 한국 음악계와 교회음악계에 공헌한 업적은 크게 연구분야와 교육분야를 통해 찾아 볼 수가 있다. 그의 음악교육 생활 43년과 연주생활 50여 년은 이를 말해 주고도 남는다. 그의 수많은 제자들은 이것의 결실이다. 그리고 그의 연주생활 또한 음악계와 후진들에게 등불과 같은 역할을 하였다.

의사이자 테너 가수인 형 이인선과 함께 한국 최초의 오페라단인 국제오페라사를 만들어 오페라 운동을 펼친 것도 한 공적이라고 할 수 있다. 그는 1990년 도미해서 노구에도 불구하고 음악(연주)활동을 하면서 교회음악 지도자 세미나에 초청강사로 나가 현재까지 약 30개 교회에서 교회음악 강의를 했는데 젊은 강사 이상의 정열을 보여주었다.

교회음악하는 사고와 논리 그리고 태도

그는 교회음악하는 마음을 진실과 거룩성, 그리고 엄숙하고 정중한 드림과 자세에 두고 있다. 아무리 시대적 변화와 인간 사회가 복잡하고 세분화 되더라도 교회음악 특히 예배음악은 경건성과 거룩성을 상실하지 말아야 한다는 생각이다. 오늘날 젊은 세대들이 즐기는 락 음악이나 선정적인 랩송 같은 경거망동한 성가들을 교회들이 먼저 추방해야 예배음악의 본질이 회복된다고 했고, 그것은 백해무익한 잡음이라고 했다. 기원전 300년경의 명 설교자 겸 종교지도자 크리소스톰(Chrisostom)의 "하나님께 드리는 음악은 경건한 마음과 건전한 이성과 지혜가 필요할 뿐이다."란 말과 위대한 성서학자 제롬(Jerome)의 "신의 전당을 극장화하지 말라."는 말을 인용하면서 교회음악의 본질

1995.8.2 이유선 박사 부부 결혼 60주년 회혼식 기념

과 전통을 상실해서는 안 될 것이라고 했다.

그는 마르틴 루터(Martin Luther, 1483~1546)의 찬송가와 같은 예배음악이 오늘날도 필요함을 강조한다. 찬송가는 귀에 순하고 부르기 쉽고 즐겨 부를 수 있는 선율이 되어야 하고, 그 원칙을 무시해서는 안 된다고 한다. 거룩성과 경건성을 지녀야 할 찬송가가 지나치게 도약하는 선율을 갖게 되면 예배음악(hymn)으로서 참모습은 아니라고 한다. 예배음악이 청중들을 상대로 하는 위로나 위안의 음악이 되지 말아야 한다고 특히 강조한다. 또한 교회음악의 토착화는 경건성과 존엄성을 떠난 근대화로 보고 있다. 예배음악은 더 많은 예전적인 접근(liturgical approach)이 필요하다는 논리다. 교회음악가의 상을 그는 기독교적 사고와 행동실천에 기준을 두고 있다.

또한 한국 교회 성가대의 문제점을 몇 가지로 지적한다. 대원의 무의미한 선발, 지휘자 자격을 신앙적인 측면보다 출신교나 외형적인 면에 더 치중하는 것, 지나친 대곡 위주의 연주 형태의 경향, 그리고 대형 성가대 선호 등이다. 이것은 시대적인 참 모습은 아니라는 견해다. 성서적인 성가대가 어떤 것인가를 한국 교회와 교회음악 지도자들은 심사숙고할 필요가 있다고 한다.

한국 교회음악계 발전을 위해서 제일 먼저 선구자 역할을 할 사람들은 한국교회음악협회 회원들이라고 말한다. 진취적이고 논리적인 연구와 능동적인 실천이 무엇보다도 필요함을 강조한다. 하나님의 영광을 우선하는 마음과 자세도 가져야 될 것이다. 그가 누구보다도 한국 교회음악계 실정을 잘 알고 있기 때문에 이런 조언을 할 수 있는 것이라고 본다.

마음의 계획들

1990년 그는 고국을 떠나 미국에 살고 있는 자녀들(1남 3녀) 곁에서 살다가 2005년에 하나님 곁으로 갔다. 부인은 1935년 결혼한 동갑내기 최신덕 여사(전 서울YMCA 회장)다. 그는 남은 생전 시 고국의 교회음악계를 위해서 헌신하고 싶지만 친인척이 없는 고국에서는 살 수가 없다고 했다.

미국 생활을 하면서 자서전 같은 회고록을 썼다. 『2달러 80센트의 기적』(작은우리, 1999)이란 책이다. 유학비를 가장 가까운 친구한테 사기 당한 일이라든가 그동안 노출되지 않은 짜릿짜릿한 숨은 진짜 이야기들을 담고 있다.

이제 연주나 강의보다 성가 작곡에 더 많은 시간을 투자하겠다고 했으나 그는 이미 고인이 됐다. 지금 써 놓은 70여 곡을 60곡으로 선별한 『이유선 창작 독창곡집』의 출간을 이루지 못하고 하나님 곁으로 갔다. 그가 만든 찬송가 〈부름 받아 나선 이 몸〉(이호운, 1951)을 부를 때면 어떤 사명감을 갖게 되고 힘이 절로 난다. "부름 받아 나선 이 몸 어디든지 가오리다 괴로우나 즐거우나 주만 따라 가오리니 어느 누가 막으리까 죽음인들 막으리까 어느 누가 막으리까 죽음인들 막으리까."

이 곡은 그의 신앙고백이자 한국 교인들의 신앙고백이라고 해도 과언이 아니다. 그리고 이것은 또한 한국 교회음악의 큰 획을 그은 '한국 찬송가'라고 할 수 있다. 작곡자 이유선은 한국 교회와 음악계의 큰 보배였다. 멀리 미국에서 말년을 지내다가 하나님의 부름을 받고 하나님 곁으로 갔지만 그가 한국 교회음악계와 교육계의 발전을 하는 데 큰 역할을 한 것은 틀림없는 사실이다. 많은 음악지도자들을 길러내고 하나님 찬양사역으로 전 생애를 살아온 그의 음악하기 자세와 정신은 국내 음악계의 귀감이라 할 수 있다. 그를 찬송가에서 언제든지 만날 수 있어 기쁘다. 그는 한국 교회음악계의 진정한 개척자이자 스승이라고 할 수 있겠다.

전형적인 교회음악 전도사

이중화 Jung Hwa Lee

전형적인 교회음악 전도사

이중화(1940~　)

생애와 교육적인 배경

황해도 곡산이 고향인 이중화는 함경북도 청진에서 1940년 11월 18일 모태 신앙으로 부친 이시백 집사와 모친 이춘옥 집사 사이에서 태어났다. 부모가 공진이란 가구점을 운영하여 그는 유아 시절에 부유한 가정환경 속에서 자랐다. 그는 누나(인순)가 치는 풍금소리를 듣고 함께 노래하거나, 스스로 축음기를 틀어 음악을 수없이 듣기도 했다. 이때 들은 음악들은 주로 동요나 예술가곡 그리고 기악곡 소품들이다.

유치원생 시절에는 음악교육이 열악해 듣는 것만으로 만족할 수밖에 없었다. 국민학교에 들어갈 무렵에 해방이 됐다. 이때 어머니가 작고했고, 아버지를 따라 월남했다. 서울로 월남한 부친은 용산에 도원동교회를 세워 정착했다. 그러나 초등학교 2학년 때 아버지마저 잃고 만다. 고아가 된 그는 전북 정읍에서 목회를 하고 있는 큰아버지 댁에 가게 된다. 그곳에서 국민학교를 다녔다. 국민학교 시절부터 그는 곡을 사보하는 일을 좋아했다. 그래서 많은 곡들을 사보했는데, 이를 통해 음악을 더 가까이 할 수 있었고, 많은 음악을 터득하게 된다. 그가 사보한 곡은 슈베르트 〈보리수〉, 박태준 〈동무생각〉, 나운영 〈아 가을인가〉, 비숍 〈즐거운 나의 집〉 등 어렸을 때 좋아했던 곡들이다.

주일학교 시절에는 어린이 성가대원으로 노래를 불렀다. 열악한 상황이었음에도 음악과 더 친숙해 질 수가 있었다. 정읍에서 국민학교를 다니고 전주로 옮겨 직장 생활을 3년째 하다가 그만두고 서울로 올라온다. 기독교 학교인 한영 중·고등학교에 입학해 나이 들어 졸업을 한다. 수많은 고생과 역경을 극복하고 만학을 통해 얻은 결실이다. 고등학생 시절(1964)에는 흑석동교회 성가대를 지휘하며 성가대 지휘를 시작했다. 교회와 더불어 살아온 그는 고등학교를 졸업하고 서울신학대학에 입학해 신학을 전공하고 1973년 신학사 학위를 받고 졸업한다. 재학 시에 찬송가학을 강의하던 피아니스트 김기우가 작곡 공부를 하라고 권고해서 작곡을 마음먹게 된다. 한 번은 〈인자하신 주님〉이란 4성부 합창곡과 〈기도하는 마음〉이란 피아노곡을 써서 김기우에게 보여주니 극찬을 했다. 사촌 매부인 임익동 장로는 작곡가 김동진(당시 경희음대 학장)을 그에게 소개해 주었다. 작품을 들고 김동진을 찾아가 보여 주어 "작곡공부를 하면 큰 작품을 쓸 수 있는 재질을 갖고 있다."란 말을 듣게 된 그는 용기백배하여 작곡공부에 정진하게 된다. 신학 전공생이면서도 재학 시 학교 강당에서 성가 작곡발표회(1972)까지 했다.

이 당시 학장이던 조종남 박사가 그에게 해준 "음악은 세계만민의 공통 언어이기 때문에 복음선교 수단이 될 수가 있다. 신학도들은 음악에 깊은 관심을 갖고 그에 대한 높은 소양을 쌓아야 한다."는 말을 듣고 새로운 깨달음과 자극을 받았다. 전도사 생활을 하면서 작곡공부를 떨칠 수가 없어 1973년에 강남대학교 예술대학 음악학과에 편입학해 작곡전공을 하게 된다. 이때(1973년) 교회음악 작곡가 박재훈을 만나 대위법을 배우고, 작곡가 황철익과 김순세를 만나 작곡법과 음악이론을 공부했다.

그는 김성태의 『화성학』을 읽고 많은 것을 배우고, 영향을 받는다. 황철익과 김순세는 그의 길을 열어준 좋은 은사다. 강남대를 수료하고 한국작곡가협회와 한국교회음악작곡가협회에 들어가 활발하게 작품

'정의의 찬가'를 지휘하는 모습

을 쓰면서 전도사보다 작곡가로서의 역할이 더 많아지기 시작하였다. 이미 고인이 된 작곡가 금수현(1919~92)과 정윤주(1918~97)는 그를 한국작곡가협회에 넣어 준 사람들이다. 특히 정윤주로부터 그는 현대음악에 대한 이론을 많이 배웠다. 스트라빈스키(Igor Stravinky, 1882~1971)의 무용조곡 〈불새〉에 관한 이론도 그를 통해서 배웠다.

현대음악 이론에 자신을 가진 그는 1983년 연세대학교 교육대학원에 입학해 음악교육 석사학위를 받고 졸업(1985)한다. 대학원에 들어가서 그동안 많은 책을 보며 독습한 작곡이론을 정립하고, 확인 작업을 했다. 작곡이론은 나인용, 박재열, 음악교육은 최시원, 합창지휘는 곽상수를 통해 배웠다. 그가 졸업 논문으로 쓴 「음악사조 변천에 관한 연구」는 작곡공부를 결산하며 쓴 그의 학문 집결체라 하겠다.

대학원을 졸업하고 정의여고 음악교사가 된 것은 하나님이 자신을 무거운 쇠사슬에서 풀어 준 것으로 받아들이고 있다. 수많은 고난과 시련을 겪은 그에게 안정된 생활은 또 다른 의미를 갖고 있다. 하나님은 창작과 교육의 의무를 그에게 준다. 안정된 환경 속에서 만든 그의 작품들은 여유 있고 힘차고 소망적인 것이 많다. 칸타타 〈아하바트 아도나이〉(1995), 〈하나님의 계시〉(1997), 〈부활의 주〉(1990)와 〈사랑의 주〉(1987) 등이 이를 말해 주는 곡들이다.

정의여고 윤창흠 이사장은 〈정의의 찬가〉를 작곡한 그에게 특별 배려를 해 작곡연구실을 따로 마련해 주었다. 작품을 더 많이 쓰라는 뜻이다. 그리고 이대준 교장은 그의 교사 생활에 큰 힘이 되어 준 분이라고 했다. 또한 원로목사이며 시인인 오병수 목사는 그에게 '桐千年老 恒藏之曲(오동나무는 천년이 된 고목이라 할지라도 항상 좋은 곡을 지니고 있다)'란 문귀에서 딴 '동정(桐庭)'이란 아호까지 만들어 주며 그의 작품들을 높이 평가해 주고 격려해 주었다.

창작이념과 창작세계

그의 창작이념은 한 마디로 한국인의 감성에 맞는 근대 교회음악의 창출에 있다. 즉 서구음악 선율개념을 우리 감성에 맞게 재구성해서 소위 한국적인 교회음악으로 재창조하는 것이다. 물론 우리 뉘앙스를 느낄 수 있는 화성 창안과 표현양식 개발도 함께 이루어져야만 한다는 지론이다. 이런 방법론을 구사한 곡이 〈아하바트 아도나이〉(김성영)다. 국악의 정악적인 양식과 교회선법을 적절히 응용해서 만든 근대적인 곡이다.

이 논리는 그가 20세기의 근대 작곡가들의 작품세계를 탐구하고 분석해서 얻은 이중화식 창작방법론이다. 다시 말해서 독일 작곡가 칼 오르프의 칸타타 〈Carmina Burana〉에서 교회선법이 근대음악에 어떻게 적용됐는가를, 미국 작곡가 호바네스(Alan Hovhaness, 1911~) 〈Saturm〉에서 음층기법(layering of technique)* 구사를, 영국 작곡가

---

*음악적 구조를 마치 벽돌 쌓아가듯이 위로 음계화 하는 것.

브리튼(Benjamin Britten, 1913~76)의 합창곡 〈A. Ceremony of Carols〉을 통해서 근대적 표현양상과 작곡기법을, 러시아의 낭만주의 작곡가 라흐마니노프(Sergey Rakhmaninov, 1873~1943) 작품들에서 아름다운 선율구성과 강한 민족성 표현과 양식을, 오스트리아 작곡가 브루크너(Josef Anton Bruckner, 1824~96)의 합창음악 〈Te Deum〉에서는 탄탄한 작품구성과 다양한 전통화성 응용 등을 인식하고 한국성 표현에 적합한 이론을 개발한 것이다.

대학원 재학 시에 창작 현대음악에 대한 몇 가지 의문점을 가진 일이 있다. 첫째는 훌륭한 기법에 비해 빈약한 사상, 둘째는 놀랄만한 기교에 비해 공허한 정신, 셋째는 현대인의 위대한 재능에 비해 보잘 것 없는 관념과 헛된 소비성향 등이 그것이다. 이 의문은 오늘날 와서도 국내 작가들이 극복하지 못하고 있다고 지적한다. 그의 작품들은 이 세 가지를 풀어가려고 노력한 흔적을 찾아볼 수가 있다. 그래서 그의 음악작품은 진실한 것을 느낄 수가 있다. 그는 창작을 할 때마다 편이성을 염두에 두고 작곡하고 있다. 교회음악은 성도들과 밀접한 관계를 갖고 있기 때문이다. 그러므로 듣는 청중이나 부르는 사람들이 교감이 되어 감동을 줄 수 있어야만 한다는 것이 그의 창작사고다.

그래서 그의 작품들은 대체로 신앙적 체험에서 우러나오는 노래들이다. 하나님의 은혜와 역사에 감사하며 감격에 복받쳐 쏟아져 나오는 찬송들이 그의 음악들이다. 기법 이전에 그는 체험 신앙의 표현을 우선하고 있다. 그 대표적인 곡들은 〈내 영혼 편히 쉴 곳〉(전병구, 2000), 〈갈릴리 푸른 호수〉(오병수, 1994), 〈온 맘과 정성 다하여〉(시편 120편, 1986) 등이다. 또한 그의 곡들은 논리성보다 직관성에 더 많은 비중을 둔다. 그래서 선율감이 분명하고 음악적인 흐름이 아름답다. 그의 음악적 특성을 몇 가지로 나누어 보면 다음과 같다.

첫째는 가사 내용에 대한 반주음형이 음화기법(tone painting)**으로

**표제음악 작곡기법의 일종으로 음악으로 회화적인 인상을 주려고 하는 것.

최근의 이중화 선생 모습

쓰인 점이다. 반주음형이 가사 내용을 잘 그려내고 있다. 두 개의 칸타타인 〈부활의 주〉와 〈사랑의 주〉는 이 면모를 잘 보여주고 있다. 둘째는 낭만주의와 근대주의의 서정적 선율개념이 명확하고 호소력이 강한 점이다. 뚜렷한 어조의 설교를 듣는 기분을 느끼게 하는데 〈아하바트 아도나이〉와 〈하나님의 계시〉 등에서 찾아볼 수가 있다. 셋째는 연극적인 표현요소를 갖고 있는 점이다. 어떻게 보면 오페라 아리아적인 양상을 느끼게 한다. 〈하나님의 손길〉, 〈십자가 위에서〉, 〈주님을 만나세요〉, 〈내 양을 먹이라신 예수〉, 〈자비하신 내 주 예수〉들이 좋은 예인데 표현의 폭이 넓고 상당히 높다.

작품들이 하나의 스토리 전개를 하고 있는 것도 좋은 예라고 하겠다. 그동안 그는 양악의 전통 음 소재로 한국성 표현을 하려고 많은 시도를 했다. 성탄절 칸타타 〈우리 구주 나신 날〉은 서구식 구조에 한국적 민요선율을 표현한 전 곡에서 그 예를 볼 수 있다. 칸타타 〈하나님의 계시〉는 근·현대 기법으로 오르간의 웅장한 선율이 하늘의 찬란한 광채를 드러내는 듯 웅장하다. 과거 고전과 낭만음악의 양식 안에서 작업한 시기를 그의 창작음악 제1기로 보아야 될 것 같다. 80년대까지 이렇게 해 온 것이다. 90년대 들어와서 그는 교회음악의 본질 접근을 하고 있다. '중세기 음악의 음 소재(church mode)' ***와 경건성 그리고 근·현대 작가들의 표현양식과 작곡기법 등을 자신의 창작이념에 맞게 소리로 구체화하고 있다. 그의 창작이념을 결론적으로 압축해 보면 〈중세기 음악의 음 소재와 경건성 + 한국성 + 표현양식의 근대성 + 개성〉 등이라 하겠다.

교회음악에 대한 생각과 논리

그는 교회음악을 하나님을 생각할 수 있고, 신앙심을 불러일으키게 하는 것이라고 정의한다. 교회음악은 세속음악과 다르기 때문에 누가 듣든지 기독교적인 뉘앙스를 갖고 있어야 된다는 논리다. 그것은 작곡 기술만 가지고는 안 되고 신앙심을 겸비해야 가능할 수 있다. 또한 작곡가의 삶 자체도 중요시한다.

그에게 있어서 창작음악 행위는 필연성을 갖고 있다. 자신의 작품은 어떤 기법을 써서 만들어도 찬송가적인 뉘앙스를 갖고 있기 때문이다. 교회음악 토착화 문제는 보수적이다. 근대에 맞는 변형된 토착화를 해야지 국악의 원형 노출을 한 창작은 창의성을 결여할 수 있고, 기독교 음악으로 부적합하다고 했다. 예배 시 국악기 사용을 반대하고 있다. 한국적인 교회음악은 서구적인 기법에 우리 것을 담아 절충한 것이 바람직한 한국형 교회음악 모습이라고 주장한다. 아무튼 어떤 기법과 양상으로 만드느냐가 중요한 것이 아니라 어떤 신앙심을 갖고 만드느냐가 더 중요하다고 한다.

***일반적으로 중세기에서 르네상스 시대에 사용되던 교회선법. 즉 도리안 선법, 프리지안 선법 등 8선법.

교회음악 작곡가 이중화는 스스로 교회음악을 해야겠다고 마음먹은 것이 아니다. 고독한 삶 자체가 교회음악을 하게끔 만든 것이다. 그래서 그의 작품들은 모난 데가 별로 없다. 교회음악 작곡가는 어떤 면에서 보면 하나님과 신자들을 위해서 존재하는 선택된 자라고 할 수 있다. 그도 그 중에 한 사람이 된 것이다. 그는 극적인 내용을 담은 많은 칸타타를 작곡한 경험을 가지고 교회 오페라를 만들 계획을 갖고 있다. 그리고 예배용 시편 합창곡과 '룻'을 주제로 한 뮤지컬 〈이삭 줍는 룻〉을 작곡하고 공연을 계획하고 있다. 이스라엘 풍으로 작곡하기 위해 이스라엘 민속 찬양선율을 채보하며 연구하여 쓴 작품이 바로 이 작품이다. 그는 실향민의 한 사람으로 95년도에는 임진각에서 있던 광복 50주년 연합예배 시에 성가대 지휘를 해 평화통일을 기원하는 열의도 보였다. 정의여고 정년퇴임을 하고 나서는 함경북도 청진시 명예회장 위촉을 받았다. 또한 통일의 칸타타 〈아 통일의 그날〉을 작곡하고 민주평화통일자문위원으로도 위촉되어 활동범위는 한층 넓어졌다. 대한기독교교육연합회 음악편집고문으로 교회음악 활동에 더욱 박차를 가할 전망이다.

한때 교역자였고 기독교계 고등학교 음악교사였던 그를 교회음악 작곡가로 인정하지 않을 수 없을 것 같다. 그만큼 그는 교회음악의 많은 장르를 작곡했고, 여러 차례 작품 발표회를 했기 때문이다. 그의 교회음악작품은 노래가 있는 기도요, 기독교 선교가 있는 교회음악이다. 창작 교회음악을 통해 목회 기능을 다하겠다는 심사다. 그리하여 그는 묻혀 있는 성시와 성서의 시편가를 노래하려고 한다.

그는 이것을 삼실(三實)로 실천하고 있다. 즉 신앙생활을 독실(篤實)하게 하고, 하는 일마다 성실(誠實)하며, 마음가짐을 진실(眞實)하게 하는 것이 그것이다. 이런 면에서 그를 하나님의 충성된 청지기라고 하면 과장일까. 그를 대할 때는 순박하고 믿음직한 것을 느낄 때가 많다. 그만큼 그는 사심이 없는 사람이다. 정의여고에서 주는 음악교사 10년 근속 표창도 하나님의 크신 은총으로 생각하고 있다. 교회에서는 성가대 지휘자와 전도사로서, 학교에서는 교육자로서 그리고 한국 교회음악계에서는 작곡가로서 자리 매김을 하고 있는 그는 남은 생애를 교회음악 작곡가만으로 불리워지기를 원하고 있다.

현재 그는 체신부 국가 공무원을 지낸 부인 유란주 권사와의 사이에 1남 2녀를 두고 있다. 어려서 부모를 잃고 고아로 자라며 많은 어려움과 시련을 극복하며 자신을 다져서 교회음악 작곡가가 된 동정 이중화는 한국 교회와 교회음악계의 중요한 인물이고, 또한 그의 작품들은 앞으로 명작이 될 소지가 많다.

국민주의 교회음악 작곡가

한태근 Tae Geun Han

국민주의 교회음악 작곡가

한태근(1928~　)

생애와 교회음악관

한국 제1호의 음악목사라고 지칭할 수 있는 한태근은 1928년 3월 11일 경남 밀양에서 일제 탄압에 저항 운동을 한 부친 한춘옥과 구 세브란스 병원의 간호사를 지낸 기독교인 모친 박정숙 사이에서 태어났다. 모태 신앙으로 탄생한 것이다. 명창 이동백의 판소리를 즐겨 듣는 부친과 찬송가를 생활의 일부분으로 하고 있는 모친 사이에서 동서양의 음악 문화를 느끼면서 자라게 된다. 이것이 뒷날 작곡할 때 한국적 창작이념을 갖게 하는 데 큰 영향을 주게 된다.

형 한복근은 바이올린을 했고, 누나는 발레를 하여 예술적인 가정환경에서 성장하였다. 초등학교 학예회 때마다 노래를 잘 불러 독창을 매년 한 것도 무리는 아니다. 그러나 그는 유년시절에 음악을 할 생각은 전혀 없었고, 문학을 좋아하고 더 많은 관심을 가졌다. 중학생이 됐을 때는 화가인 매형의 영향을 받아 유화를 그리게 된다. 성장과정에서 경험한 미적, 문학적인 생활은 그에게 미학적 감각을 기르는 데 큰 도움이 된다.

그는 일경(日警) 감시 하의 어려운 상황에서 아버지를 따라 중국 연변에 가게 된다. 그곳에서 그 나라 음악을 간접 체험하게 되는데, 후에 자신의 작품을 쓰는 데 적지 않은 영향을 받는다. 해방 후 그는 고향 밀양으로 돌아와 농업고등학교에 다니게 된다.

무일푼으로 귀국한 그는 음악을 도저히 할 수가 없어 포기하고 만다. 그 대신 학교 밴드부에 들어가 음악을 접할 수 있는 기회를 만든다. 고등학교를 졸업(20세 때)하고 부산진국민학교 교사(당시는 고등학교 졸업자에게 국민학교 교사자격증을 주었다)가 되는데 그곳에서 학생 시절에 배운 음악 실력을 총 동원해서 어린이용 오페레타와 동요를 작곡하고, 밴드부 경험을 살려서 연주도 한다. 이때 나이 22~23세였다. 그는 어느 교사보다도 일찍 출근해서 피아노(Yamaha)를 두들겼는데, 음악을 하려는 강한 의지가 있었기 때문이다. 이 같은 음악 탐구 시절에 그는 예술가곡 〈이별〉(1948)과 〈금잔디〉(1950)를 작곡하게 된다. 그의 야망을 가지고 부산시교육위원회가 인정한 부산사범학교의 부설 중등음악 교원양성소에 입학한다.

그 당시 교장은 금수현이고, 음악 주임교사는 윤이상(1917~95)이었다. 약 50여 명이 입학하여 야간 교육을 받았다. 이때(1948) 윤이상을 만났고 양성소를 수료할 때까지 그에게 화성학과 작곡을 배웠다. 주로 가곡을 써서 지도를 받았는데 양악적인 것을 작곡해 가면 집어던졌고, 한국적인 곡을 써 가면 상세하게 레슨을 해 주었다고 한다. 윤이상의 지도를 받아 쓴 예술가곡은 국내 출판사가 발간한 가곡집에 수록되어 있다. 그가 윤이상에게 한국적 화성의 응용방법론을 질문했을 때 윤이상은 부가화음(added chord)*과 4 · 5도 화음(quartal & quintal harmony)**의 적용을 제시한다. 이것은 전통화성에만 젖어 있던 그에게 큰 자극제가 된다. 윤이상이 그에게 음대에 입학할 것을 권했지만 경제적인 사정과 비전공자로서의 두려움이 앞서 포기하고 연세대학교 신과대학에 들

---

*기존 3화음에 2도나 6도음 등을 부가한 화음으로 부가6화음, 부가2화음 등이 있음. 재즈의 종지화음과 인상주의 음악에서도 쓰인다.

**quartal harmony(4도화음): 위로 4도씩 쌓아올려 형성된 화음.
　quintal harmony(5도화음): 위로 5도씩 쌓아올려 형성된 화음.

작곡하는 한태근 목사

어간다. 신과대학에 들어가기 전 윤이상한테 자신이 작곡을 하면 어느 정도 할 수 있겠느냐고 물었을 때 '착실한 작곡가가 될 수 있다.' 란 충고에 기분이 상한 적도 있다. 만약 그가 '유명한 작곡가가 될 수 있다.' 라는 말을 했더라면 아마 음악대학에 지원을 했을 것이다.

그는 윤이상에게 음악은 나중에 하고 먼저 신학을 하겠다고 말한 것을 지키게 된다. 국민학교 교사생활 3년(1948~50)을 마무리하고 퇴직금을 받아 신학대학에 입학해서 신학을 공부한 것이다. 이것은 슈바이처(Albert Schweitzer, 1875~1965)와 같은 생각을 갖고 있었기 때문이다. 만약 윤이상이 권고한 대로 음대를 들어갔다면 지금쯤 음대 작곡과 교수가 됐을지도 모른다는 아쉬움도 있다.

작곡가 겸 교육자인 박태준을 그의 강의 시간에 만난 것이 많은 것을 얻을 수 있는 기회가 됐다. 그의 화성학 강의는 신학대학에도 개설되어 있었다. 그는 박태준에게 직접 사사를 받지는 않았지만 인간적 자세와 학문하는 자세, 즉 사상과 정신을 배웠다고 한다. 6.25사변이 일어난 그는 학업 도중 군대(육군국악학교)를 가고, 제대 후에 복교를 하게 된다. 복교할 때 신학대학에 종교음악과가 생겼고, 학생들이 이미 입학해 있었다. 이때 학생으로 김홍경(1933~2000)(전 배재고등학교 음악교사, 전 한국합창총연합회와 한국교회음악협회 이사장, 작고함), 이삼은(전 충현교회 전도사) 등이 있었다고 한다.

종교음악과는 그에게 매력을 갖게 했으나 신학과이기 때문에 신학을 계속하지 않으면 안 되었다. 졸업 후에 그에게 주어진 길은 과천 안골의 하리교회에 부임하는 일이었다. 개척하다시피 하며 3년(1956~58)을 담임전도사로 시무했다. 그가 학원선교에 뛰어들면서 선배인 김찬국(전 연세대학교 부총장, 상지대학교 총장) 교수에게 자신의 자리를 맡기게 된다. 그를 항상 뒤따라 다니는 것은 음악이었다. 그는 신학과 출신이었기 때문에 무자격 음악교사 신세가 됐고, 밀려날 위기까지 왔을 때 중등음악교사 검정시험에 합격해서 그 위기를 지혜롭게 면하기도 했다. 신일고등학교가 개교하면서 음악교사 모집을 하여 응모하게 되는데 신학과 출신이 음대나 음악과 출신들을 물리치고 선임된 것이다. 박태준 박사의 추천서가 큰 작용을 하였다.

그는 전에 재직한 균명(현 환일)고등학교에서 밴드를 지도하였다. 전국 관현악 콩쿠르에서 2등으로 입상한 경력을 살려 신일고등학교 밴드를 조직하여 거의 20년간 지도했는데, 그에게 배운 제자들 중에 현재 KBS교향악, 서울시향 등의 단원들도 있고 음대 교수들도 있다.

음악교사로 있는 한편 50년대 후반부터 많은 교회에서 오랫동안 열심히 성가대 지휘를 해왔다. 여의도순복음교회를 3년간(1979~81) 봉직하다가, 담임목사 오관석의 초빙으로 잠실 중앙침례교회에 가게 된다. 그 교회에서 다음 해에 목사 안수를 받고(1982), 10년간(1981~90) 음악목사로서 봉직했다. 사임을 만류하는 것을 뿌리치고 나왔는데, 자리를 뜰 때의 심정은 착잡했다. 언제까지 교회음악 지도자들이 예배의 들러리로만 존재해야 되는가라는 물음을 안고 나왔기 때문이다.

그는 현재 후배들한테 모든 공직자리를 넘겨주고 창작에만 전념하고 있다. 교회음악작곡가협회 회장을 역임했고 고문으로 있는 그 협회의 작품 발표회를 통해서 성가 작품을 주로 발표하고 있다. 현재는 한국 교회음악협회 이사로, 기독교음악대학 총장으로 일하고 있다.

작품세계와 창작이념

인간의 교회음악 창작과 연주 행위가 하나님의 능력을 받아서 이루어지지 않는다면 교회음악의 가치는 없다고 했다. 하나님이 내려주는 영감을 받아 적는 것이 축자영감설(逐字靈感說)이라고 한다면 유한한 인간이 예술적인 소질을 살려 자신의 개성과 성품에 합당한 작품을 만들도록 영감을 부여해 주는 것을 유기적(有機的) 영감설이라고 하는 이론은 어떻게 보면 교회음악의 본질을 깨닫게 하는 대목이다. 그는 이 논리를 작품화하기 전에 소위 건전가요라고 하는 생활음악 작곡가이자 음악교사였다.

우리가 그를 기억하고 있는 것은 70년대 후반에 대학가에서 4.19가로 불리 울만큼 젊은이들한테 18번으로 통한 운동권 노래가 된 〈진달래〉(이영도 시)와 국악동요가 생활노래화한 〈꼬부랑 할머니〉(1950년대 작)의 작곡가로서다. 그만큼 그는 교사로서 학생들과 지내며, 그들을 위해서 작곡을 했다. 이런 그가 1976년 김두완, 구두회, 황철익 등과 함께 한국교회음악작곡가협회를 창립하면서 그의 창작세계는 일반 음악에서 기독교 음악 창작으로 전환하게 된다.

작품 변천과정은 일단 2기로 보아야 될 것 같다. 국민학교 교사 시절부터 쓴 소위 생활음악(동요, 건전가요)과 예술가곡을 작곡한 일반 음악 중심의 시기를 제1기(1947~75)로 볼 수 있고, 제2기는 세속음악 중심에서 교회음악 중심으로 전환한 시기부터 오늘에 이르는 음악을 말할 수 있는데, 이 시기는 한국적 성가의 정착기(1976~96)라고도 할 수 있다. 이 분류는 작품의 양식(style), 기법(technique), 내용(text), 사상(idea) 등을 포괄적인 측면에서 본 것이다.

지휘하는 모습

양식적인 면에서 제1기가 동요와 예술가곡 등이 중심체인 반면 제2기는 더 다양한 양식접근을 하고 있다. 그 규모가 더 큰 양상을 취하고 있는 점이다. 앤썸***, 칸타타 등이 그것이다. 그리고 예술성이 더 진한 면모도 발견할 수가 있다. 그 좋은 예가 〈일어나 빛을 발하라〉(오관석), 〈주의 기도〉, 〈그리던 본향〉(1961) 등이다.

제2기 기법의 작품들은 5음계 + 전음계 + 선법 등이 적절히 절충된 선율과 화성을 응용하였다. 대부분 한국적인 정서표현을 잘 나타나고 있다. 그 예가 〈주여 어서 오소서〉, 〈언젠가 나의 기도 하늘에 닿으리〉 등이다.

***라틴어 antiphona에서 유래한 카톨릭의 모테트(motet)와 동일한 교회음악양식. verse anthem과 full anthem, solo anthem 등이 있다.

내용은 제1기가 세속적인 반면 제2기는 기독교적인 내용을 담고 있고, 철저하게 예배적인 접근을 하고 있다. 즉 세속적인 관념을 배제한 것이다. 그리고 사상도 제1기의 세속적이고 민족적인 것에 비해 제2기는 기독교 사상에서 출발하고 있다. 비록 그의 작품이 토속적인 흐름을 갖고 있을지 몰라도 그 본질은 기독교 사상에 뿌리를 두고 있다. 교직에 몸담고 있던 시기에 쓴 작품들은 교육적이고 실용적인 애창곡들이 대부분이다. 이런 노래들은 작곡가 이수인, 나인용, 한용희 등과 시인 구 상, 이영도, 유경환 등이 함께 모여 만든 시곡동인회를 통해 발표했다. 특히 그의 이런 작품을 세상에 소개한 공로자는 노래 부르기(sing along) 지도자인 전석환이다. 전석환이 소개해 유명하게 된 노래 중 하나가 〈꼬부랑 할머니〉다.

창작이념은 철저한 조성음악 기법의 응용이다. 조성을 이탈한 작품은 찾아보기가 힘들다. 한국적 표현을 위한 기법 응용도 조성(tonality) 안에서 하고 있다. 특히 예배음악은 목사의 설교 이상으로 영감이 있는 강한 메시지가 있어야 한다는 것이 그의 주장이다. 그렇게 되기 위해서는 소명의식과 사명감으로 창작에 전념해야 한다는 게 그의 생각이다. 둘째 창작이념은 한국성이 중심체 형성을 해가는 것이다. 양악 역사 100년이 넘는 현 시점에서 그는 더 이상 우리들의 깊은 토양을 외면하거나 방관할 수 없다고 한다.

현재 그는 국악 공부를 먼저 하지 못 한 것을 아쉽게 생각하고 있다. 한국적인 음악창작의 출발은 국악에 바탕을 두어야 되기 때문이다. 한국적 예배음악의 창작은 우리 전통음악에 바탕을 두어야 하는데, 일제의 한국 문화 말살정책으로 국악에 접할 수 없던 성장과정을 매우 한스럽게 생각하고 있다. 이것이 그의 창작에 있어서의 가장 큰 아쉬움이라고 말한다.

교회음악에 대한 사고와 논리들

예배음악을 목사의 설교와 동격으로 보기에 자신이 이해 못 하는 작품을 쓸 때, 자기기만 같은 것을 느낀다고 한다. 그래서 그런 곡을 쓰지 않는다.

국악의 세속적 장단을 교회음악 창작에 사용해서는 안 된다는 사고는 모순된 것으로 본다. 우리 장단을 썼다고 해서 금기시하는 사고는 문제가 많다는 지적이다. 우리 것을 가지고 토착화하려 드는 것도 모순으로 본다. 오늘날 외국 찬송가가 토착화되어 우리 찬송가가 되어가는 것처럼 그는 토착화는 외국 것을 가지고 우리화 하는데 더 큰 의미가 있다고 한다.

전통적 우리 가락과 장단으로 창작된 우리 생리에 맞는 예배음악을 멸시하고 서구적 음악만을 무비판적으로 수용하는 태도는 모순된 것이라고 지적한다. 그리고 토착화란 말은 우리 것이 아닌 다른 것이 들어와 뿌리내린다는 뜻인데, 우리의 전통적인 가락과 장단으로 교회음악을 창작하는 것을 토착화라고 하는 것은 맞는 어휘가 아니라면서 서구식 예배음악과 한국적 예배음악을 우리 것으로 하는 작업이 더 바람직한 것으로 본다고 한다.

그는 의도적으로 급진적인 기법을 써서 현대 교회음악을 만들 수도 있지만 마음이 허락을 안 해서 쓰지 않는다. 그는 교회음악의 본질을 예배음악으로 보고 있다(사 43:21). 하나님을 높이고 영광을 돌리는 일을 피조물에게 준 하나님의 지상 명령으로 생각한다. 한국 교회가 설교목사는 최고이고 음악목사 또는 교회음악 지도자를 종적인 기능으로 경시하는 것은 잘못이라고 했다. 음악목사, 상담목사, 교육목사, 설교목사 등이 유기적인 체제에 세분화된 기능을 다할 때 교회음악은 물론 교회가 발전할 수 있다고 본다. 그는 또한 한국의 회중들이 한국 찬송가를 더 많이 연속적으로 불러주기를 바라고 있다. 외국 찬송가보다는 반복해서 불러야 뒷맛이 있고 구수한 감이 더 난다는 생각이다. 그 좋은 예로 박재훈 곡 〈지금까지 지내온 것〉을 들고 있다.

한국 교회에 국적불명의 복음찬송가들이 난무하는 것을 걱정하며 그것을 축출하기 위한 방법으로 성구 찬송가를 작곡하고 있다고 한다. 현재까지 360곡을 목표로 55곡을 써서 1996년에 『성구 찬송가』란 제목으로 출간한 일도 있다. 성구를 일획일점도 고치지 않고 그대로 곡을 붙이는 작업인데 지금도 그 작업을 계속 중이며 출판도 준비하고 있다.

그도 목사안수를 받고 직업 교회음악가가 되려고 했으나 한국 교회 상황과 현실이 그를 전문 교회음악가로 붙들어 놓기에는 역부족인 것 같다. 이것을 그는 안타깝게 생각하고 있다. 직업 교회음악가가 전무한 국내 교회는 이제부터라도 교회음악가를 많이 양성해야 될 것이라고 한다. 전문 교회음악가는 교회음악으로 살며 교회에서 몸담고 일하는 사람이다. 오늘날에 와서도 한국 교회음악계가 과도기를 겪고 있는 것은 서글픈 일이다. 직업 교회음악가의 교회 정착은 목회자들의 협조 없이는 불가능하다고 강조한다. 또한 전문 교회음악가가 직업인으로 교회에 뿌리를 내리는 것은 한국 교회의 발전을 의미한다고 보고 있다.

기대와 전망

그가 목사안수를 받았을 때 한국 교회 예배음악 창달의 사명의식을 느꼈다고 한다. 그의 생각과 소리가 교회음악으로 꽉 차 있기 때문이다. 우리는 그의 이런 음악을 듣기를 기대한다. 그리고 그의 삶 자체가 교회음악 창작이 되기를 또한 기대한다. 그는 최근에 부활절 칸타타 〈십자가상의 칠언〉을 성경구절 그대로 완성해 연주까지 했다.

예배음악을 작곡하려고 노력하는 면에서 그는 누구보다도 잘 인지된 작곡가다. 이런 면에서 그에게 한국적인 예배음악을 기대해 본다. 과거 부모한테 받은 신앙적 영향과 윤이상의 한국적 작업에 대한 가르침과 영향, 박태준을 통해 받은 인본주의 사상들이 복합체로 응고되어 표출된다면 그야말로 멋있는 음악작품이 나올 것이다.

그 동안 그가 쓴 작품들을 분석해 볼 때 그 가능성이 크다. 특히 기독교 정신과 사상 그리고 작가의식이 남다르게 강하여, 앞으로 그의 3기는 교회음악의 전통과 뿌리를 내리는 한국 교회음악의 유형 만들기가 될 것 같다. 이 유형은 한태근 음악이 되어야만 할 것이다.

현재 그는 아내 김정애 여사 사이에 4남매를 두었다. 그 중에 두 딸(주루, 송이)을 출가시켰고, 남은 두 자녀(나엘, 나온)가 있다. 나엘은 도예를 전공했고 나온은 컴퓨터 그래픽아트와 신학을 전공했다.

교회음악의 개혁주의자

황철익
Hwang Cheol Ik

교회음악의 개혁주의자

황 철 익 (1932~   )

생애와 교육과정 그리고 작업들

작곡가 황철익은 1932년 12월 23일 충남 청양에서 아버지 황우택, 어머니 최경의 사이에 출생하여 공주에서 성장하며 교육을 받았다. 그의 음악교육은 교회에서 자연스럽게 시작됐다. 그 후 공주 농업중학에 진학하게 되는데, 이 시기에 찬송과 교회 풍금소리에 혼을 뺏긴 듯 끌려 들어갔다. 그는 공주 제일감리교회에서 신앙생활을 했는데, 중학교 때 8마디 송영곡을 쓰고 기쁨에 사로잡힌 때를 기억한다. 교회에서 풍금을 치면서 음악이론을 독학하고, 음악선생인 김갑동의 도움을 받는다. 고등학교 시절에는 이웃 공주사대에 월담해 들어가 날마다 피아노를 치며 남은 시간은 주로 책방을 찾아다니며 음악과 철학 책을 구입하여 밤샘하며 통독했다.

자신이 음악을 할 수 있던 것은 어머니의 영향이라 말하는 그는 공주농업중학 3학년 때 어머니를 잃었다. 그 후 그는 모정에 대한 그리움을 음악에 광적으로 매달리며 풀어갔다. 이런 환경을 포용해야 했던 아버지의 이해로 법대를 지망하려던 그는 진로를 서울음대 작곡과로 바꾸게 된다. 그는 1957년 서울음대를 졸업했다. 서울음대 졸업과 함께 숭실대 채플 담당 전임교수 겸 웨스트민스터합창단 초대 지휘자로 부임하여 음악활동을 하게 된다. 또한 57년 필그림합창단 지휘자 이동훈의 수하에서 부 지휘자 겸 피아노와 오르간 반주자로 위촉을 받아 미 8군 중앙교회와 루터교회에서 4년 동안 예배음악 책임자로 일하게 된다. 이 4년이 그를 교회음악에 대한 연주, 작곡, 편곡 등에 완벽한 전문가의 경지에 도달하게 했다.

필그림합창단 시절, 주일이면 영락교회 지휘와 반주자로 활약했는데, 여기에서 연세대 객원 교수인 닉클(Nickel) 선생에게 오르간을 정식으로 배우게 되어 오르가니스트로 연주활동을 하기 시작했다. 그 후 진명여고 교사를 거치는데, 이때만 해도 그는 지휘자와 오르간 연주자로 더 알려져 있었다. 그러나 부인 허방자 교수를 만나면서 작곡가로서의 창의력이 샘솟듯 왕성해진 1967년에 결혼하고, 그 해에 발표한 〈꽃 파는 아가씨〉와 〈새 몽금포 타령〉, 〈집을 나간 꼬꼬야〉, 〈새 아리랑 타령〉 등은 한국 합창계에 새 바람을 일으키며 60년대의 화제작으로 기록된다.

그가 한국인의 얼을 담은 작품을 쓰는 문제에 관심을 가진 것은 아마 1960년대일 것이다. 우리 정서로 세계적인 작품을 써야한다는 생각에서 출발한 고민을 유년기 아버지의 시조와 연결하며 해답을 찾기 시작했다. 이것을 우리 음악의 개혁운동으로 펼치기 위해 1957년 서울음대 교수회관에서 조직한 창악회를 비롯하여 작악회, 아시아기독인작곡가연맹, 한국교회음악작곡가협회 등을 협동창립했다.

그는 자신의 이론을 적용한 개혁주의적인 작품들을 왕성하게 쓰고 있다. 〈아가를 소재로 한 연가곡〉이라든지, 칸타타 〈압살롬의 제비〉, 〈살았다〉, 〈드고아에서 온 사람〉, 성가곡 〈주님과 함께〉, 〈나의 간구〉, 실내악곡 〈1인의 인성을 위한 고대 찬가〉, 〈피아노와 여성합창을 위한 조곡〉, 〈너와 함께 살리라〉, 합창곡 〈이 땅 위에 태양처럼 영광 충만하여라〉, 〈나의 하나님〉, 〈하나님이요 하나님이요 나의 하나님이요〉, 〈한 송이의 눈과 입 맞추며 고대하는 나날〉, 〈오르간을 위한 12개의 전주곡와 후주곡〉 등 500여 곡에 이르는 작품을 썼다. 92년부터 97년까지 일본 전통문화연구원 풍미회(風美會)의 위촉으로 실내오페라를 작곡해 도쿄와 서울에서 연 음악회와 '음과 사람의 말씀'이란 표제 아래 사이타마켄지지라 홀에서 개최한 한일음악작품교류회의 무대는 한일 두 나라의 교감의 새 길을 열었을 뿐 아니라, 정치역학적 관계의 벽을 넘은 문화사절단의 한일 최초 친선 외교 음악회라는 평을 받기도 했다. 그는 『현대음악 교육의 자원』, 『화성의 면모』, 『한국 현대 피아노 작품집』, 『신학적으로 본 현대음악의 과거 미래』, 『숫자 기호에 의한 건반 화성을 통한 반주법 실습』, 『주님과 함께』, 『나의 간구』 등 자신의 작곡 이론을 밝혀 놓은 30여 종의 저서와 작곡집과 CD를 출판했고, 한국 교회음악에 대한 논문과 토착화 의지의 강한 지론을 담은 글과 21세기찬송가작업에 따른 공개서한을 3차에 걸쳐 발표함으로써 교회음악 진로를 바로 잡는 데 큰 공을 세웠다.

음악계에서는 그를 "동요에서부터 칸타타, 실내악곡, 합창곡, 오페라에 이르기까지 폭 넓은 작곡활동을 하고 있는 그의 음악 속에는 항상 영적인 미학과 한국적 서정성 그리고 서구의 전위예술을 의식하게 하는 새로운 미의 창조성이 내포되어 있는 것이 특징이다. 특히 예술 행위의 마지막 목표는 신을 찬미해야 한다는 철학이 절절히 반영되어 어떤 카테고리든지 초월한다. 종교음악이나 일반 사회의 예술 작품에서 모두 화성을 통달하여 종교적인 요소가 심층을 구성하는 것을 볼 수 있다."고 평한다. 황철익 자신은 "창작이란 자꾸 새로워지는 것입니다. 제 작품 역시 또 변해야 합니다. 하나님을 찬송하다는 그 주제만 빼고 말이지요. 제 작품도 변화와 갱신을 통한 개혁 자세로 21세기를 맞이하게 되는 우리 교회음악에 새로운 메시지를 심고 싶습니다."고 자신의 심정을 토로한다.

교회음악의 역사는 항상 진보적 소수에 의해 발전되고, 보수적 다수의 청중에 의해 다져진다. 그런 식으로 보면 70여 명에 달하는 현역 교회음악 작곡가는 당연 진보적 창조의 입장에서 보수와 개혁을 병행해 가는 것이 순리라고 말한다. 그리고 역사와 문화를 공유하는 집단으로서

1981년 동경, 이후꾸베 아키라 지도교수와 함께

민족성을 찬송가나 성가 문화에 반드시 수용하는 것은 살아있는 창작인의 호흡이라고 자신의 현재를 정리한다.

음악활동과 왕성한 창작

그의 경력에서 보면 70년대 이후 여러 개의 작곡 단체들을 만들고 있는 것으로 나타난다. 그리고 이들 작곡 단체들을 중심으로 그의 창작곡들이 활발하게 발표된다. 성서적 칸타타 〈세리 삭개오〉, 〈나의 영혼아〉를 비롯해 찬송가 〈다함없는 사랑으로〉, 〈더욱 크신 사랑〉, 〈머리에 가시관〉, 〈빛 되신 나의 주〉, 〈주의 은혜 감사하네〉, 실내악곡 〈피아노를 위한 소나타: 3개의 프로젝션(Projection)〉, 〈콘트라베이스와 플룻을 위한 3개의 전문(典文)〉, 〈한 대의 피아노와 남성을 위한 두 편의 사도행전〉 등 많은 작품을 썼다. 그리고 이 시기에 일본 유학을 계획하여 실천하는데, "자신의 음악을 완성시키기 위한 하나님의 인도하

1987.10.31 세종문화회관 대극장에서 있었던 극동방송국의 성가 대합창제 때 지휘 모습

심"이었다고 설명한다.

1978년 동남아 순회성가 예술가곡 발표 연주회를 마치고 다음 해인 1979년 일본에서 가장 큰 규모(약 400명)로 명치(明治) 대학원에서 연 교회음악 세미나에 초청받아 한국 교회음악의 실상과 미래에 대하여 주제 강연을 했다. 그 후 매년 특별 강사로 초대받아 도쿄 크리스천콰이어를 도왔으며, 이 일을 계기로 도쿄음대와 무사시노(Musashino) 대학원에 유학하여 학생교수로 도쿄의 무대에서 활동하게 된다. 그는 이곳에서 관현악법, 현대음악 작곡이론을 전공했다.

일본 유학은 그의 교회음악뿐만이 아니라 순수 예술음악에 이르는 민속화 작업에 대한 그때까지의 이론을 몸에 익은 완전한 것으로 만들어 주었으며, 일명 성령으로 불타는 교회로 이름난 후카자와 교회의 지휘자 겸 음악주자로 임명받아 일본 교회음악을 부흥시키기도 했다. 이 과정을 통해 한국적인 것에 아시아적 소재가 가미된 새로운 음악세계에 눈을 뜨게 되며, 동남아 순회 성가 발표회(1977)의 공을 기리어 도쿄 뉴예루살렘 교회에서 장로로 추대 받기까지 했다.

83년 귀국하여 작악회, 크리스찬작곡가협회, 아시아기독작곡가연맹 등을 창립했다. 작품은 반주 부분에서 화제를 일으킨 〈아무 것도 없었네〉, 실내악곡 〈피아노를 위한 소나타 '세 개의 투영'〉 등 문제작을 내놓기 시작했다. 〈아무 일도 없었네〉는 토착화, 현대화, 전통화의 모범을 보인 예술성가곡인데 반주부의 연타 특성 때문에 교회음악이 너무 실험적이지 않느냐는 지적을 받았다. 실내악곡 〈피아노를 위한 소나타 '세 개의 투영'〉은 미국과 일본, 중국에서 초청 연주되어 바르톡의 민속음악과 비견될, 동양을 대표하는 예술성이 높은 한국 교회음악으로 평가받았다. 이 곡은 토식(吐息), 호락적(虎落笛), 매화(埋火)의 3부분으로 된 피아노곡으로 구약성서 창세기를 소재로 하여 천지창조를 한국의 농악적 정서로 표현한 것이다. 피리의 음소재를 바탕으로 한 한국 민족혼의 정신적 갈등은 아담과 하와의 낙원 추방, 아벨과 가인의 갈등과 살인, 노아 홍수 등의 배경 속에 표현되었으며, 동양의 정서와 미감이 잔잔하게 깔려 있다.

도리아, 프리지아, 리디아, 믹솔리디아 선법을 이용한 이 곡은 영적이며 심오한 정감이 격동적인 절박한 호소력으로 우리의 영육을 불사르는 곡이다. 표현되는 순간 기(氣)의 꿈틀거림이 성큼 몸에 와 닿는 느낌의 에너지가 발산되는 이 작품의 조직 배분은 〈정태(靜態), 주제(主題), 동태(動態), 개(開)〉로 구분되어 있고, 음악 구성의 원리 및 수평과 수직 관념의 처리를 음향화된 검출술에서 찾고 있다. 비단 이 두 작품의 경우에서만이 아니다. 그의 작품은 동요에서부터 음악극, 실내악곡, 합창곡, 오케스트라 곡에 이르기까지 자신의 작품 속에서 항상 영적인 미학과 한국적인 서정성 그리고 서구의 전위예술을 의식하게 하는 새로운 미의 창조성을 내포한 것이 특징이다. 모든 작품의 주제는 하나님이다. 소재는 성서에서 채용하는데 대부분이 구약에 집중되어 있는 것이 특징이다.

이력을 보면 그가 유별나게 음악 단체를 많이 만들고 있다는 것을 알 수 있다. 1957년 창악회 창립에 참여했고, 1976년 한국성가작곡가회,

한국교회음악작곡가협회, 77년 아시아기독인작곡가연맹, 88년 작악회, 89년 ACC(아이작) 한국본회, 90년 한일음악교류회, 95년 한국창작음악연구회, 2003년에는 한국100인창작음악연합회 등을 조직하여 음악의 현장을 지켜가며 눈부시게 활동한 실천가로 보는 것이 이웃들의 평가다.

1997년 한 해만도 두 편의 일본어 대사로 콘서트 실내 오페라를 작곡하고 4개의 창작 단체를 주도하며 다섯 번에 이르는 작품 발표회를 미국, 도쿄, 서울에서 개최하여 청중들로부터 큰 갈채를 받았다. L.A.에서 개최한 세미나, 오레곤의 '97 바흐세계음악제'에 참가한 것 등 모두 일곱 번에 달하는 음악현장을 다닌 정력가이기도 하다.

이에 대해 그는 "나는 미래지향적 생각이 강합니다. 현재 되어 있는 것은 다음 단계로 발전해야만 한다고 보는 것이지요. 따라서 내가 관계하는 모든 음악에서 변화를 주려고 하는데 그것이 개척이고 개혁일 때 한 사람의 힘으로는 안 되는 것이지요. 소위 개척 집단이랄까, 개혁 집단이 필요하다고 보고 있습니다. 뜻있는 한 사람에 의해 한 집단이 깨어나고, 그 집단에 의해 한 사회가 깨어날 수 있다고 보기 때문에 비슷한 생각을 가진 사람들끼리 힘을 합해 같은 목소리를 내는 작업을 하려는 시도를 해왔고, 이것이 음악 단체가 된 것입니다."라고 자신의 개혁지향 성격의 결과임을 피력했다.

창작정신과 한국적 사상

"인간애에 넘치는 강직한 애정과 부활 후의 예수를 만난 도마의 신앙고백 속의 불같은 음혼(音魂)을 하나로 표출하기 위해 실천하며 기도하는 탈구입아(脫句入亞)의 개혁적인 작곡가"로 평가받고 있고 그가 주장한 '그레고리오 선법을 응용해서 만든 한국 전통음악적 개혁'에 대해 잠깐 살펴보겠다.

먼저 '그레고리오 선법을 응용하여 한국적으로' 라는 것이 그의 작업의 내용이다. 그는 그레고리오 선법을 우리나라의 시조와 직결하여 음악적 정리를 하고 있다. 교회음악을 토착화할 수 있는 근거를 찾아낸 것이다. 이 기본 위에서 그가 어떤 작업들을 했는지는 작품들을 직접 들어보면 쉽게 이해 되리라 생각한다. 〈주님과 함께〉, 〈나의 하나님〉, 〈나의 간구〉, 〈이 땅 위에 태양처럼 영광 충만하여라〉, 〈구약성서 아가서에 의한 연가곡〉, 〈피아노를 위한 세 개의 투영-'토식-호락적-매화 (討食-虎落笛-埋火)'〉, 〈매화 같은 나의 사랑〉, 오페라 〈허난설헌의 불꽃 아리랑〉 풍의 합창곡 등 2백여 곡이 넘는 작품들을 들어보면 그의 어법이 우리와 낯설지 않고, 한국 기독교인들 가슴에 있는 영적인 멜로디와 체온이 그대로 실려 있다는 것을 알게 된다. 이것은 지고의 서정성에서 온 것이다. 물이 흐르는 것 같고, 영혼에 속삭이는 것 같이 우리 체질 속에서 그냥 되어 오르고 있는 것을 느낀다.

그가 채용하는 민속적이고도 현대 감각적인 반주들은 우리 전통음악이 그렇듯 타악적인 요소가 많다. 장고의 리듬 같기도 하고, 다듬이의 리듬 같기도 하며, 징, 꽹과리일 수도 있다. 이런 타악적 요소를 반주법에 동원한 점을 가지고 일부 교회음악인들은 교회음악과 맞지 않다는 비판을 하기도 한다. 전통 교회음악 선법에 우리의 토착음악을 접목한 그의 교회음악 작업은 프랑스 작곡가인 메시앙이 전통 가톨릭 음악에 현대음악 기법을 가미해 가톨릭 음악을 음악사의 한 조류로 끌어낸 것처럼, 한국이라는 작은 차원이 아니라 교회음악이 지향해야 할 어떤 방향을 제시해 주는 충격이었던 것이다.

철저한 자기조정에 의해 관리해 온 토착화 시도의 선구자 나운영과 국민적인 서정성을 담은 민속화의 실천자 박재훈은 교회선법의 씨 밭에서 성숙한 민족혼의 모습을 보여 주었다. 그는 두 작곡가의 복합체로 보이는 보수와 혁신적인 음향의 혼을 갱신(更新)하여 음향 현상의 감각으로 거침없이 표출하는 작곡가로 보인다. 시조의 무한 가락에서 창조의 소재를 찾고, 개혁할 것은 개혁하고 보수할 것은 보수하는 것이지

거기에 무슨 금기가 있느냐고 반문하며 막힘없는 주제로 성큼 우리 앞에 다가서고 있다.

그는 자연과 농촌 하늘을 그 누구보다도 사랑하는 감성 어린 작곡가다. 항상 말하기를 아름다운 음악이란 '일몰촌전(日沒寸前)의 태양이 하늘을 벌겋게 물들인 색채'로 비유하며 비 내리는 날의 자연과의 대화를 통해 음혼을 길러온 자연인이다. 농업학교 시절이 그의 음악 사상에 어떤 영향을 주었는지는 모르지만, 한국 사람으로서의 마음가짐을 민족주의적인 경향으로 전향했을 가능성도 유추할 수 있다. 이 때문에 한국의 전통 정서가 체질 속에 깊이 배어 있는지 모른다.

이런 그가 작곡가로서 왕성한 활동을 시작하던 1970년대에 그는 작곡가로서 해야 될 일을 가지고 고민을 하게 된다. 이때에 무아의 경지에서 예술은 시작되어야 한다는 것을 많이 생각했는데, 무아의 경지에서 아버지가 읊던 시조에는 아버지의 영적 세계가 들어 있었다. 그는 이것을 영적인 음악의 정형으로 생각하게 되었고, 여기서부터 자연스럽게 한국의 음악을 가지고 우리의 마음을 담는 문제를 고민하게 된다.

그는 말하기를 토착화의 길은 고정관리 차원의 개념에서 가락 율동을 차용해 오는 방법과 한국적인 정서를 그레고리오 선법으로 유입한 토착화 등으로 구분할 수 있지만, 어쨌든 종교적인 틀 안에서 세속적인 객관에 녹아들도록 하는 것이 중요하다고 강조하며, '한국의 교회음악인 우리의 찬송가는 어떻게 만들어졌는가' 하는 고민을 다음과 같이 정리한다.

"포교를 목적으로 선교사들에 의해 한국의 개신교는 교회음악인 찬송가 역시 선교사들에 의하여 수입된 찬송가를 불렀다. 이는 처음부터 문화적 대립의 요소를 내재하고 있어 우리 고유의 문화적 정서의 가락은 그 자리를 서서히 잃어가게 되었다.

이러한 역사로 볼 때, 지금까지의 한국 교회음악은 고유의 교회음악이라고 말할 수가 없다. 예컨대 이러한 교회음악의 대량 생산으로 말미암아 처음부터 상대적으로 우리 고유의 교회음악의 창작은 위축당하

1992.8.28 일본 가와구찌 리리아 홀, '음과 사람의 만남' 작품연주 무대

였으며, 또한 우리 가락의 기독교적 토착화는 그 자생력을 잃었다. 그러므로 현재 한국 교회음악인 찬송가는 서양음악과 우리의 전통음악 사이에서 그 어느 편에도 확실하게 속하지 못 하는 표류 상태에 놓여 있다고 볼 수 있다.

다행히도 간헐적으로나마 우리의 작곡가들 중에서 이미 한국 교회음악을 위하여 우리의 고유한 창작력을 발휘하던 분들도 있었다. 그럼에도 불구하고 현 시점에서 한국 교회음악이 여전히 우리의 고유한 문화적 토양 속에서 충분히 창작의 발전을 가져오지 못 하는 실정이다. 한편, 급변하는 문화적인 변화에도 불구하고 우리의 교회음악은 다른 분야에 비추어 볼 때 답보 상태에 놓여 있다. 즉 우리의 교회음악은 현대인들의 문화적 감성에 맞게 창작되지 못 하고 있다. 기독교가 앞서 언급하였듯이, 민족적 지역 종교에서 벗어나 범세계적인 종교로 나아가듯이 비종교적인 타 예술 문화에 대한 기독교적인 폭넓은 수용에 대한 의식의 전환이 한국 기독교인들에게 매우 시급하게 요구된다. 또한 우리의 전통 문화에 대한 이해와 자긍심의 부족도 발전을 막는 원인인데, 한국적인

1997.7.10 미국 LA, 교회음악 세미나 특강-'21세기 한국 교회음악의 민속적 토착화와 그 전망'

것과 교회음악을 똑같은 깊이로 알아야 토착화 작업을 할 수 있다."
그는 또한 교회음악 선법에서 현대음악에 이르는 다양한 기법의 변천으로 말미암아 한국적인 교회음악 작업에 대한 세 가지 물음을 가진다. 첫째는 정통 교회음악 선법이 무엇인가, 둘째는 시조를 비롯한 한국적 전통 정서는 무엇인가, 그리고 셋째는 우리가 사는 현대의 음악기법은 어떤 것인가다. 그는 이것을 합리화하는 문제를 두고 고민하면서 작곡활동을 통해 그때그때의 생각을 나타내게 된다며 한국적 작업과정을 토로한다.

음악 사조로 볼 때 그의 작품들은 신낭만주의적인 한국적 근대음악이라고 할 수 있다. 실험 정신이 강한 작가이면서 신보수주의적인 작업 태도를 보이고 있다. 개혁적인 기법을 동원하며 교회음악의 현대화와 교회선법을 도입한 민속화 작업을 하고 있다. 그레고리오 선법에서 바흐가 개혁과 발전을 찾았듯이 그 또한 그레고리오 선법과 한국의 전통음악을 접목해 토착화한 교회음악 창작이다. 이로써 한국 교회음악을 2000년대의 미래 현대음악 수준으로 개혁하겠다는 계획을 가지고 있다. "시대도 발전을 했고, 사람들의 정서와 음에 대한 개념도 변했다. 현재 우리의 잘못은 '교회음악은 서정가곡류의 단순한 멜로디여야 한다' 는 고정 관념에서 벗어나지 못 하는 것이다. 교회음악에서 보수 전통은 필수적이지만 전통을 지키되 그것을 새로운 감각으로 현대화하고 민속화해 가는 것이 참 모습의 교회음악을 생각하는 작곡가가 할 일이다." 라고 말한다. 이런 그를 두고 음악평론가 이상만은 "아시아기독교음악창작의 대가 작은 거인"이라 평했으며 이일남(한국인물평론지 대표)은 "한국 음악 창작계의 보배이자 아시아 무대의 빛나는 보석"이라고 논평했다.

한 마디로 말해서 작곡가 황철익은 실천가이며, 조용한 혁명가다. 이상주의자인 동시에 또한 현실주의자이며, 행동하는 음악가다. 그의 이러한 신념은 기독교 신앙의 바탕에서 출발하였다. 그가 21세기의 국내 교회음악에 큰 개혁바람을 가져오길 기대해 본다.

2장 연보와 작품

구두회(具斗會 1921~)

1921	충남 공주읍 출생

현재
1997.2~	서울찬양신학원 학장
1948.4~	향파교회음악연구회 창립, 대표
1954.9~	한국교회음악협회 회원
1961.9~	한국음악협회 회원
1973.5~	한국작곡가회 회원
1976.9~	한국교회음악작곡가협회 회원
1979.7~	한국작곡가협회 회원
1980.4~	메시아연주위원회 이사
1961.2~	서울 YMCA 회원
1976.3~	서울 남산감리교회 원로장로

학력
1943.3	평양 요한학교 본과 졸업(신학)
1943~1944	일본 동경제국음악학교 작곡과 수학 중퇴
1944.8	평안남도 국민학교 교원양성소 수료(국민학교 훈도면허증)
1954.3	국학대학 문학부(영문과) 졸업(문학사 학위 취득)
1959.6	미국 Boston University 음악대학 작곡과 및 동 대학원 작곡과 졸업(미국 감리교회 십자군장학재단 장학생으로 작곡과 음악이론 전공/지휘 부전공)
1984.5	미국 California Graduate School of Theology(음악박사)
1992.6	미국 Midwest College & Theological Seminary(교회음악박사)

경력
1) 작곡발표회

1961.10	한국교회음악협회 창립 10주년 기념 음악예배 성가 합창곡 "새 노래로 주께 노래하라" 초연(연합성가대 연주, 서수준 지휘, 영락교회)
1960.6	서울시향 제82회 정기연주회 연주발표 Orchestral Overture "Interrupted Dream"(금생려 지휘, 국립극장)
1962.2	제1회 서울국제음악제 한국작곡가의 밤 Tone Poem "Morning brakes the Darkness"(서울시향 연주, 구두회 지휘, 국립극장)
1967.10	한국기독교연합회 주최 기독교예술제 성가 합창곡 "여호와께 경배할지어다" 초연(영락교회 성가단 연주, 이화여대 대강당),
1967.10	현대음악발표회 String Quartet No.1, in F major 초연(아카데미현악4중주

	단, 서울대학교 콘서트홀)
1968.9	Symphony No.1 in D Major "Peasant" 초연(KBS교향악단 연주, 구두회 지휘, KBS방송실)
1968.10	한국음악협회 주최, 제1회 서울음악제에서 합창곡 "해가 지네", "첩첩 산으로", "너희 눈을 높이 들어 보라" 연주(오라토리오합창단 연주, 장영주 지휘, 명동시민회관)
1968.11	신문화 80주년 기념 제2회 한국신작가곡연주회 예술가곡 "길", "넝쿨 타령" 초연(국민음악연구회 연주실)
1871	한국음악협회 주최 제3회 서울음악제 Piano Sonata No.1, in a minor 초연
1975.10	제3회 정기연주회합창곡 "봄" 초연(국립합창단 연주, 국립극장)
1978.2	제167회 국립교향악단 정기연주회 한국작곡가의 밤 Two Movements for Orchestra "East Sea" 초연(국립극장)
1986.12	동아일보사 주최 향파 구두회 작곡 예술가곡 작품연주발표회(세종문화회관 소강당)
2002.11	교회음악아카데미와 향파교회음악연구회 주최, 향파 구두회 작곡 성가작품 봉헌연주회(남산감리교회 본당)
2005.12.4	칸타타 제1번 〈주는 나의 하나님이시라〉발표회, 남산감리교회 연합성가대 (남산감리교회 본당)

2) 교육활동

1944.2~1944.6	평양 의성학교(평양 연화동교회 설립으로 인가된 사립국민학교) 교사
1944.8~1945.11	초리국민학교(평안남도 강서군) 훈도
1946.4~1954.4	대전사범학교 교사(음악)
1954.4~1957.8	서울 배재 중·고등학교 교사(음악)
1959.9~1963.2	서울신대, 한국신대, 감리교신대, 연세대, 숙명여대 강사
1963.2~1986.8	숙명여자대학교 음악대학 교수(작곡과장)
1982.8~1986.8	숙명여자대학교 음악대학장 역임 후 정년퇴임
1968.3~1992.2	감리교신학대학교 강사
1986.9~1997.2	서울찬양신학원 교수 및 대학원장
1987.3~1996.2	안양대학교 교회음악과 강사
1992.6~2002.7	미국 Midwest College & Theological Seminary 교수
1995~2001	교회음악대학원장

3) 지휘활동

1947.4~1954.3	향파합창단 창단 상임지휘
1961.6~1964.2	실로암합창단 음악감독 및 상임지휘
1984.12	메시아연주위원회 주최 제17회 메시아 대연주회 지휘(세종문화회관 대강당)

1940.4~1985.3	평양 창광산감리교회, 평양 중앙감리교회, 대전 제일감리교회 성가대 지휘 미8군 171st Evacuation Hospital Base Chapel Choir 지휘, 서울 종교감리교회, 서울 충현교회 성가대 지휘, 미국 보스턴 한인교회, 서울 성광교회, 미8군 2nd Division Base Chapel Choir 지휘, 서울 남산감리교회 등에서 성가대 지휘

4) 사회활동

1960.5~1972.10	HLKY(기독교 방송국), KBS방송국 음악해설 담당
1961.9~1963.2	한국음악협회 이사
1962.3~1972.10	한국찬송가위원회 위원(감리교 파송위원)
1969.4~1988.11	동아 음악콩쿨 심사위원 역임(작곡분야)
1972~1973	서울 YMCA 회원(고려 Y's men's club 회장 역임)
1974.4~1982.10	문교부 주관 중등학교 교원(음악과) 자격고시 출제 및 심사위원
1976~1984	한국교회음악작곡가협회 회장
1978.9~1984.10	한국교육자선교회 회원(1978.9~1981.4 서울 서부지회 부회장)
1978	한국작곡가회 부회장
1979~1982	한국작곡가협회 이사
1980.9~1982	한국교회음악협회 총무, 부회장 및 회장
1980	메시아연주위원회 이사
1981.5~1999.10	한국찬송가공회 음악전문위원

저술과 작품집

1) 저서
찬송가 다루기와 그 강해(감리교총리원, 1960)
화성학 연구(숙명여자대학교출판부, 1971)
대위법 연구(학문사, 1975)

2) 논문
어둠을 깨치는 아침(예술원보-제8호, 대한민국예술원, 1962)
표현주의와 표현파음악에 대한 고찰(숙음-창간호, 숙명여자대학교, 1967)
예술창작품속에 내포되어져야할 한국성(예술논문집-제11집, 대한민국예술원, 1972)
한국적 예술가곡의 창작을 위한 논리적 연구와 시도작품분석(논문집-제20집, 숙명여자대학교, 1980)

3) 작곡집
향파동요작곡집 제1집(초등학교 부교재용/서울어린이음악원, 1948)
어린이노래집〈백합화〉(동인작곡집 제1집/신생사, 1961)

가정노래집(새 가정사, 1962)
향파예술가곡집 제1집 〈사우월〉(세광음악출판사, 1986)
향파성가합창곡집 제1집(도서출판 들꽃누리, 2002)
칸타타 제1번 〈주는 나의 하나님이시라〉(들꽃누리, 2005)

4) 음반
찬송가특선집 제1집(찬송가레코드사, 1962)
향파예술가곡집 제1집 "사우월"(지구레코드사, 1991)
향파 구두회작곡 성가작품 봉헌연주회(2002)

교회음악 작품목록
1) 합창곡
지극히 높은 곳에서 호산나(1947)
수난가(이호빈, 1953)
새 노래로 주께 노래하라(1961)
여호와께 경배할지어다(1967)
너희 눈을 높이 들어 보라(1968)
만세반석 열리니(Toplady, 1973)
천사의 소식(윤성윤, 1976)
영원한 아멘(윤성윤, 1976)
영문 밖의 길(주기철, 1987)
우리집(사철에 봄바람 불어 잇고, 전영택, 1991)
주의 사랑 변하잖네(이호정, 1996)
성경에서 찾았네(지원상, 1996)
언제나 변함없는 예수님(박광배, 1996)
어머니의 넓은 사랑(주요한, 2000)
나와 같은 죄인 위해(박봉배, 1997)
내 모든 죄 멸하소서(찬송가 332장, Fred H. Byshe, 1974)
임마누엘 오셔서(찬송가 104장, 프랑스 성가 편곡, 1974)
하나님이여(2004)
성소에서 주를 바라보나이다(2005)

2) 독창곡
시냇물을 그리는 사슴(1972)
당신이 문 밖에(박화목, 1975)
오라 우리가 여호와께 노래하자(1976)
여호와께 감사하라(1976)
죄인인 나를 불러(정치근, 1980)

만세반석 열리니(Toplady, 2000)

3) 어린이 찬송가
오늘은 크리스마스(어린이찬송가 51장, 유영희, 교회음악사, 1966)
태평한 집(어린이찬송가 163장, 전영택, 교회음악사, 1966)
반짝 반짝 별 비치는(어린이찬송가 56장, 구두회, 1967)
믿음 소망 사랑(어린이찬송가 281장, 이정수, 한국찬송가위원회, 1977)
주의 날(김희보, 1977)
부활의 아침(장수철, 1977)
하나님의 솜씨(권희로, 1977)
꽃동산(엄문용, 1977)
어린 나귀 앞서간다(어린이찬송가 97장, 최영일, 한국찬송가위원회, 1978)
전도하는 마음에는(어린이찬송가 297장, 엄문용, 한국찬송가위원회, 1978)
방긋 웃는 아침해는(어린이찬송가 313장, 권희로, 한국찬송가위원회, 1978)
찬비가 내리는(어린이찬송가 383장, 전영택, 한국찬송가위원회, 1978)
하나님이 주신 이 땅(어린이찬송가 391장, 윤춘병, 한국찬송가위원회, 1979)
용감한 다니엘(최영일, 1979)
우리 예수님(김동희, 1983)
우리들의 목자(박경종, 1987)
예수님이 제일 좋아요(박경종, 1987)
주님의 목소리(박경종, 1987)
거룩한 이날은(어린이찬송가 2장, 조춘익, 한국교회찬송편찬사, 1993)
반가운 주님의 날(어린이찬송가 8장, 정치근, 한국교회찬송편찬사, 1993)
우리들의 세계(어린이찬송가 62장, 장원선, 한국교회찬송편찬사, 1993)
주님은 좋은 모자(어린이찬송가 68장, 김경수, 한국교회찬송편찬사, 1993)
하나님 아버지(어린이찬송가 84장, 노유복, 한국교회찬송편찬사, 1939)
언제나 변함없는 예수님을(어린이찬송가 135장, 박광재, 한국교회찬송편찬사, 1993)
우리의 하나님(어린이찬송가 155장, 이성교, 한국교회찬송편찬사, 1994)
주의 사랑 변하잖네(어린이찬송가 68장, 이호정, 한국교회찬송편찬사, 1994)
새해의 새 아침(어린이찬송가 225장, 김시백, 한국교회찬송편찬사, 1994)
예수님 말씀했어요(이동원, 2000)
거룩한 아기 예수(구두회, 1995)
말씀대로 자라라(박경종)
사랑을 나눠 줘야죠(박화목)
예수님의 목소리(박경종 사)
부활하셨다(박경종, 1996)
어린 백합화(박경종, 1997)
우리의 기도(박경종, 1997)

예수님 말씀했어요(이동원, 2000)

4) 찬송가
사철에 봄바람 불어 잇고(찬송가 305장, 전영택, 1966)
어머니의 넓은 사랑(찬송가 304장, 주요한, 1966)
영문 밖의 길(찬송가 583장, 주기철, 1967)
만세 반석 열리니(Toplady, 1967)
어둠의 권세에서(마경일, 1974)
하늘 보좌 버리시고(신작증보판 찬송가 80장, 박봉배, 1976)
나와 같은 죄인 위해(신작증보판 찬송가 634장, 박봉배, 1976)
혼돈 중에 빛을 주신(신작증보판 찬송가 571장, 홍현설, 1976)
놀라우신 주 은혜(고현봉, 1977)
인간으로 오신 주(박봉배, 1977)
찬송하며 가리라(김진한, 1977)
복음의 투사(신작증보판 찬송가 602장, 마경일, 1978)
하나의 세계(홍현성, 1978)
뜻을 이루소서(김희보, 1979)
정든 식구 헤어져(정치근, 1979)
바른 길 일찍 펴신(신작증보판 찬송가 613장, 김시백, 1981)
축복의 둥지(오병수, 1989)
주님 따르는 길(신작증보판 찬송가 649장, 박용묵, 1991)
가정의 노래(박종렬, 1995)
오 나의 하나님(S. Frank, 2004)
찬양하라 하늘의 왕께(H.F. Lyte, 2005)

그 외 작품목록
1) 성악곡
-가곡
사우월(향파, 1945)/새타령(한국민요, 1947)/백조장(정 훈, 1948)/머들령(정 훈, 1948)/복조리(정 훈, 1949)/순이 무덤(강소천, 1951)/또 한 송이 나의 모란(김용호, 1952)/길(김소월, 1968)/넝쿨 타령(김소월, 1968)/임에게(김소월, 1968)/사랭이와 씀바귀(정 훈, 1969)/피리를 불면(조지훈, 1974)/진달래(이은상, 1974)/들국화(장수철, 1974)/통일의 노래(오신애, 1974)/그이가 오신 다기에(모윤숙, 1976)/신 풍년가(박목월, 1976)/사랑을 지키리(구 상, 1977)/밭을 갈아(박목월, 1978년)/하늘(박두진, 1979)/해바라기 밭으로 가려오(유치환, 1980)

-동요
딸기(구례서, 1940)/외별(구례서, 1940)/어제 놀던 곳(野村 永斗, 1940)/도랑 물(이태선,

1941)/밤하늘(오영생, 1941)/봄(오영생, 19041)/엄마 달님(오영생, 1941)/어떻하나요(오영생, 1941)/졸음쟁이 학생님(구두회, 1941)/둥근 달님(구두회, 1942)/봄바람(구두회, 1944)/무궁화 동산(서완석, 1946)/백합화가 피는 동산에(김희보, 1960)/어머니의 사랑(최영일, 1960)/은행나무 그늘에(최영일, 1960)/뻐꾹새가 노래부른다(김희보, 1961)/샘물 (김희보, 1961)/길(한정동, 1972)/새눈의 얘기(이원수, 1973)/엄마는 어디쯤(박홍근, 1973)/나팔꽃(이석현, 1974)/메아리(이원수, 1974)/들국화(장수철, 1974)/푸른 열매(이원수, 1975)/아기 사슴(유성윤, 1975)/꽃 눈(박화목, 1975)/눈 오는 밤(김영일, 1976)/햇님(홍은순, 1976)/태양 앞에 나서자(유경환, 1978)/언덕길은(어효선, 1978)/겨울 밤(엄기원, 1978)/눈 오는 날(유경환 1980)/산딸기(엄기원, 1980)/햇살(어효선, 1980)/가을 온 소리(김신철, 1987)/어린 아이 넘어졌을 때(박화목, 1987)/어미 소(박 송, 1987)/겨울 아침(박화목, 1987)/놀이터(김신철, 1988)/눈 발자국(박화목, 1988)/봄비(박경종, 1988)/봄소식(홍은순, 1988)/오른손과 왼손(엄기원, 1988)/겨울바람(김종상, 1991)/무지개(박화목, 1991)/모두가 하나(김종상, 1991)/봄은 어디서 와요(윤성윤, 1992)/벌써 왔나봐(홍은순, 1992)/산골짜기 샘물에(김완기, 1992)/자장가(박경종, 1992)/내 그림자 어때요(송명호, 1993)/바람(김종상, 1993)/엄마를 기다리며(박경종, 1993)/구름(박 송, 1994)/즐거운 우리 집(김종상, 1994)/가랑잎(박화목)/가을바람(김종상)/가을이 와요(박경종)/겨울 아침(박경종)/나무 아기(유경환)/나 혼자만 어떻게(김종상)/눈 오는 밤(김영일)/맑게 개인 초여름(박화목)/바둑이는(엄기원)/정을 지니면(김종상, 1996)/사랑의 꽃씨(박화목)/새해에는(박화목)/설날(박화목)/누구하고 놀까요(김완기, 1995)/별을 세는 아이(유성은, 1995)/아침(박경종, 1995)/풍선(이효선, 1995)/겨울 내장산(유경환, 1996)/까치집(김신철, 1996)/색동 귀고리(유성원, 1996)/호박꽃초롱(강소천, 1951)/부엉새(이상현)/똑 같아요(김종상, 2000)/하늘이 기쁠 때(엄기원, 2000)/아침(윤석중, 2000)/봄 찾으러 가는 마음(이복자, 2002)/풀밭(유경환, 2002)/부엉새(이상현, 2002)/엄마의 마음(엄기원, 2002)/우리나라 산은(문삼석, 2003)/내가 사는 곳(엄기원, 2003)/피아노 교실(최향숙, 2003)/나 어렸을 적에(이진호, 2003)/구슬치기(유경환, 2003)/숲속길(노원호, 2003)/미안해(김완기, 2003)/산길(유경환, 2003)

-합창곡
이 몸이 죽어 가서(성삼문, 1946)
고향(오영생, 1946)
사공(한덕희, 1947)
새 타령(한국민요, 1947)
첩첩 산으로(정 훈, 1947)
산이 날 에워싸고(박목월, 1948)
해가 지내(이원경, 1961)
봄(이은상, 1972)
숙명선교회 회가 "영광의 날개"(양명문, 1977)
머들령(정 훈, 2001)

2) 기악곡
-실내악곡
String Quartet No.1, in F major(1967)
Piano Sonata No.1, in a minor(1970)

-관현악곡
Concerto for Violin and Orchestra ln D Major
Orchestral Overture "Interrupted Dream(저지당한 꿈)" (1960)
Tone Poem "Morning brakes the Darkness(어둠을 깨치는 아침)" (한국예술원 위촉, 1962)
Symphony No.1 in D Major "Peasant(농부)" (1966)
Two Movements for Orchestra "East Sea(동해)" (부제: 의상대의 해 뜨기와 낙산사의 아침 바다, 1977)

서쪽하늘 붉은 노을

김국진(金國鎭 1930~)

1930   평남 대동 출생

현재
1974~   한국교회음악회 회장
1976~   한국음악지도협회 이사장
1987~   한국작곡가회 고문
1993~   부산작곡가회 이사장

학력
1930   성화신학교 신학부 졸업

경력
1) 작곡발표회
1967   제1회 작곡발표회(부산신문사 브레스홀)
1968   제2회 작곡발표회(대청장 연주홀)
1959   성탄칸타타 발표회(온천교회)

2) 교육활동
1963~1965   부산노회신학교 음악 담당
1967~1968   영남신학교 음악 강의

3) 지휘활동
1954~1957   온천교회
1957~1958   동래읍교회
1960~1961   수안교회
1962~1972   평강교회
1973   성동교회
1974~1983   소정교회

4) 사회활동
1964   교회음악협회 회장
1973   한국음악지도협회 설립
1974   한국음악지도협회-교회음악연구회 운영

사사
Dweight Malsbary(작곡)

논문과 작곡집
1) 논문(김국진의 작품분석학위논문)
김국진의 발라드 산조 연구(경성대학원, 2001)
김국진 피아노 연구(김승희, 동아대, 1999)
김국진의 메시아가 오셨네 오라토리오 연구(장신대학원, 2004)
한국사상이 담긴 피아노 음악 연구(차희라, 미국 인터네셔널뮤직스쿨, 1998)

2) 작곡집
-가곡집
먼 후일(고려문예출판사, 1971)
사랑에게(해광, 1991)
유채꽃 삼굼부리(해광, 1992)

-동요집
새로운 어린이 노래 모음 50곡집(성암출판사, 1984)
새로운 어린이 노래 모음 100곡집(해광, 1990)
새로운 어린이 노래 모음(해광, 1992)

-피아노곡집
한국선율에 위한 피아노 소품집(유니온악보출판사, 1971)
김국진 피아노 변주곡(고려문예출판사, 1976)
어머니의 옛 이야기(고려문예출판사, 1979)
한국 피아노 작곡집(복지출판사, 1981)
아름다운 우리 소곡(복지출판사, 1981)
피아노를 위한 소나타 모음(세광출판사, 1983)
피아노 소나티네 I(세광출판사, 1984년)
피아노 소나티네(아성출판사, 1976)
우리 어린이 피아노 소곡집(고려문예출판사, 1976)
이야기 꿈나무 실기교재 I(해광, 1986)
이야기 꿈나무 실기교재 II(해광, 1987)
이야기 꿈나무 실기교재 III(해광, 1991)
피아노 소나티네 I Op.119. No.1(해광, 1994)
피아노 소나티네 I Op.119. No.2(세광)
피아노 소나티네 I Op.119. No.3
피아노 소나티네 I Op.119. No.4

피아노 소나티네 I Op.119. No.5
새로운 피아노 소나티네 II Op.113 No.1(고려문예출판사, 1986)
새로운 피아노 소나티네 II Op.113 No.2(고려문예출판사, 1978)
새로운 피아노 소나티네 II Op.113 No.3
칸타타 〈평강의 왕〉 Op.156(해광, 1984)
오라토리오 〈다윗의 감사기도〉(해광, 1985)
백합화 1집(성암출판사, 1984)
서곡 〈평화의 왕이 오셨네〉(재순악보출판사, 1982)
칸타타 〈사랑의 왕 예수〉 Op.167(해광, 1986)
칸타타 〈오 기뻐하라 구세주가 오셨다〉 Op.170(해광, 1991)
마그니피카트 〈마리아의 애가〉(피스출판, 1992)
서곡 〈십자가상의 예수님 일곱 말씀〉 Op.176(해광, 1993)
칸타타 〈어찌하여 산자를 죽은 자 가운데서 찾느냐〉 Op.180(해광, 1993)
탐라기행기(윤희봉 시, 1994)

교회음악 작품목록

1) 칸타타

"물에 젖은 성경" Op.138(김두옥)-프롤로그 I/눈을 들어 산을 보라/뱃노래/프롤로그 II/여보소 형제여/화전을 주건만/나의 기도 들으소서/프롤로그(장송행진곡)/어이해/저희를 사하여 주옵소서/주기도문/주님의 십자가 지고 가네/셈의 자손이여 주님을 찬양하라/할렐루야/서주)

"평강의 왕" Op.156(해광, 1984)-흑암에 헤매이던 백성이/일어나라 네 빛을 발하라/주는 목자 같이/여호와의 영광이 나타나리라/보라 처녀가 잉태하여 아들을 낳으리라/만군의 여호와가 채찍을 들어 그를 치리라/오! 베들레헴 에브라다야/그 지경에 목자들이 밖에서/기뻐하여라 속량 얻은 자들아/찬송하여라 할렐루야/우리 하나님의 긍휼로/영존하시는 평강의 왕이시라/강보에 쌓여 구유에 누인 아기를 보시니/동방박사 세 사람이/영광과 존귀와 능력이 주께 있나이다/할렐루야 구원과 영광이 하나님께

"승리의 십자가" Op.164(해광, 1986)-무리들이 칼과 몽둥이로/네가 그리스도가 아니야/나 저 험한 갈보리산 언덕 위에서/아버지여 저희를 사하여 주옵소서/오! 거룩하신 주 예수님/내가 목마르다/아버지여 내 영혼을/다 이루었다/유대인 동리 아리마대 사람/장송행진곡/안식후 첫날이 되려는 미명에/할렐루야 살아났네

"사랑의 왕 예수" Op.167(해광, 1986)-기뻐하라 눌린 자들아/베들레헴 가는 길/두려워 말아라/잘 자라 아가야/동방박사 큰별을 따라서/하나님의 선하신 일/기뻐하라 만백성들아

"오 기뻐하라 구세주가 오셨다" Op.170(해광, 1991)-새 노래로 주를 찬양하라/광야여 기뻐하라/보라 하늘과 새땅을 창조하였으니/야곱의 하나님께서 이스라엘을 세우셨도다/한밤에 양을 치는 목자들이/여호와의 말씀이 다 이루었네/하늘에서 내려온 사랑/크고도 놀라워라/여호와의 말씀이 다 이루어졌네/오 베들레헴아/별이 인도하였네/밤을 고요히 내린다/보라 속죄함을 얻은 자들이/아 기뻐하라

서곡 "십자가상의 예수님의 일곱 말씀" Op.176(해광, 1993)-나와 같이 슬픈 자가 어디 있으리요/첫째 말씀 아버지여 저들을 용서하소서/둘째 말씀 오늘 네가 나와 함께 낙원에 있으리라/셋째 말씀 보라 여자여 아들이니이다/넷째 말씀 엘리 엘리 라마 사막다니/다섯째 말씀 내가 목마르다/여섯째 말씀 아버지여 나의 영혼을 당신께 맡기나이다/일곱째 말씀 다 이루었다

"어찌하여 산 자를 죽은 자 가운데서 찾느냐" Op.180(해광, 1993)-어찌하여 우느냐/누가 우리를 위하여/여인들아 무서워 마라/어찌하여 산자를 죽은 자 가운데서 찾느냐/주님께서 자기의 죽음을/주님이 살아나셨네/얼마나 경이로운 일인가/여자여 어찌하여 우느냐/나를 만지지말라/여자여 가라/평안 하느뇨/우리는 이 사람이/주께서 부활하셨네 할렐루야/주께서 부활하셨다

마그니피카트 "마리아의 애가"(피스출판, 1992)-나의 영혼아 여호와를 찬양하라/나의 마음이 주 하나님을 즐거워하리라/보라 이후로는/전능하신 주께서 큰일을 행하셨네/주의 팔로 힘을 보이사/우리를 도우시사 긍휼히 여기소서/영화롭도다

"오! 임마누엘이 오시던 밤"(1993)-서주/오늘의 시몬의 노래/보라! 처녀가 잉태하여 아들을 낳을 것이요/마리아의 자장가/저 아기 울음에 하늘이 울고/유태인 왕으로 나신 이가/그 자정에 목자들이 밖에서/절규하는 크리스마스/홀연히 허다한 천군이 그 천사와 함께/오늘이 바로 그때가 아닌가/천사들이 떠나 하늘로 올라가니

2) 오라토리오
서곡 "평화의 왕이 오셨네"(재순악보출판사, 1982)-어둠 속에 헤매이는 자들아/캄캄한 세상에서 헤매는/보라! 처녀가 잉태하여/임마누엘 하나님 오시사/오! 기뻐하라 평화의 왕이 오셨다/전원의 목가/그 지경에 목자들이/한밤중에 양을 지키던 목자들/홀연히 천군 천사들이/하늘 위에서는 하나님께 영광이요/가서 강보에 쌓여 구유에 누인 아기를/마리아의 자장가/오 귀하신 아기 예수/예수께서 유대 베들레헴에 나시매/동방박사 세 사람/오 베들레헴아 너의 영광이 크도다/만백성들아 주를 찬양하리라

"다윗의 감사기도"(해광, 1985)-여호와여 어느 때까지니이까/나의 의의 하나님이여/간주곡/내 아들 솔로몬아/우리 조상 이스라엘 여호와여/주여 나의 기도를 들으소서/감사하여라/거룩하다 만군의 여호와/우리 하나님이여/온 땅과 거기 충만한 것과/만군의 여호와여/주의 이름이 평화롭다/여호와의 집에 섰는 모든 종들아/여호와께 감사하라

그 외 작품목록

1) 성악곡
-가곡
가는길(김소월)/가을노트(문정희)/가을의 기도(김현승)/감꽃(손해일)/강강술래(이중주)/강물의 꿈(문정희)/겨울나무(김명희)/겨울사랑(문정희)/겨울선인장(손해일)/고풍의상(조지훈)/고향마을(엄원용)/고향산 철쭉(손해일)/고향으로 돌아가자(이병기)/광릉수목원 길에서(김석구)/구름(김소월)/국화꽃 한 송이(김여초)/국화 옆에서(서정주)/그 먼 나라를 알으십니까(신석정)/그리움(박목월)/그리워(김소월)/극락조하(손해일)/금강귀로(이은상)/기다

림(모윤숙)/기회(김소월)/깨꽃(손해일)/꽃 촛불 켜는 밤(김소월)/꽃불(손해일)/꽃이 진 자리(김기배)/꿈길(김소월)/꿈 밭에 봄마음(김영랑)/꿈꾼 그 옛날(김소월)/끝없는 강물이 흐르네(김영랑)/나그네(박목월)/나무가 바람에게(문정화)/나의 가슴은(보정화)/낙화(조지훈)/난을 기리며(손해일)/난초(이병기)/남강(양광용)/남사당/내 가슴에 가늘한 내음(김영랑)/내 마음 아실 이(김영랑)/눈이 내리네(노천명)/눈이 옵니다(김 억)/눈치 밤(문정희)/늪(조병화)/님께서 부르시면(신석정)/님에게(김소월)/님의 노래(김소월)/님의 말씀(김소월)/님이 오시던 날(노천명)다도해(김상옥)/다보탑(김상옥)/단풍 한 잎(이은상)/달맞이(김소월)/달맞이 꽃(손해일)/달을 생각하듯(이동섭)/닭소리(김소월)/당신 떠난 후(양만규)/당신 앞에선(곽금남)/도라지꽃(손해일)/돌담에 속삭이는 햇살(김영랑)/동백꽃 소녀(윤희봉)/들국화/찔레꽃 연가(심순성)/들국화(이하윤)/마라도(윤희봉)/만종(전상열)/맘 켕기는 날(김소월)/망향초(이민홍)/매화 한송이(김경혜)/먼후일(문정희)/목숨의 노래(문정희)/못잊어(김소월)/물방초(김춘수)/바다(김소월)/바다는 넓고 깊어(윤희봉)/바닷가에서(윤희봉)/바람결(김태홍)/밤터(정연자)/밤중(노천명)/백록담 개처제(윤희봉)/백부자(김상옥)/백자(엄원용)/별이 내리는 정원(이동섭)/봄밤(김소월)/봉선화(김상옥)/봉숭아꽃(이한숙)/붉은 조수 비(신용희, 1991)/비(이병기)/비가(문정희)/비단 안개(김소월)/비를 맞으며(이동섭)/비망록(문정희)/비야 비야 내려라(엄원용)/비지림(윤희봉)/시누이에 바닷가에(윤희봉)/사람들의 이야기(권영선)/사랑/사랑에게(문정희)/사랑의 이름(문정희)/사모(조지훈)/사슴(노천명)/산(김소월)/산국(손해일)/산수도(신석정, 1989)/산아 백두산아(엄원용)/삼수갑산(김억)/새날(노천명)/석류/석사화(조병화)/섬의 자리(강서일)/성산포(윤희봉)/성읍민속촌(윤희봉)/세한도(윤희봉)/송화강의 뱃노래(1989)/수련의 노래(박목월)/수련화(조병화)/수선화(손해일)/승무(전지영, 1991)/신제주찬가(윤희봉)/아 당신(김복용)/아리랑 강산(김춘수)/아무도 모르게(노천명)/아차산(이병기)/알 수 있는 것은(엄원용)/애가(김창대)/애모(김소월)/약속(문정희)/어느 섬(강서일)/어머님의 기도(김미숙, 1993)/어머니의 기도(모윤숙)/언덕 위에 바로 누워(김영랑)/용활란(손해일)/우도(윤희봉)/우리들이 우리집(김소월)/원(이동섭)/유채꽃 삼굼부리(손해일)/윤삼월 아침 목련(손해일)/이 생명을(모윤숙)/이런 사랑을 바랍니다(박혁진)/이름없는 여인이 되어(노천명)/이어도(문충성)/일출봉 연가(윤희봉, 1994)/잊었던 밤(김소월)/잊을래도(김태홍)/자갈치(박현서, 1993)/자운영 꽃밭에서(손해일)/자장가(김태홍)/자주 구름(김소월)/장별리(김소월)/전회가(윤희봉)/제동목장(윤희봉)/조춘(조병화)/진달래(김소월)/집생각(김소월)/찔레꽃 피는 언덕(박노경)/첫눈(노천명)/청개구리(백기면)/청포도(이육사)/초봄(문정희)/추과삼제 감(신석정)/추과삼제 밤(신석정)/추과삼제 석류(신석정)/추억(김남수)/춘향과 이도령(김소월)/편화심(조병화)/풀따기(김소월, 1985)/피리(심 훈)/하나 되게 하소서(윤복남, 1992)/하늘 바다(윤희봉)/하숙집(윤희봉)/하우고개(박영만)/한강(엄원용)/한라신(윤희봉)/할미꽃(박나권)/해가 산마루에 저물어도(김소월)/해당화(곽금남)/해당화(김 억, 1978)/해바라기(김영랑)/해바라기의 비밀(함형수, 1992)/해오라기 난초(손해열)/향광 두라성(윤희봉)/황혼에 서서(이영도)/휴전선에서(정승호, 1992)

-동요
갈매기(노연우)/거미줄(최계락)/겨울 발소리/고갯길(박화목)/고니(이동운, 1990)/고무풍선(서정희)/그리운 어머니(최순애)/꽃길(최계락)/꽃꽃 무슨 꽃(한인현)/꽃댕기(최계락)/꽃씨(최계락 시)/꿀돼지(권동주)/나비(청춘자)/냇가에서(정용원)/널뛰기(한석준)/달(최계락)/돌고 돈다(노연우)/둥근달(최순애)/들국화(김삼진)/들놀이/메아리(조규영)/목자예수/민들레꽃/바다/흰모래/바다마을(김형진)/바닷가(최계락)/밤나무골 잔치(김출내)/뱅글뱅글(노연우)/별 자장가(최계락)/별(노연우)/보슬비(최계락)/봄(최계락)/봄바람이(이효선)/봄이 오는 길(최계락)/산도라지 꽃(선 용)/산딸기/산에서(최계락)/새벽종(최순애)/새싹(이준범)/시계(최계락)/소풍(한석준)/시계(최계락)/어깨동무(최순애)/어디로 갈까?(김종리)/어린고기물(원태웅)/어린이 용사(합창곡, 최순애)/여은비(박목월)/옹달샘(김광주)/외가길(합창곡, 최계락)/이동산에서 저녁노을(합창곡, 최계락)/종달새(최순애)/주는 나의 목자 주님은 우리의 벗(최순애)/주여 안녕히(최순애)/철쭉(정용원)/첫 겨울(최계락)/편지(최계락)/할미꽃(황인현)

-합창곡
산 넘어 남촌에는(김동환)
봄 오는 소리(어효선)
달맞이
샘물이 혼자서(주요한)

2) 기악곡
-독주곡
플룻을 위한 무반주 소리 Op.115
클라리넷을 위한 무반주 소리 Op.118
파곳을 위한 무반주 소리 Op.136
오보에를 위한 무반주 소리 Op.165
혼을 위한 무반주 소리 Op.168
바이올린을 위한 무반주 소리 Op.112
바이올린을 위한 무반주 소리 Op.166
바이올린을 위한 무반주 소리 Op.171
비올라를 위한 무반주 소리 Op.177
첼로를 위한 무반주 소리 Op.181
콘트라베이스를 위한 무반주 소리 Op.184

-실내악곡
현악4중주 "산원" Op.1(1967)
피아노5중주 Op.2(1962)
목관5중주 제1번 Op.4(1962)

현악4중주 "명회" Op.7(1967)
피아노3중주 Op.9(1968)
플룻5중주 Op.12
클라리넷5중주 Op.13(1968)
5개의 플룻을 위한 디베르티멘토 Op.173
피아노, 첼로, 바이올린을 위한 3중주 Op.53
기타, 바이올린, 첼로를 위한 3중주 Op.16(1968)
첼로와 피아노를 위한 소나타 Op.14
피아노와 첼로를 위한 환상곡 Op.20(1976)
목관5중주 제2번 Op.43(1972)
피아노, 첼로, 성악을 위한 3중주 "접동새" Op.52(김소월, 1978)
현악합주 Op.66(1977)
피아노4중주 Op.80(1980)
피아노, 바이올린, 첼로를 위한 3중주 Op.84(1980)
피아노, 바이올린, 첼로를 위한 3중주 Op.96(1978)
피아노와 목관을 위한 5중주 Op.98(1982)
피아노, 첼로, 플룻, 비올라를 위한 4중주 Op.125
클라리넷과 피아노를 위한 환타지 Op.126(1990)
후리우스토아 피아노를 위한 칸초네 Op.127(1990)
첼로를 위한 에세이 Op.128(1991)
바이올린과 피아노를 위한 환타지 "무인도의 팔색조" Op.129(1993)
바이올린과 피아노를 위한 담시곡 "한라산의 백록담" Op.130(1993)
오르간을 위한 3편의 전주곡(1988)
나의 영혼이 심히 곤고하오니 날 붙드소서 Op.132 No.1
당신의 날개 아래 나 편안히 쉬게 하소서 Op.132 No.2
주는 나의 산성이시니 나 두려움 없도다 Op.132 No.3
Romanz Op.135

-피아노 독주곡
꿈 많은 소년 Op.33
피아노를 위한 야상곡 Op.47
새로운 피아노 소곡 II Op.59
아름다운 소곡들 Op.59
어린이를 위한 소곡 Op.68
우리 어린이를 위한 소곡들
제주도 비행기 Op.78
소나티네   소풍가는 다람쥐 Op.104. No.1/참새들의 행진곡 Op.104. No.2/뻐꾸기와 오랑캐꽃 Op.105. No.1/오랑캐꽃을 주제로 한 변주 Op.105. No.2/숲속의 난쟁이들 Op.106

No.1/물속에서 춤추는 달(환상곡) Op.106. No.2/론도 Op.106 No.3/바다의 소리 Op.107 No.1/비바리의 춤 Op.107 No.2/인디안 어린이춤 Op.108 No.1/세마치 Op.108 No.2/강물에 띄운 이야기 Op.109 No.4/세마치 Op.108 No.2/론도 Op.109 No.3/만도린 치는 아가씨 Op.110 No.1/만도린 치는 아가씨 Op.110 No.2/론도 Op.110 No.3/봄이 오는 길목에서 Op.111 No.1/산골길 Op.111 No.2/봄의 요정 Op.111 No.3
피아노 소나티네 I   Op.119 No.1/No.2/No.3/No.4/No.5
피아노를 위한 담시곡   Op.49(1974)/Op.64(1980)/Op.120/Op.121
두 대를 위한 피아노 이중주 Op.122(1984)
피아노를 위한 3개의 녹턴 Op.102(1984)
『한국 피아노 소곡집』에 실린 편곡작품-노래하자 춤추자/초록바다/비행기/똑같아요/냇물이 속삭이며/아름다운 우리민요/구슬비/맴맴을 주제로 한 피아노 소품/제주도 어린이/과수원길/설날이 왔어요/크리스마스 변주곡/잠자리/엄마야 누나야/나비들의 춤/즐거운 합창 연습시간/여울물소리/어린이 왈츠를 주제로 한 피아노 소품/오월의 왈츠/즐거운 어린이 날/눈꽃송이를 주제로 한 피아노 소품/달려라/들장미/재미있는 피아노 공부 연탄곡(1984)/도레 공부 연탄곡(1984)

-오페라
마의 태자
B사감과 러브레터(1988)
물레방아는 도는데(1989)

-관현악곡
교향서곡 1번 "산수화"
교향서곡 2번 "묵화"
교향서곡 3번
교향서곡 4번
교향서곡 5번 "밤과 낮"(1963)
교향곡 1번(1969)
교향곡 2번(1979)
교향곡 3번(1987)
교향곡 4번
교향시 "산수도"(1970)
관현악을 위한 환상서곡(1982)

태산이 변하여서

김두완(金斗鋎 1926~)

1926　　　　평남 용강 출생

현재
1974.3~　　　아가페음악 선교원장
1985.6~　　　서울기독교필하모니 관현악단 단장
2004.7~　　　기독교음악통신대 학장

학력
1945.3　　　　일본 쿠니다찌 음악학교 졸업
1966.12　　　 서울장로회 신학교 졸업
1978.6　　　　L.A. 대학교 음악석사 학위 취득
1980.6　　　　캘리포니아 린다비스다 신학대 음악박사 학위 취득

경력
1) 교육활동
1949.3~1974.7 성신여고, 보성여고, 대광고교 교사 역임
1969.3~1971.3 장로회 신학대학 출강
1971.3~1975.3 서울 장로회 신학교 음악과 주임 교수 역임

2) 지휘활동
1982.4~1988　 아가페 코랄 상임지휘자
(그 외 진난포 진지동교회 서울한양교회, 성광교회, 영암교회, 육군본부교회, 종교교회, 영락교회 등 지휘)

3) 사회활동
1984~1986.3　 한국교회음악협회 회장, 한국성가학회 고문 역임, 한국교회음악작곡가협회 회장 역임

저술과 작품집
1) 저서
교회음악개론(아가페음악선교원 출판부, 1976)
종교음악의 미학(아가페음악선교원 출판부, 1981)
교회와 음악목회(아가페음악선교원 출판부, 1999)
교회음악의 이해(아가페음악선교원 출판부, 1983)
기독교 음악(종로서적, 1987)

2) 논문
〈한국교회음악사〉

3) 작품집
합창성가곡집 〈시편성가〉
합창성가곡집 〈새찬양〉
합창성가곡집 〈사복음성가〉
독창성가집 〈어지신 목자〉
독창성가집 〈서로 사랑하자〉
독창성가집 〈신망애〉
잠언성가집

음반
승리의 그리스도(이즘레코드사, 국립극장 대극장 연주실황 녹음, 1996)

수상
2004.12   한국기독교 문화예술대상(음악 작곡부문)

교회음악 작품목록
1) 합창곡
본향을 향하네 외 다수

2) 독창곡
서로 사랑하자
내 선한 목자
어지신 목자 등 다수

3) 중창곡
엠마오의 두 제자 외 다수

4) 칸타타
-부활절 칸타타
그리스도의 수난
부활송
베드로의 증언
부활하신 예수
부활의 증언자
승리의 그리스도

부활의 첫 열매
우리 또한 부활하리라

-성탄절 칸타타
그리스도의 탄생
기다리던 예수
구세주
노엘
임마누엘

-감사절 칸타타
감사칸타타
감사찬송

-예배 칸타타
순교자
욥의 시련
세례요한
기드온
요나
우물가의 여인
다니엘
가나안 여인
계시의 찬미
오병이어
사울의 변화
갈릴리의 환상
죽은 자의 부활
의인의 길은
아브라함의 믿음
홍해의 찬미
나일강
복을 주시리라
주의 이름을 송축하리이다
벧엘로 올라가자
목동들의 노래
나사렛 예수
파랑새의 성탄 등 다수

5) 오라토리오
에스더
어느 목자의 크리스마

6) 오페라
아버지께 돌아왔다
솔로몬의 재판
요셉
모세

8) 찬송가
주님의 은혜가
하나님의 교회 외 다수

9) 어린이 찬송가
사랑으로 우리를
내 작은 입으로
산에 사는 산새들
저들의 백합화는
오시리라 말씀하신 외 다수

10) 어린이 칸타타
우리 주님 이기셨다 외 다수

임마누엘 주님

김순세(金順世 1931~)

1931   황해도 서흥 출생

현재
1976~	한국교회음악작곡가협회 회원
1985~	Yuin University 교회음악 연구원장
1996~	뉴서울 심포니에타(Christian Orchestra) 단장 겸 상임지휘자
1996~	L.A. Balley 청소년 오케스트라 단장
1992~	Balley 연합감리교회 성가대 지휘자

학력
1956	육군군악학교 작곡과 졸업
1960	경희대학교 음대 졸업(B.A.)
1965	강남대학교 음악학과 졸업(B.A.)
1991	미국 Yuin University 졸업(M.A.)
1993	미국 Yuin University 대학원 졸업(Ph,D)

경력
1) 작곡발표회

1982	제1회 작곡발표회(서울 종로감리교회)
1986	미주한인작곡가협회 주관 제1회 작곡발표회
1996	미국교회음악협회 주관 작곡발표회
1990	김순세 성가 작곡발표회(한인교회음악협회 주관)

2) 교육활동

1963~1975	이화여대 사범대학 부속고등학교 교사 역임
1966~1975	이화여대 사범대학 음악과 강사 역임
1970~1981	강남대학교 음악과 교수 역임
1982~1986	미국 베데스다 신학교 음악과 교수 역임

3) 지휘활동

1978	제10회 메시아 연주회 지휘
1981	록 뮤지컬 "수퍼스타 예수 그리스도" 지휘 및 음악감독(100회)
1985	제1회 미주한인연합감리교회 연합성가대 메시아 연주회 지휘
1987	제3회 미주한인연합감리교회 연합성가대 메시아 연주회 지휘
1988	제4회 미주한인연합감리교회 연합성가대 메시아 연주회 지휘

1989	윌셔 연합감리교회 성가대 "천지창조" 전곡 지휘
1993	밸리 연합감리교회 성가대 "천지창조" 전곡 지휘
1996	한인감리교회 연합성가대 제10회 메시아 연주회 지휘
1961~1971	무학장로교회 성가대 지휘
1972~1982	종로감리교회 성가대 지휘
1984~1988	나성 서울코랄 상임지휘자 역임
1982~1992	윌셔 연합감리교회 성가대 지휘

4) 사회활동

1977	김자경오페라단 창단 위원
1975	한국찬송가위원회 상임위원 역임
1976	한국교회음악협회 중앙위원 역임
1977	전국합창총연맹 이사 역임
1984	제6대 한인교회음악협회 회장 역임

저술과 작곡집

1) 저서
어린이 춤곡집(이화여대사범대학, 1966)

2) 논문
중등학교 음악교과서의 한국적 요인 분석 연구(이화여대사범대학, 1964)

3) 작곡집
김순세 성가집1(기독교음악사, 1982)
김순세 성가집2(아가페음악사, 1991)
김순세 성가집3(임마누엘음악사, 1992)
김순세 성가집4(미완성악보출판사, 2005)

교회음악 작품목록

1) 합창곡
주의 음성(1978)
감사노래(1955)
오 나의 주님은(1982)
여호와여 어느 때까지니까(1954)
주님 나를 부르시네
온 땅이여(1997)
그 길(1991)
너무 크셔라(1987)

주기도문(2000)
주님 따라 가는 길에(1987)
주님을 직접 만나 보세요(1991)

2) 독창곡
내 마음 주께 바치옵니다(1972)
골고다로 가는 길(1954)
주님의 사랑(1973)
엠마오로 가는 길(1953)
사마리아의 여인(1979)

3) 중창곡
시편 13편
예루살렘의 딸들아(1955)
주님의 사랑
여호와여 어느 때까지니까?
너무 크셔라
전하여라

4) 오라토리오
노엘
유월절

5) 뮤지컬
백설공주(이원수 각본)

6) 오페라
엘리야

7) 찬송가
세상 물 지으실 때(1977)
이슬을 내리시듯(1982)
주여 우리 부르사(1979)
사랑의 찬가(1982)
주여 이 몸을(1980)
나 죄 중에 있을 때(1982)
사랑의 찬가(1982)
우리 주님 가신 길(1984)

빛 속에서 새롭다(1984)
예수사랑 전하세(1990)
성탄을 기다림(1984)
누가 아는가(1990)
그리운 갈릴리 바다(1984)
세상길 너무 험해(1990)
나의 집(1985)
우리 주여 응답하사(1990)
내가 너와 함께 하리라(1990)
하늘 가는 나그네 길(1987)

8) 송영
아버지여 이 생명을(1952)
아버지여(1982)
경배 드리세(1980)
우리기도를(1982)
전능하신 주(1960)
여덟 번 아멘(1970)

김정일(金政一 1943~)

1943~ 중국 만주 출생

현재
1978~ 부산 고신대학교 종교음악과 교수
1990~ 부산 삼일교회찬양대 지휘자
1990~ 부산 고신대학교 교회음악 연구소 소장
1996~ 한국 찬송가공회 21세기 찬송가 개발 전문위원
1998~ 부산 장로성가단 명예지휘자
1999~ 한국찬송가위원회 음악분과위원
1999~ 부산 글로리아합창단 상임지휘자

학력
1969 연세대학교 음대 작곡과 졸업
1976 연세대 교육대학원 졸업
1982~1983 독일 쾰른국립음대 교회음악과 수료(합창지휘 전공)
1997~1998 독일 에센플크방 국립음대 교회음악과 합창지휘 연구

경력
1) 작곡발표회(공동 발표 포함)
1977.2.7 신작찬송가발표회(공동, 서울 초등교회)
1977.5.31 성가작곡발표회(공동, 서울 상동감리교회)
1983.11 신작성가발표회(공동, 상동감리교회)
1996.11 김정일작곡발표회(개인, 고신대학교 음악당)
1977.2.7 신작찬송가발표회(서울 초등교회)
1977.5.31 성가작곡발표회(서울 상동감리교회)
1983 신작성가작곡발표회(서울 상동감리교회)
1998 교회음악과 설립20주년 기념 "김정일 교수 작곡발표회"(고신대학교음악당)
1999 "찬송가 및 성가의 밤" 작곡발표회(서울 서문교회당)
2000 제18회 전국대학 교회음악과 연합 교회음악세미나 창작성가발표회(장신대학교 한경직기념예배당)
2001 제19회 전국대학교회음악과학회 세미나 작곡발표회
2001 부산 작곡가의 창작 음악발표회 작품연주(부산 문화회관 대강당)
2001 신영순 작곡 연주회에 특별찬조 작품 연주(부산 금정문화회관 대강당)
2002 제20회 전국대학 교회음악과 연합세미나 창작성가발표(총신대학교 대강당)

2) 지휘
-교내 연주회

1978	제1회 고신대학교 정기연주회 구노 '장엄미사' (부산 시민회관 대강당)
1980	제2회 고신대학교 정기연주회 비발디 '글로리아' (부산 시민회관 대강당)
1981	제3회 고신대학교 정기연주회 헨델의 오라토리오 '메시아' (부산 시민회관 대강당)
1983	제5회 고신대학교 정기연주회 멘델스존의 오라토리오 '바울' (부산 시민회관 대강당)
1984	제6회 고신대학교 정기연주회 헨델의 오라토리오 '메시아' (부산 시민회관 대강당)
1985	제7회 고신대학교 정기연주회 헨델의 오라토리오 '메시아' (부산 시민회관 대강당)
1986	제8회 고신대학교 정기연주회 멘델스손의 오라토리오 '엘리야' (부산 시민회관 대강당)
1987	제10회 부산무대 예술제 합창 연주회(부산 시민회관 대강당)
1987	제9회 고신대학교 정기연주회-바하의 오라토리오 '마태수난곡' (부산 문화회관 대강당)
1988	제10회 고신대학교 정기연주회-헨델의 오라토리오 '메시아' (부산 문화회관 대강당)
1989	제11회 고신대학교 정기연주회-헨델의 오라토리오 '메시아' (부산 문화회관 대강당)
1990	제12회 고신대학교 정기연주회-바하의 오라토리오 'B단조미사' (부산 문화회관 대강당)
1991	제13회 고신대학교 정기연주회-하이든의 오라토리오 '천지창조' (부산 문화회관 대강당)
1992	제14회 고신대학교 정기연주회-바하 'B단조미사' (부산 문화회관 대강당)
1993	제15회 고신대학교 정기연주회-바하의 '크리스마스 오라토리오' (부산 문화회관 대강당)
1994	제16회 고신대학교 정기연주회 멘델스존의 오라토리오 '엘리야' (부산 문화회관 대강당)
1994	제17회 고신대학교 정기연주회-멘델스존의 오라토리오 '천지창조' (부산 문화회관 대강당)
1995	제18회 개교 50주년 기념 고신대학교 정기연주회-헨델의 오라토리오 '메시아' (부산문화회관 대강당)
1996	제20회 고신대학교 정기연주회-멘델스존의 '바울' (부산 문화회관 대강당)
1999	제21회 고신대학교 교회음악과 정기연주회 바하의 '마태수난곡' (부산 문화회관 대강당)
2000	바하 서거 250주년 기념 및 제22회 고신대학교 교회음악과 정기연주회 바

	하의 'B단조미사' (부산 문화회관 대강당)
2001	제23회 고신대학교 교회음악과 정기연주회 헨델의 '메시아' (부산 문화회관 대강당)
2003	제25회 고신대학교 교회음악과 정기연주회 멘델스존의 '엘리야' (부산 문화회관 대강당)
2004	제26회 고신대학교 교회음악과 정기연주회 하이든의 '천지창조' (부산 문화회관 대강당)

-대외 연주회

1977.12	제3회 서울 경기 기독청장년주최 성가연주회(서울 류관순 기념관 대강당)
1981.11	한국 종교음악 협의회 주최 성가연주회(부산 시민회관 대강당)
1987.12	부산 장로성가단 부산 삼일교회 초청 성탄 축하, 헨델의 오라토리오 메시아 연주차 찬조출연(삼일교회당)
1988.11	제2회 부산 장로성가단 정기연주회(부산시민회관 대강당)
1989.10	제3회 장로성가단 정기연주회(부산시민회관 대강당)
1989.11	부산 장로성가단 서울 소망교회 초청 연주(서울 소망교회당)
1990.3	부산 성가학회 주최 성가의 밤 연주회(부산 시민회관 대강당)
1990.11	서울성가학회 주최 성가의 밤 연주회(서울 세종문화회관 대강당)
1991.1	교회 복음 신문 주최 신년 축하 성가의 밤 연주회(부산 문화회관 대강당)
1991.5	제4회 장로성가단 정기연주회(부산 산성교회당)
1991.6	기독교 부산 방송국 주최 성가합창제(부산 시민회관 대강당)
1993.5	광주 아가페 장로성가단 초청 연주회(광주 시민회관 대강당)
1992.10	마산 기독청장년연합회 주최 심장법 어린이 돕기 연주회 헨델의 오라토리오 '메시아' (마산 KBS 홀)
1992.12	제5회 부산 장로성가단 정기연주회(부산 문화회관 대강당)
1993.5	제25회 대통령을 위한 연례 국가 조찬기도회 초청 연주 찬양(서울 하얏트 호텔 리젠시)
1993.12	제4회 삼일교회 헨델의 메시아 연주회(부산 삼일교회)
1994.10	마산 기독청장년연합회 주최 심장병 어린이 돕기 연주회 마산 올림픽기념(국민생활관 공연장)
1994.11	제6회 부산 장로성가단 정기연주회(부산 문화회관 대강당)
2001.6	전국 장로성가단 초청 연주(서울 세종문화회관 대강당)
2001.12	부산 삼일교회설립 52주년 기념 연주 헨델 '메시아' (삼일교회당)
2002	부산지역 부활절 연합예배 연합성가단 지휘

-해외 연주회

1990.7	제23회 세계 C.E영국대회 초청 연주회
1990.7	영국 코벤트리시 위윅대학교

1990.8	부산 장로성가단 이스라엘 예루살렘 시민공원 노천 극장 연주
1990.8	이스라엘 국영 TV 연주 방영
1990.10	한국목회자 사모성가단 일본 찬양선교회
1990.10	일본대동시 종합 문화홀
1990.10	일본대판시 대판교회
1990.10	일본 팔미시 팔미교회
1990.10	일본 신촌시 신촌교회
1991.4	호주시드니 한인장로교회 초청 연주회
1991.4	챠스타운 홀 1991.4/울룽타운 홀 1991.4/캔버리 호주 국회의사당 연주/후주 원주민 지역 1994.4/공회당 연주1991.4/시드니 뱅크스타운 홀
1992.1	한국 목회자 사모 성가단 미국 찬양선교 연주회 미국 바이올라대학 강당
1993.6	미국 남가주 장로성가단 초청 연주회
	임마누엘 장로교회당
	The Union Church
	The Congregational Church
	The Crystal Cathedral Church
1996.8	토론토 한이장로성가단 초청 부산 장로성가단 연주회
1991.4.17~25	호주 시드니 한인 중앙장로교회
1993.7.30~8.1	미국 남가구 장로 성가단초청 연주(임마누엘장로교회당)
1993.7	크리스탈교회 초청연주
1993.8	미국 나성한인교회 초청연주
1993.8	미국 벨리한인교회 초청연주
1993.8	미국 오렌지한인교회 초청연주
1993.8	Union Church 초청연주
1993.8	The Congregational Church of Fellowship 초청연주
1993.8	The Crystal Cathedral Church 초청연주

3) 교육활동

1970~1999	서울 예일 중·고등학교 음악교사 역임
1972~1978	상명여자 중·고등학교 음악교사 역임
1978~1982	부산 고신대학교 종교음악과 전임강사
1981~1985	부산 고신대학교 종교음악과 조교수
1985~1993	부산 고신대학교 종교음악과 부교수
1978~현재	부산 고신대학교 종교음악과 교수

4) 보직활동
-학회보직

1984.5~1986.5	한국교회음악학회 창작분과 위원장

1986.5~1988.5	한국교회음악학회 총무
1988.5~1990.5	한국교회음악학회총무
1990.5~1991.5	한국교회음악학회
1992.5~1994.5	한국교회음악학회 회장
1994.5~1996.5	한국교회음악학회 고문
1996~2001	한국찬송가공회 "21세기 찬송가개발음악전문위원"
1998.5~2000.5	한국교회음악학회 합창분과 위원장
1998.6~2001.2	한국찬송가위원회 "21세기 어린이찬송가개발위원"
1998.9~2002.5	한국찬송가위원회 위원(음악분과)
2000.5~2002.5	현재 한국 교회음악학회 회원

-학교보직

1978.3~1981.2.28	교회음악과 학과장
1983.3~1988.2.28	교회음악과 학과장
1984.3~1986.2.28	학생처장
1988.12~1990.12	학보사 언론 주간 교수
1990.2~1994.2	교회음악연구소 소장
1990.3~1990.6	학생처장
1992.2~1996.1	신학부 부장
1995.12~1997.2	대학원 학과장
1998.3~2000.2	교회음악연구소 소장
1998.3~2000.2	대학원 학과장
1998.6~2000.6	도서관장
2000.3~2002.2	교회음악연구소 소장
2000.3~2002.2	대학원 학과장
2000.6~2002.2	문헌정보관장
2000.9~2002	예술학부부장
2000.9~2002	교회음악과 학과장
2003.3~2005	고신대학교 예술대학 학장

5) 음악활동

1978~2002	각종 사회단체, 교회 대학등에서 100회 이상의 세미나 및 특강
1979~1980	한국찬송가위원회 위촉 한국찬송가통일위원회 음악전문위원
1984~1986	한국교회음악출발위원회 음악전문위원
1987~1990	부산성가학회회장
1990.11.8~14	The 1st Pusan Internation L.A. Music Festival의 이사회 이사
1991.5.13	울산교회음악협회 주최 성가대지휘자를 위한 세미나에서 지휘법 강의
1992.1~1995.1	한국음악협회 부산지부 부회장

1992.2~1994.11.19	Pusan Internation Music Festival 의 예술감독
1993.5.14	The 25th Annual Nation Prayer Breakfast 초청 합창연주회 지휘 Crytal Ballroom Hyatt Regency Seoul
1993.10.26~11.25	Pusan Internation L.A. Music Festival의 이사장
1994.5	기독교21세기운동 음악선교위원회 부위원장 서울햇불선교센타 화평선전
1996.6~2001	한국찬송가공회 "21세기 찬송가" 개발전문위원 및 교정위원
1998.6~2001	한국찬송가위원회 "21세기 찬송가" 개발위원
1999.5	한국기독음악저널 표지인물로 소개
1999.6	전국 여전도회 연합회 여성지도자 세미나에서 세미나 특강 전국여전도회회관
2000.4	부산부활절 연합예배 연합성가단 지휘 해운대 백사장
2001.4	부산 부활절 연합예배 연합성가단 지휘(부산역광장)
2001.11.22	한국찬송가위원회 주최 2002년 목회자와 교회음악도자를 위한 세미나 강의(부산삼일교회)
1990~2001	교회음악강습회 매년 강사 고신대학교 교회음악연구소 주최 교회음악강습회
1996~2001	한국찬송가공회 21세기 찬송가개발 전문위원회 음악전문위원 및 교정위원
1997.8	제11회 유럽 한인교회 초청연합수양회 강사 Germany Wuppertal
1998.9	한국찬송가위원회 위원
1998.9	한국찬송가위원회 "21세기 어린이 찬송가" 개발위원
1998~2002	한국찬송가위원회 위원
1998~2002	한국찬송가위원회 "21세기 어린이 찬송가" 개발위원회위원
2000	신년 서울 기독교TV 한국교회음악의 전망과 본인작품연주
2000~2001	한국찬송가 공회 공회위원
2001.3	고신교단미래정책 연구위원회 주최 21세기 찬송가 개발에 따른 찬송가 세미나 강의(부산삼일교회)
2001~2002	한국교회음악작곡가(부산)협회 회장
2002	부산 부활절연합예배 연합성가단지휘(부산 아시안게임 주경기장)
2002	2nd International Choir Olympic 예술위원
2002	2nd International Choir Olympic 조직위원회이사
2005	"APEC의 노래" 작곡

저서와 논문 및 작품집

1) 저서

교회음악(대한예수교장로회총회 출판위원회, 1987.3)
합창지휘법-Archibald. Davison 역서(재순악보출판사, 1983)

2) 논문
한국 찬송가의 주체성 확립에 관한 연구(연세대학교 교육대학원 졸업논문, 1972.12)
한국 교회음악의 주체성 확립에 관한 연구(고신대학 논문집 제12집, 1964.3)
한국 교회음악의 역사와 전망(고신대학교 오병세 총장 기념논문집, 1996.8)

3) 작품집
김정일 성가작곡집(서울 기독교음악사 1998.11)
김정일 찬송가 성가합창곡 제2집(고신대학교 출판부, 2003.11)

수상
1992.1 부산 음악상 수상(연주부문)

음반
1) CD
장로 성가단 (국제음반사, 1994)
고신대학교 합창정기 연주회 J.S. Bach B단조 미사(순음악연구소, 2000)
김정일 성가작품집 1(순음악연구소, 2003)
APEC의 노래(KCI, 2005)

교회음악 작품목록
1) 합창곡
이스라엘아 주님께 의탁하라(최민순 역사, 2003)
바람으로 오소서(고훈, 2003)
임하소서 성령이여(김웅조, 2003)
한평생 주님 위해(오승권, 2003)
주를 사모하는 마음(김정일 개사)
이 사람을 보라(석용원, 1978)
주 만 위해(김보훈, 1997)
주여 오소서(유경손, 1997)

2) 독창곡
주를 사모하는 마음(김정일 개사, 1978)
이스라엘아 주님께 의탁하라(최민순 역사, 1977)
평화 주소서(1978)
임하소서 성령이여(김웅조, 2003)
주여 오소서(유경손, 2003)

3) 찬송가
가을의 찬송(심군식, 1983)
거룩하신 하나님은(전재동, 1997)
길이요 진리이신 예수여(박은희, 1997)
나 같은 죄인까지도(김성호, 1997)
내 마음 받으소서(Willian Hiran Foulkes 1997)
내 주여(석진영, 1997)
다같이 기뻐하라(김경수, 1997)
무엇으로 보답하리(박요석, 1996)
빛을 주소서(홍현설, 1996)
빛이 되신 나의주님(1996)
새벽하늘 밝아오라(김경수, 1997)
순례의길 떠날 때(최민순 역사, 1995)
십자가 앞에서(배우호, 1996)
어려운 시험당할 때(1997)
영원한 하늘나라(김윤국, 1997)
우리는 부지런한(오병수, 1997)
이슬을 내리시듯(김희보, 1997)
인간으로 오신 주(박봉대, 1996)
인생의 아픔(1997)
죄 많은 나 위해(오신혜, 1997)
죄에 매여 죽을 인생(1998)
주 내 맘에 오신 후에(박요석, 1996)
주님 모신 우리가정(1997)
주님 예수 오시네(이계준, 1997)
주님은 우리를 사랑하시네(오소운, 1996)
주를 따르리(박요석, 1995)
주안에 살라(박성분, 1997)
주 예수의 십자가(권희준, 1997)
주의 말씀 지켰네(박요석, 1995)
주의 이름 찬양해(김시백, 1976)
주의 지신 십자가(1996)
죽도록 충성하리(종용원, 1997)
진리는 생명이신(오경림, 1997)
참된 길을 내가 몰라(1997)
창조의 주 아버지께(이용원, 1997)
창조주 하나님 우리 아버지(전재동, 1996)
하늘 뜻 받들어(1996)

혼돈한 세계(홍현설, 1997)
임마누엘의 삶(채기은, 2001)
나의 허물 인하여(이건, 2001)
내 모든 것 아시는 주(한창공, 2001)
변함없는 하나님(김영백, 2003)
눈물로 회개하는(김연수, 2003)
동산에 붉은 태양(김지수, 2003)
머리에 가시관 붉은 피 흐르는(반병섭, 2003)
바람으로 오소서(고훈, 2003)
사랑의 새 계명을(신세원, 2002)
새누리가 밝아온다(신성종, 2002)
영광은 주님 홀로(강신명, 2003)
온 세계가 주의 뜻을 1(한석지, 2003)
온 세계가 주의 뜻을 2(한석지, 2003)
풍성한 은혜(배태준, 2003)
이 세상 끝날까지(이건숙, 2002)
임하소서 성령이여(김웅조, 2003)
새로 난 몸과 맘(한창공, 2002)
좋은날 기쁜날(이철주, 2003)
소명의 삶(오석룡, 2003)
나와 함께 하소서(김옥선, 2002)
주님 가신 길을 따라(임종락, 2002)
감사 찬송(나원용, 2001)
생명 다해 충성하리(김창인, 2001)
쓰임 받는 종(박윤선, 2002)
피로사신 주의 교회(장기현, 2002)
사람의 몸 입으신(서병주, 2003)
하나님이 복을 주신(김원태, 2001)
한평생 주님 위해(오승권, 2003)
기쁠때나 슬플때나(김성영, 2003)

4) 어린이 찬송가
동산 위에 떠오르는(심군식, 1981)
하나님은 다 아셔요(배재환, 1982)
세상에서 제일로(심군식, 1982)
기도가 무엇인지(심군식, 1983)
유대사람 에스더는(강순복, 1984)
빨간꽃 노란꽃(심군식, 1985)

별들이 깜박깜박(심군식, 1985)
파아란 하늘 위에(김활용, 1998)

5) 송영곡
우리의 죄 사해 주시사(1974)

임하소서 성령이여

나운영(羅運榮 1922~1993)

1922   서울 출생

학력
1934   미동보통학교 졸업
1939   중앙중학교 졸업
1942   일본 동경 제국고등음악학교 본과 졸업(작곡과)
1943   제국고등음악학교 연구과 수업(모로이 사부로 사사)

경력
1) 교육활동
1945   중앙중학교 교사, 중앙여자전문학교(현 중앙대) 전임교수
1947   서울대학교 예술대학 음악부, 조선신학교 시간강사 및 조양보육사범학교
        (현 경기대학) 전임강사
1948   숙명여자대학교 예술대학 음악과 전임강사
1952   이화여자대학교 예술대학 음악과 전임강사
1954   덕성여자대학교 음악학부장(한국 최초 국악과 창설)
1955~1957   연희대학교 음악대학 교수
1967~1976   연세대학교 음악대학 교수, 작곡과장, 학장
1981~1982   세종대학교 교수 겸 음악학과장
1982~1985   전남대학교 강사, 교수, 예술대학장
1985~1993   목원대학교 음악학부장, 정년퇴직, 명예교수

2) 지휘활동
1940   신주코 쓰노하조 교회 성가대 지휘
1943   혜화동교회 성가대 지휘
1946   서울교회(현 한일교회) 성가대 지휘
1947   덕수교회 성가대 지휘
1948~1980   서울 성남교회 성가대 지휘(근속 30년 표창)

3) 사회활동
1947   과도정부 중앙청 문교부 초대 음악편수사 취임
1952   한국현대음악학회회장 취임
1955   한국교회음악협회 부회장겸 창작부장, 중앙위원
1956   국제 민속음악협의회 회원, 한국현대음악협회 회장 취임
1957   국제 현대음악협회(ISCM) 한국지부장 취임

1958   문교부 민속악 편찬 전문위원
1958   대한예술교육회 회장 취임
1961   동아 음악경연대회 심사위원, 서울시문화위원 취임
1962   예총산하 한국음악협회 초대 작곡부 이사, 한국챔버심포니 창립, 상임지휘자 취임
1963   난파기념사업회 이사 취임
1971   성남교회 장로 임직
1972   아주작곡가연맹 명예위원 취임
1972~1993 한국찬송가위원회 위원 및 위원장, 한국교회어린이음악협회 초대회장
1973   한국민속음악박물관 창설
1973   미국 포틀랜드 대학교 명예인문학박사학위 취득
1975   한국찬송가학회 회장
1976   선교100주년 기념 교회음악출판위원 실행위원장
1977   한국찬송가통일위원회 음악전문위원
1980~1993 운경교회(현 호산나교회) 창립, 장로임직
1981   한국찬송가공회 음악분과위원
1991   한국성음악협회 회장

저술과 작곡집
1) 저서
음악이론 총서 전10권(세광음악출판사)   대학음악통론/화성학/대위법/악식론/합창편곡법/관현악법/작곡법/음악분석법/연주법원론/현대화성론
수상집   주제와 변주(이상사, 1964)/독백과 대화(민중서관, 1970)/스타일과 아이디어(보이스사, 1975)/여호와는 나의 목자시니(세광음악출판사, 1985)

2) 논문
처세의 악단(주간 문화예술, 1952)
고민하는 한국악단의 타개책(월간 신태양, 1955)
음악교육개혁론10개조(연희춘추, 1956)
국악교육개혁론7개조(서울신문, 1957)

3) 작곡집
-가곡집
아흔 아홉 양(한국현대음악학회, 1952)
다윗의 노래(한국현대음악학회, 1954)
나운영 가곡선(한국음악문화사, 1967)
나운영 가곡집(운경음악출판사, 1995)

-성가곡집
한국성가곡집 제1집(악원사, 1971)
성가합창곡집 제1집(교회음악사, 1976)
나운영 데스칸트 100곡집(교회음악사, 1976)
성가합창곡집 제2집(교회음악사, 1979)
칸타타 〈나의 주 나의 하나님〉(한국기독교교육연구원, 1980)
한국찬송가100곡선 제1집(기독교음악사, 1984)
한국찬송가100곡선 제2집(교회음악사, 1986)
크리스마스 칸타타(기독교음악사, 1989)
부활절 칸타타(교회음악사, 1991)
한국찬송가100곡선 제3집(호산나음악사, 1991)
나운영성가곡집(운경음악출판사, 1996)
나운영칸타타집(운경음악출판사, 1998)

-동요곡집
나운영 유경손 동요 135곡집(보육사, 1980)
동요 100곡선(세광음악출판사, 1991)
나운영 동요곡집 (1)(운경음악출판사, 1999)
나운영 동요곡집 (2)(운경음악출판사, 2000)

-기타
Piano Concerto No.1(연세논총, 1965)
Symphony No.9(연세대출판부, 1971)
Symphony No.10(연세대출판부, 1975)
Piano Concerto No.3(예당출판사, 1993)
Shinawi for 8 Players(예당출판사, 1993)

음반
나운영 예술가곡집(국제레코드, 2003)

수상
1939	동아일보 주최 신춘문예 작곡부문 예술가곡 "가려나"(김안서 시) 당선
1966	서울시 문화상(음악) 수상
1977	한국아동음악상 수상
1987	MBC 가곡공로상 수상
1991	제1회 애서가상 수상(한국애서가 클럽)
1994	제7회 자랑스러운 중앙인상 수상
1994	금관문화훈장 수훈

교회음악 작품목록

1) 합창곡
무반부 합창곡 "너희는 먼저 그의 나라와 그의 의를 구하라" (1960)
주께 드리네(1949)
고요한 아침의 나라(김재준, 1958)
헌금 찬양(김정준, 1958)
아침 찬송(김정준, 1980) 외 다수

2) 독창곡
아흔 아홉 양(1940)
주기도 I(1950)
여호와여 구원하옵소서(1952)
피난처 있으니(시6편, 1952)
여호와는 나의 목자시니(시23편, 1953)
여호와여 누가 주의 장막에 머무르며(시15편, 1953)
주의 성도들아(시30편)
여호와여 내가 깊은 데서 주께 부르짖었나이다(시130편, 1956)
한밤에 양치는 자(1956)
만군의 여호와여(시84편, 1958)
주여 오소서(유경손, 1969)
하나님이여 민족들로 주를 찬송하게 하옵소서(시67편, 1970)
주기도 II(1972)
늘 승리하리(1976)
사도신경(1976)

3) 칸타타
성탄절 교성곡(박화목, 1956)
부활절 교성곡(김병기, 1964)
가면 노래극 "나의 주 나의 하나님" (오소운, 1979)

4) 미사
미사　　　No.1(1985)/No.2(1985)

5) 신작찬송가
주님의 은혜라(안신영, 1960)/주님의 생애(오병수, 1976)/병상 찬송(김정준, 1981)/나와 같은 죄인 위해(박봉배, 1981)/외로운 나 인생길을(정치근, 1982)/모든 사람의 자유를 위해(김경수, 1982)/선한 목자 예수는(오병수, 1983)/나는 당신의 거문고봅니다(문익환, 1983) 외 총 1,105곡

그 외 작품목록

1) 성악곡
-가곡
가려나(김안서, 1939)/박쥐(유치환, 1946)/달밤(김태오, 1946)/가는길(김소월, 1947)/별과 새에게(윤곤강, 1948)/강 건너간 노래(이육사, 1949)/접동새(김소월, 1950)/당나귀(조병화, 1955)/꽃과 고양이(조병화, 1955)/구혼(조병화, 1955)/초혼(김소월,1964)/꿈 팔아 시름사서(번영로, 1969)/산(김소월, 1969)/청포도(이육사, 1969)/밤거리에서(이육사, 1969)/자장가(조병화, 1973)/추야몽(한용운, 1980)/국화 옆에서(서정주, 1985)

-동요
구두 발자국(김영일)/금강산(강소천)/어린이 노래(강소천)/유관순(강소천)/이순신 장군(최태호)/최영 장군(최태호)/흥부 놀부(강소천) 외 200여 곡

-기타
아! 가을인가(김수경, 1936)/내고향(노천명, 1950) 외 서정소곡 40여 곡
국민가요, 조가, 기념가
교사, 사가, 군가 및 편곡 다수

2) 기악곡
-관현악곡
교향곡   No.1 "한국전쟁" (1958)/No.2 "1961" (1962)/No.3(1963)/No.4(1964)/No.5 "고난도 기교를 위한 습작written in the serial technique" (1965)/No.6 "탐라" (1966)/No.7 "성경" (1968)/No.8 "1967" (1968)/No.11(1969)/No.9 "산조" (1969)/No.10 "창조" (1972)/No.12 "남과 북" (1974)/No.13 "아리랑" (1974)
현악합주를 위한 합주협주곡(1941)
교향시 "3.1혁명" (1950)
동양무곡 "파라문의 분수" (1951)
행진곡 "통일" (1956)

-협주곡
Piano Concerto No.1(1964)/No.2(1968)/No.3(1970)
Violin Concerto No.1 〈낭만〉 (1965)/No.2(1964)
Cello Concerto No.1(전6곡, 1968)

-오페라
호동왕자와 낙랑공주(김문응 대본, 1962)
에밀레종(김문응 대본, 1972)
바보 온달(주익태 대본, 1976)

-교성곡
충무공(이은상, 1952)
만수무강(박종화, 1954)
3.1의 횃불(조애실, 1988)

-실내악곡
Concerto Grosso for String Orchestra
String Quartet No.1 "Romantic"
Piano Trio No.1 "Written in the 12 Tone Technique"
"Shinawi" for 8 Players(전14곡)
현악4중주 제1번 "낭만"(1942)
8명의 연주를 위한 "시나위"(1965)

-독주곡
피아노를 위한 조곡(1942)
피아노 광시곡(1942)
첼로 소나타 제1번 "고전"(1946)
Theme & Variation Written in the 12 Tone Technique(1955)
피아노를 위한 6개의 전주곡(1955)
12음 기법에 의한 피아노 3중주 제1번(1955)
바이올린과 피아노를 위한 〈산조〉(1965)
피아노를 위한 12개의 전주곡 Vol.1(1973)
첼로 환상곡(1978)
피아노를 위한 12개의 전주곡 Vol.2(1989)

손 들고 옵니다

Charles Wesley 작사
나운영 작곡

나인용(蘿仁容 1936~)

1936	충남 예산 출생

현재
2001~	현대음악 앙상블 '소리' 단장
1998~	학교법인 삼일학원(협성대학교) 이사
	연세대학교 음악대학 작곡과 명예교수

학력
1962.2	연세대학교 작곡과 졸업
1972.5	미국 노스캐롤라이나 대학교 대학원 졸업

경력
1) 작곡발표회

1967	작곡발표회(명동 국립극장)
1972	귀국 작곡발표회(명동 국립극장)

2) 교육활동
• 주요 음악 강의 활동
초빙교수 및 초청강연 학술발표

1979-1980	풀브라이트(Fulbright) 초빙교수로 위스콘신 대학교(Superior), 미네소타 대학교(Duluth), 성스콜라스티카(St. Scholastica) 대학교에서 한국 전통음악과 서양 현대음악 강의. 이 3개 대학과 Duluth-Superior 교향악단을 위하여 교향곡 "Lake Superior"를 작곡, 80년 2월 Duluth Alena에서 연주와 세미나 개최
1982	서울대학교 음악대학 교향곡 "Lake Superior" 세미나
1987~1988	독일 프라이부르크(Freiburg) 음악대학 현대음악 연구소에서 현대음악 연구, 도나우에성엔 음악제(Donaueschinger Musiktage)와 ISCM음악제(프랑크푸르트) 참석; 프라이부르크 현대음악 앙상블 목관5중주 연주
1994	대구현대음악제 나인용의 작품세계에 대한 세미나
1997.11.10	목원대학교 주최 국제 세미나(대전) 〈나인용의 작품세계〉 발표
1998.3.19	대만-서울 교류 음악제(대만 사범대학) 〈나인용의 "太"〉에 관한 주제발표
1999.8.26	일본 나가노 국제 음악제 〈나인용의 작품에 나타난 한국적 특성〉 발표
1999.5	추계예술대학교 개교 25주년 기념 정기세미나 〈나인용의 음악세계〉 발표
2001.9.20	운지회 주최 한국 현대 관현악 작품 세미나 〈나인용의 관현악을 위한 "太"에 관한 작품분석〉 발표
2001.10	한양대학교 음악대학 〈나인용의 작품세계〉 세미나

1973.3~2001.8 연세대 작곡과 전임강사, 조교수, 부교수, 교수, 작곡과장, 교학과장, 학장, 음악연구소장 역임

3) 지휘활동
상동교회 성가대 지휘

4) 사회활동
1996.3~2003.3 아시아작곡가연맹 한국위원회 회장
1994~1997   한국음악협회 부이사장
1982~2000   한국작곡가협회 부회장
1985~1995   미래학회 부회장
1982~1986   21세기악회 회장(전 연세작곡연구회)
1997~현재   학교법인 삼일학원 이사(협성대학교)
2001~현재   현대음악 앙상블 "소리" 단장, 한국최초 현대음악앙상블 조직, 정기연주회 활동 중(문예진흥원과 서울특별시 후원, 2001-2005)

저술과 작품집
1) 저서
18세기 대위법(음악춘추사, 2002)

2) 역서
Kent Kennen - Counterpoint(세광출판사, 1976)
Arnold Schönberg - Structural Functions of Harmony(공역)
Bruce Benward - Studies in Counterpoint(공역)
Ernst Krenek - Studies in Counterpoint(공역)
Robert W. Ottman - Harmony(공역)
Johann J. Fux - The Study of Counterpoint(공역)

3) 논문
김의용, 나인용의 관현악곡 "太"의 분석연구(연세대학교 대학원, 1992)
석윤복, 나인용의 실내악 "몽"의 분석연구(연세대학교 대학원, 1997)
차은희, 나인용의 현악5중주 "골고다"의 분석연구(연세대학교 대학원, 2000)
이미진, 나인용의 목관5중주 분석연구(연세대학교 대학원, 이화여자대학교 논문집)
김민아, 나인용의 합창곡 분석연구(연세대학교 대학원, 2002)
나인용, 나인용의 관현악곡(대한민국예술원, 2000)
민숙연, Der Componist IN-YONG LA "MONG und TAE" ein analyse(빈 국립음대 대학원 졸업논문, 2000)

4) 작품집
피아노 작품집 〈Landscape〉(1977)
현대음악 작품집 〈전설〉(1985)
나인용의 작품집(1996)-피아노를 위한 "전설"/목관5중주/가야금과 관현악을 위한 "도약"/심판의 날(합창곡)/관현악을 위한 "태"/플룻과 바이올린을 위한 "대화"/현악4중주 "골고다"/가시리(여성3부)/가시리(혼성4부)/인성과 실내악을 위한 "몽"/교향곡 "수페리어 호수"

음반
나인용 작품집
미래악회 10주년 기념음반 〈랑〉(1987)
KBS FM 한국의 작곡가 시리즈 5-칸타타 대한민국(광복50주년 기념)

수상
1978   제2회 대한민국작곡상(인성과 실내악을 위한 "몽")
1982   제6회 대한민국작곡상(교향곡 "수페리어 호수")
1993   한국음악상(창작부문)
1999   영창음악상

교회음악 작품목록
1) 합창곡
별들의 반짝이는 곳(1978)
주의 날(박설봉, 1982)
시편 130편(연세대학교 위촉, 1993)
호산나(김경희, 삶과꿈 정기연주회 위촉, 1999)
호산나(나인용, 1980)
너는 그때 어디 있었느냐(김경희, 삶과꿈 정기연주회 위촉, 1999)
부활(김경희, 삶과꿈 정기연주회 위촉, 1999)
시편 150편(수원시립합창단 창립20주년 기념 위촉, 2003)
당신의 우편에 두소서(연세음악연구소 위촉, 1999)
오직 하나님의 영광을 위하여(정소영, 1995)

2) 독창곡
여호와 의지하라(윤병상, 1978)/마음의 가난한 사람(윤병상, 1979)/먼 길 가까이 가겠네(유경환, 1980)/겟세마네의 기도(김경희, 삶과 꿈 정기연주회 위촉, 1999)/사도신경(2000)/사랑은 오래 참고(2003)

3) 칸타타
베드로의 고백(최문자, 1994)

4) 찬송가
인류는 하나되게(홍현설, 1983)/십자가의 길(유준경, 1985)/거룩한 주의 날(김영헌, 1994)/소리 없이 내려오는(마경일, 1992)/하나님을 찬양하자 우리를 사랑하사(전재동, 1994)/사랑의 하나님 그 귀하신 이름(임철수, 1998)/자녀들아 안식하라(나원용 1993)/믿음으로 이 몸을 바치고(전재동, 1994)/세상 죄를 지고 가는(전재동, 1994/죄인 위해 이 땅 위에(김용옥, 1980)/나 이제야 깨달았네(김영헌, 1993)/하나님이 세상을 이처럼 사랑하사(전재동, 1994)/진실하신 성령이여(기존 찬송가사, 1993)/올해도 변함없이(전대동, 1994)/손들고 옵니다(나원용, 1992)/역경 후에 복이 있네(전재동, 1994)/어머니(전대종, 1994)/팔복찬송(1994)/마음 문을 열어라(서성옥, 19930/아침 해가 힘차게(한국명시, 1992)/내 마음 답답하고 괴로울 때면(조철하, 1991)/저 영원한 곳을 향해(전재동, 1994)/오 젊고 용감하신(1992)/새 하늘과 새 땅(김경수, 1988)/병고도 연단으로(박종렬, 1981)/내가 주리고 목마를 때(오소운, 1985)/주님 사랑에 매인 몸(박성문, 1991)/하나님의 모습대로(강원용, 1980)/들리는가(강현석, 1991)/새로 난 온누리(임목인, 1990)/어둡던 강산에(신현균, 1965)/동방의 반도나라(한국명시, 1990)/시온의 노래(한국명시, 1988)/우리나라 좋은나라(임종락, 1990)/한평생 나그네로(엄원용, 1989)

5) 미사
Kyrie/Gloria/Credo/Sanctus/Agnus Dei(한국 루터교회 위촉, 1987)

그 외 작품목록
1) 성악곡
-가곡
님의 노래(김소월, 1962)/그대 내 마음의 창가에 서서(박화목, 1973)/마음(김광협, 1974)/임진강의 민들레(유경환, 1981)/꽃(서정주, 1997, KBS위촉)/진달래(김소월, 1962)/기다림(모윤숙, 1965)/봄날 사랑의 기도(안도현, 2004)/어머니을 위한 자장가(정호승, 2005)/광야(이육사, 2005)

-합창곡
심판의 날(제6회 서울음악제 위촉, 1974)
가시리(선명회합창단 위촉, 1978)
흥부와 놀부(여성3부, 선명회어린이합창단 위촉, 1980)
설악산(유경환, 혼성4부, 합창국립합창단 위촉, 1983)
고려청자(유경환, 혼성4부 합창, 대우합창단 정기연주회 위촉, 1984)
고향(최문자, 여성3부합창, 와이즈맨매넷 합창단 위촉, 1987)
청산별곡(혼성4부 합창, 삶과꿈싱어즈 위촉, 1994)
시조3편에 의한 합창곡 이런들, 이 몸이(부산시립합창단 위촉, 1994)
비롯함도 마침도 없는 님아(구 상, 수원시립합창단 창립20주년 기념 위촉, 2003)
20년만의 눈(수원시립합창단 창립20주년 기념 위촉, 2003)

-칸타타
아세아의 눈부신 아침-아시안게임을 위한 문화예술축전(구 상, 서울국제음악제 위촉, 1986)
대한민국(이근배 시, 광복 50주년 기념 KBS 위촉, 1995)

-오페라
부자유친(오태석 작 연출, 2002)/세바스찬의 죽음(2003)/아, 고구려, 고구려 광개토호태왕(2005)

2) 기악곡
-관현악곡
교향시곡 "한강의 이야기"(1971)
관현악을 위한 "향악의 반향"(1972)
오케스트라를 위한 신포니아(1976)
교향악 수페리어 호수(Duluth Superior Symphony Orchestra 위촉, 1980)
한국 광시곡(제7회 대한민국음악제 위촉, 1983)
현악합주를 위한 "낙동강"(1981)
오케스트라를 위한 신포니에타(1983)
가야금과 관현악을 위한 "도약"(대한민국음악제 위촉, 1985)
-히로시마 음악제(1992)
-동경음악제(오페라시티홀, 1999)
-후쿠오카음악제(2000)
-아시아 작곡가 연맹대회(예술의전당, 2002)(이건 뭐죠? 연주인가요, 위촉인가요?)
관현악을 위한 "태"(1987~1988)
현악 오케스트라를 위한 프렐류드(1989)
세종찬가(MBC방송 창사30주년 기념 위촉, 1991)

-실내악곡
String Quartet No.1(1967)
String Quartet No.2(1976)
Sonata for Violin & Piano(1967)
Piano Trio No.1(1967)
소프라노와 3개의 악기를 위한 "수난과 여명"(1967)
7개의 악기를 위한 산조(1970)
타악기와 실내악을 위한 즉흥곡(1971)
전자음악과 플룻을 위한 "십자가와 환상"(1972)
소프라노와 실내악을 위한 "사야"(1972)
가야금, 대금과 실내악을 위한 "영명송"(1973)
Chamber Music for 9 players(1972)

소프라노, 플룻과 2개의 바이올린을 위한 "혼무가"(1976)
플룻과 바이올린을 위한 "대화"(1976)
6인의 인성과 실내악을 위한 "청산별곡"(제9회 서울음악제 위촉, 1977)
Splash for Children(제4회 범음악제 위촉, 1977)
Piano Trio No.2(1978)
인성과 실내악을 위한 "몽"(1978)
"풍경" 제3번(1981)
플룻, 바순과 3대의 기타를 위한 실내악(제2회 일본 현대기타음악제 위촉, 1983)
목관5중주(1990)
바리톤, 바이올린, 피아노를 위한 "혼자"(최문자, 미래악회 위촉, 1994)
현악4중주 "골고다"(제27회 서울음악제 위촉, 1995)

-독주곡
피아노를 위한 "풍경"(1972)
"풍경" 제2번(이방숙 독주회 위촉, 1977)
첼로를 위한 환상곡(공간극장 개관기념 위촉, 1977)
첼로를 위한 "명"
오르간을 위한 "산조"(1979)
피아노를 위한 "전설"(L. Grau 위촉, 1980)
오르간을 위한 "오호츠크 해의 비가"(KAL기 참사 애도, 채문경 파이프오르간 독주회 위촉, 1983)
플룻 독주를 위한 "랑"(제16회 서울음악제 위촉, 1984)
클라리넷을 위한 "독백"(1992)

-한국 전통음악
가야금을 위한 "영상"(양승희 가야금 독주회 위촉, 1977)
가야금을 위한 "용"(양승희 가야금 독주회 위촉, 1989)
가야금을 위한 "산수도"(범음악제 위촉, 1984)
대금을 위한 "낙조"(범음악제 위촉, 1994)
국악 관현악을 위한 "설"(제21회 한국음악 창작발표 국립음악원 위촉, 1984)

-협주곡
바이올린과 오케스트라를 위한 콘체르토 "고뇌하는 자의 하루"(서울음악제 위촉, 2002)

소리 없이 보슬보슬

박재훈(朴在勳 1922~)

1922	강원도 금성 출생

현재
1995~	캐나다 토론토 교회음악원 원장 및 원로목사

학력
1937	평양 요한학교 졸업, 일본 동경 제국고등음악학교 수학, 중앙신학교 졸업(1회)
1959~1960	웨스트민스터 합창대학(Westminster Choir College) 수학, 크리스천 신학교 졸업(교회음악 석사)
1966	미국 아주가 퍼시픽 대학 인문학 박사학위 받음

경력
1) 교육활동

1946.4	평남 문동국민학교, 서울 금양국민학교, 대광고등학교 음악교사 역임
1967~1973	한양대학교 음악대학 교수

2) 지휘활동

1947~1953	도동교회, 송덕교회, 동대문교회, 광복교회, 부산 영락교회, 보수 감리교회 성가대 지휘
1953~1959	영락교회 성가대 지휘
1963~1973	영락교회 성가대 지휘
1964~1966	선명회어린이합창단 지휘
1974~1977	L.A. 서울코랄 창단 지휘
1977~1984	캐나다 토론토 한인 연합성가대 지휘
1979	토론토 한인 합창단 창단 지휘
1983	수난곡 "성 마가 수난음악" 초연 지휘(세종문화회관 대강당)
1995.12	교성곡 "뿌리, 온 땅에 편만하리" 초연 지휘(영락교회)

3) 음악활동

1950	기독교방송 음악과장 역임
1964~1967	한국찬송가위원회 간사 및 음악전문위원
1964~1966	계간 〈교회와 음악〉 주간
1973~1977	미국 헐리우드 한인 장로교회 음악감독
1978	한영 찬송가 제작

4) 목회활동
1982.11~90.12 캐나다 한인 큰빛장로교회 당회장 역임

저술과 작품집
1) 저서
찬송가 작가의 면모(1955)
주일학교 음악 지도법(1956)

2) 작품집
동요곡집 〈일맥 동요곡집〉(1946)
동요곡집 〈난초난〉
찬미 1~6집(1947~1953)
박재훈 한국찬송가집(1972)
오페라 〈에스더〉(1971)
성가합창곡집 〈목마른 사슴같이〉(1973)
성가곡집 〈십자가를 지신 예수〉(1988)
박재훈 독창곡집 〈나 언제나 주님을 찬미하리니〉(1972)
박재훈 찬송가집 〈찬양하라 창조의 주 하나님을〉(1991)
수난곡 〈성 마가 수난음악〉(1983)
교성곡 〈뿌리, 온 땅에 편만하리〉(1995)

음반
찬송가 레코드 제작
한영찬송가(Korea-English Hymn Book) 편집, 제작(1978)
손에 손을(Hands in Hand) 편집, 제작(1992)

교회음악 작품목록
1) 합창곡
주는 나의 선한 목자(1944)
주여 나를 건지소서(1948)
주는 저 산 밑에 백합(1948)
주의 기도(1959)
보라 하나님의 어린양을(1969)
목마른 사슴같이(1970)
바벨론 강가에 앉아(1971)
할렐루야 여호와를 찬양하라(1989) 등 다수

2) 독창곡
나 언제나 주님을 찬미하리니(1972)

3) 칸타타
뿌리, 온 땅에 편만하리(1995)

4) 수난곡
성마가 수난음악(1983)

5) 오페라
Esther(1971)

6) 찬송가
지금까지 지내온 것(1967)
주여 어린 사슴이(1947)
눈을 들어 하늘보라(1952)
어서 돌아오오(1943)
산마다 불이 탄다 고운 단풍에(1967) 등 다수

7) 어린이 찬송가
황금물결은 물결
여름밤 별님은
예수님은 우리들의
찬양하며 주 앞에
뛰어놀기 참 좋은 등 다수

그 외 작품목록
1) 성악곡
-동요
어머니 은혜(윤춘병 시)
다람쥐(김영일 시)
눈꽃송기(서덕출 시)
봄노래(오수경 시) 등 다수

박태준(朴泰俊 1900~1986)

1900   경북 대구 출생

학력
1916.3   계성학교 졸업
1921.3   평양 숭실학교 대학부 졸업
1933.6   미국 Tusculum College 졸업(문학사 A.B.)
1935.6   미국 Westminster Choir College대학원 졸업(음악석사 MUS.M)
1952.11   미국 Wooster College 명예 음악박사(MUS.P)

경력
1) 교육활동
1925~1931   경북 대구 계성중학교 교사
1936~1938   평양 숭실전문학교 교수
1938~1944   대구 계성중학교 교사
1946~1948   서울 여자의학전문학교 교수
1948~1963   연세대학교 신과대학 및 음악대학 교수
1955~1963   연세대학교 신과대학 종교음악과 과장
1964~1966   연세대학교 음악대학 초대 학장
1966~1973   연세대학교 음악대학 특별강사

2) 지휘활동
1945.9~1973.1   한국오라토리오합창단 창단 및 상임지휘자
1945.12   Handel 〈Messiah〉 초연지휘
1946.4   John Stainer 〈Crucifixion〉 초연지휘
1954.11~1955   Haydn 〈Mass No.1 & 2〉 초연지휘
1956.11~1957   Haydn 〈Mass in d-minor〉 초연지휘
1958.11~1959   Beethoven 〈Mass in C-Major〉 초연지휘
1960.11   Mozart 〈Requiem〉 초연지휘
1961.11~1962   Bach 〈Mass in c-minor〉 초연지휘
1963.1   Beethoven 〈Mass-solemnis〉 초연지휘
1964.11~1965   Mendelssohn 〈Elijah No.1 & 2〉 초연지휘
1966.5   Burk 〈Easter Cantata〉 초연지휘
1966.11   Mozart 〈Coronation Mass〉 초연지휘
1967.11   Mozart 〈Missa Brevis〉 초연지휘
1968.12   Mozart 〈Mass in c-minor〉 초연지휘

1969.11	Haydn 〈The Four Seasons〉 초연지휘
1972.12	Mendelssohn 〈St. Paul〉 초연지휘
1945~1974	남대문 장로교회 성가대 지휘

3) 사회활동

1960~1978	예술원 회원
1961~1973	한국교회음악협회 회장
1968~1971	한국음악협회 이사장
1974~1986	한국음악협회 고문

저술과 작품집

1) 역서
화성학(W. Piston. 저)
초보화성학(Preston Ware Orem 저, 1968)
교회음악사(1974)
찬송가학(David R. Breed 저, 1977)

2) 작품집
중중 때때중(1929)
양양 범벅궁(1931)
물새 발자욱(1939)
박태준 동요곡집(1947)
박태준 작곡집(연세대학교 음대동문회편, 1975)

수상

1957.10	서울시 문화상
1961.7	예술원상
1962.8	문화훈장(최고회의 의장)
1970.8	국민훈장(무궁화장 대통령상)
1986	MBC 가곡 대상

교회음악 작품목록

1) 합창곡
부활(박태준, 1935)
평안(박태준, 1935)

2) 찬송가
귀한 주의 사랑(박태준, 1949)

인생을 건져주신 주(마경일, 1957)
나 이제 주님의 새 생명 얻은 몸-통일찬송가 193장 (이호문, 1967)

그 외 작품목록

1) 성악곡
-가곡
미풍(이은상, 1922)/동무생각(이은상, 1922)/님과 함께(이은상, 1922)/소낙비(이은상, 1922)/금주가(박태준, 1927)/어야드야(윤석중, 1930)/임 생각(윤석중, 1934)/추석(윤석중, 1934)/첫겨울(윤석중, 1934)/물새알(윤석중, 1935)/나(윤석중, 1934)/오시나 봐(윤석중, 1938)/나물무치기(윤석중 1938)/야호(윤석중, 1938)/백두산 하늘 못(윤석중, 1939)/산길(양주동, 1940)/밤길(박남수, 1940)/빗소리(주요한, 1940)/길 (윤석중, 1940)/유엔환영의 노래(조지훈, 1946)/도래춤(김안서, 1950)/전원의 노래(조영암, 1950)/동해송(이은상, 1960)/바다는(한하운, 1960)/너는 돋는 해 아침 빛(조병화, 1960)/연못가에(최선령, 1960)/집 생각(김소월, 1970)/겨례와 함께(윤석중, 1975)

-동요
가을밤(이태선, 1920)/꽃봉투(윤석중, 1920)/가을(박목월, 1920)/꼬부랑 둔덕(서덕출, 1920)/고기잡이 할아버지(윤석중, 1920)/골목길(김영일, 1920)/꽃밭(장효섭, 1920)/나미와 잠자리(윤석중 1920)/내 방패연(윤석중 시, 1920)/ 등대(윤복진 시)/기러기(윤복진 시)/할머니 노래(윤복진, 시)/새 보는 아가의 노래(윤복진)/기차가 달려오네(윤복진)/바닷가에(윤복진)/풍경(윤복진)/눈꽃(김영일, 1920)/바람아 불지마라(구석범)/눈 내리는 밤/양양 범벅궁(김수향)/겨울밤(윤복진)/스물하루 밤 월급타는 밤/눈 오신 아침(윤복진)/눈이 오는 밤(홍은순, 1920)/우리나라(윤석중, 1920)/오빠생각(최순애, 1925) /맴맴(윤석중, 1926)/밤 한 톨 떽떼굴(윤석중, 1926)/머리감은 생쥐(윤석중, 1926)/오뚝이(윤석중, 1927)/찢어진 연(윤석중, 1927)/기차(이원수, 1927)/방울(김계담, 1927)/모슬비(윤석중, 1927)/빨강비 파랑 비(윤석중, 1927)/슬픈 밤(윤석중, 1927)/종소리(윤석중, 1927)/줄넘기 노래(윤석중, 1927)/하얀 밤(윤석중, 1927)/학교문(윤석중, 1927)/꽃밭잔치(윤석중, 1929)/순이(박경종, 1930)/단풍잎 하나 (윤석중, 1930)/ 우리집 콩나물 죽 (윤석중, 1930)/대낮에 생긴 일(윤석중, 1930)/빨간 열매(이원수, 1930)/누나얼굴 (윤석중, 1930)/당나귀(홍종달, 1930)/시계방(윤석중, 1930)/벼룻돌(윤석중, 1930)/생일축하가 No.1(백태준)/바스락(윤석중, 1930)/조약돌(윤석중, 1930)/교문 밖에서(이원수, 1930)/누가 누가 이기나(윤석중, 1930)/먼지나는 자동차(박태석, 1930)/시계(윤석중, 1930)/시골 정거장(윤석중, 1930)/심심하여서(윤석중, 1930)/아침 마을(윤석중, 1930)/연못물(윤석중, 1930)/우리길(윤석중, 1930)/우리 누나 달(윤석중, 1930)/잠자리(윤석중, 1930)/저 바다(윤석중, 1923)/명명 꼬꼬댁(윤석중, 1031)/길 가기(윤석중, 1934)/해맞이 달맞이(윤석중, 1935)/둥글둥글 (윤석중, 1935)/고요한 밤(윤석중, 1938)/가을 부채(윤석중, 1938)/철새(윤석중, 1939)/다람쥐(박목월, 1940)/바윗돌 (윤석중, 1940)/산산 무슨 산(윤석중, 1940)/앞으로 나가자(김영호, 1940)/별별 무슨 별(윤석중, 1940)/아침저녁(윤석중, 1940)/어린이 노래(박목월, 1940)/작은 배(박태석, 1940)/해야 달아

(윤석중, 1940)/새나라의 어린이(윤석중, 1945)/우리나라 무궁무궁(윤석중, 1945)/우리나라 어린이(윤석중, 1945)/우리동무(윤석중, 1945)/오솔길(장수철, 1946)/내 마음(김희보, 1960)

나 이제 주님의 새 생명 얻은 몸

백경환(白慶煥 1942~)

1942   평남 평양 출생

현재
1991.12~   배재코랄 지휘자
2004.4~   나성 영락교회 음악목사
2005.3~   미주 찬송가공회 회장
2005.6~   나성 영락교회 지휘자

학력
1965.3   한양대학교 음악대학 작곡과 졸업
1980.5   매네스 음악대학원 작곡과 졸업
1983   피바디 음악대학원 수료(지휘)
1996.5   Reformed Presbyterian Seminary 졸업(Los Angeles, CA)
2002.5   미주 총신대학교 명예교회음악박사

경력
1) 작곡발표회
1987.8   제1회 성가작곡발표회-성가합창곡(New York, NY)
1987.10   제2회 성가작곡발표회-성가합창곡(Washington DC)
1994.1   제3회 성가작곡발표회-성가합창곡(Los Angeles, CA)
1997.1   제4회 예술가곡발표회-예술가곡(Los Angeles, CA)
1999.1   제5회 성가작곡발표회-성가독창곡(Cerritos, CA)
2002.6   제6회 작곡발표회-성가합창곡(Los Angeles, CA),아시아 기독교작곡가 성가 작곡발표회 참가, 매년 창작가곡발표회(남가주한인음악가협회 주최) 참가, 매년 창작성가발표회(교회음악협회 주최) 참가

2) 교육활동
1972~1973   단국대학교 음악과 강사
1973~1976   한양대학교 음대 강사
1974~1976   청주대학교 음악과 강사
1986~1988   Columbia 신학대학 강사 및 Everett Univ. 강사(Washington DC)
1989~2002   Bethesda Univ. 음악과 과장 및 교수(LA)
2003~2004   미주 총신대학 음악대학장(LA)

3) 지휘활동
1960~1964	서울 서교동교회 성가대
1995~1967	육군본부교회 성가대
1967~1972	서울 동암교회 성가대
1973~1975	서울 한일교회 성가대
1975~1976	서울 영락교회 호산나 성가대
1976~1980	뉴욕 한인교회 성가대
1981~1988	볼티모어 벧엘교회 음악감독
1988~1991	동양선교교회 전임 음악감독
1991~2004	미주성산교회 음악목사
1971~1976	김자경오페라단 합창 및 캐스트 연습 지휘
1976~1981	뉴욕 에밀레오페라단 지휘
1999	LA한미오페라단 지휘
1989.3~2004	LA한인기독합창단 16년 상임지휘
1992.12	러시아 문화성 초청 "메시아" 연주회 지휘(차이코프스키홀, 모스크바)
1997.10	홍난파 탄생100주년 기념 음악회 지휘(Ebel Theater, LA)
1999.12	새천년맞이 대 음악제 지휘(Music Center, LA)
2003.6	이민100주년 기념 대 음악제 지휘(Music Center, LA)

4) 사회활동
1979	뉴욕 한인음악가협회 회장
1996, 1997	남가주 한인교회음악협회 회장
2003.11	이민교회 창립 100주년 감사 축제 음악위원장(LA Conventoin Center)
2004.11	한국 교회음악 100주년 기념 박재훈성가곡 찬양의 밤 음악위원장(LA)
2005.10	LA 성시화대회 음악위원장

저술과 작품집
1) 저서
한국 교회음악의 토착화(1996)
예배, 음악, 음악목회(1996)
예배음악과 복음성가(1990)
고정도법에 의한 기악 작품 시창훈련(1993)

2) 논문
예배음악과 복음성가(동양선교헤랄드, 1989)
한국교회음악의 토착화(1996)
예배, 음악, 음악목회(개혁장로회신학대학, 1996)
고정도법에 의한 시창훈련(베데스다대학교, 1993)

3) 작품집
성가합창곡 제1집 〈나 깊은 곳에서〉(영광출판사, 1996, Washington DC)
성가합창곡 제2집 〈진실한 나의 친구〉(호산나출판사, 1993)
성가독창곡 제3집 〈주의 종 삼으소서〉(새노래출판사, 1998)
예술가곡집 〈나그네〉(새노래출판사, 1996)
성가합창곡 제4집 〈할렐루야 찬양하세〉(호산나출판사, 2001)
칸타타 〈십자가상의 칠언〉(호산나출판사, 2002)
칸타타 〈주여 명하소서〉(이상윤, 호산나출판사, 2002)
〈21세기 찬송가〉에 작품 수록

교회음악 작품목록
1) 합창곡
나 깊은 곳에서 /나는 포도나무요/나의 힘이 되신 여호와여/내 영혼아 잠잠히/무거운 짐 진 자들아/복 있는 사람은/복 있는 자는 /빈들에 마른 풀 같이/사도신경/사랑 /상한 갈대도 꺾지 않으시고/새 노래로 노래하며/서로 사랑하라/여호와 우리 주여/여호와께 감사하라/오 마리아여/온 땅이여 여호와께 즐거이 노래할지어다/우리는 한 가족/우리를 택하여 크신 일을 이루셨다/주기도/주님은 나의 피난처/주님이 교회 세우셨네/주여 나를 정하게 하소서/진실한 나의 친구/평화의 기도/할렐루야 찬양하세/호산나 찬송하리로다/거기 너 있었는가/너희는 세상의 빛이라/놀라운 일이 일어났네/생명의 양식을 내리소서/염려하지 말아라/주님이여 사랑해요/태초에 하나님이

2) 독창곡
기도의 시간(백경환)/내 영혼아 일어나서(백경환)/내가 산을 향하여/내가 주를 영접한 후(반병섭)/네 병든 손을 내밀어라(백경환)/빈손으로 주 앞에 갈 수 있을까(임성길)/살아온 수많은 날(이상윤)/여호와는 나의 목자시니(시23편)/우리 주님 가신 길(반병섭)/주기도/주님께 귀한 것 드려(백경환)/주님은 나의 힘이시니(백경환)/주의 종 삼으소서(반병섭)/진실한 나의 친구(백경환)/질그릇 같은 이 몸을(반병섭)/캄캄한 밤 사나운 바람 불 때(김활란)/하나님의 사랑은(백경환)

3) 찬송가
기다리는 나의 영에(반병섭)/기도합시다(김기호)/나는 몰랐네(김기호)/나의 집(반병섭)/무엇을 주셨기에(반병섭)/믿음으로 살아요(김기호)/복되어라 어머니 날(찬송가)/사랑의 구주/사랑합시다(백경환)/세상에서 헤맬 때(반병섭)/어제와 오늘과 내일(반병섭)/예수를 생각만 해도(찬송가)/우리 집(백한걸)/은총의 빛(황춘성)/자연과 신앙(반병섭)/잔치집과 같은 교회(반병섭)/주님 사랑 더합니다.(황춘성)/주님 앞에 나올 때에(반병섭)/주님을 바라보라(김기호)/주님의 고난(반병섭)/내 주 예수 크신 사랑(곽상희)/내가 주를 처음 믿어(곽상희)/병든 자여 안심하라(박동식)/부름 받은 이 땅에서(곽상희)/인생길을 돌아보며(박재호)/주여 어서 오시옵소서(백한걸)/하나로, 세계로, 미래로(김영교)/하늘 보좌 버리고(박명수)

4) 찬송가 편곡
곧 오소서 임마누엘/내 구주 예수를 더욱 사랑/내 영혼 평안해/내 영혼에 햇빛 비치니/내 주여 뜻대로/너 예수께 조용히 나가/다 경배하자 주께/별빛 속에 빛나는 주님/보혈 찬송 Medley/시온의 영광이 빛나는 아침/어머님 기도 못 잊어/예수가 우리를 부르는 소리/오 신실하신 주/오 예수 닮기 원하네/이 눈에 아무 증거 아니 뵈어도/주 예수 넓은 사랑/주 예수께 다 아뢰라/주님을 알게 하소서/주여 지난 밤 내 꿈에 뵈었으니/주의 곁에 있을 때/축하하오 기쁜 크리스마스/태산을 넘어 험곡에 가도/할렐루야 나 찾았네/험한 시험 물속에서/형제의 친교/거기 너 있었는가/다 찬양하여라/Jingle Bells/White Christmas

5) 송영곡
거룩하신 주 하나님/거룩하신 주님 앞에/기도 들어 주소서 1, 2/네 번 아멘/마음 문 열어/마음과 정성 다해/사랑의 구주여/사랑의 주 하나님/성부와 성자와 또 성령께 1, 2, 3/성삼위 송가 1, 2/세 번 아멘/아멘 1, 2/아버지시여/어버지여/어버지여 축복하소서/여섯 번 아멘/오 거룩하신 주 하나님/오 주여 기도 들어주소서/자비하신 아버지여/주가 너를 지키시고 축복하시리 1, 2/주님께 경배하자/주님이 지키시리/찬양, 영광/찬양과 영광을/찬양하라 성삼위일체 되신 주/축복하소서/하나님은 힘이시니/할렐루야 아멘

그 외 작품목록
1) 성악곡
-가곡
갓 스물(김안서)/강 마을(정용진)/거문고 뱃노래(민요 편,작곡)/국화 옆에(서정주)/그리움(김영교)/그림자(고 원)/기차역 그림(김동찬)/길(김소월)/꽃 꺾어그대 앞에(양우성)/꿈 길(김안서)/나그네(박목월)/내 고향 언덕길(백경환)/너는 구름 나는 바람(오정방)/마음의 고향(황춘성)/먼 후일(김소월)/못 잊어(김소월)/바람이 부는 까닭은(오정방)/박꽃(차신자)/백목련/사랑의 꽃(석정희)/새 타령(민요 편곡)/아네모네(고 원)/오다가다(김안서)/유월의 아침(모윤숙)/종이 등(김문희)/산이 소리쳐 부르거든(양성우)/초혼(김소월)

-교가
개혁장로회 신학교 교가(초천일)
국제신학대학교 교가(성기룡)
베데스다대학교 교사(오형철)
여전도회연합회 회가(반병섭)

2) 기악곡
현악4중주(1965)
바이올린 관현악을 위한 랩소디(1975)
관현악을 위한 환타지(1979)

예수를 생각만 해도

백태현(白泰鉉 1927~)

1927   서울 출생

현재
1995~   한국교회음악협회 고문
2000~   한국교회음악작곡가협회 고문
1996~   한국코다이협회 고문
2001~   서울대학교 음악대학 제3회 동창모임 총무
2004~   은진중학교 제23회 동창모임 총무
1997~   갈보리선교교회 원로장로

학력
1944   은진중학교(만주 용정) 졸업
1958   서울대학교 음악대학 작곡과 졸업
1983   경희대학교 교육대학원 졸업

경력
1) 작곡발표회
1953   오페라 "헤롯왕"(성신여고 강당)
1964   칸타타 "운정송1"(YWCA 강당)
1073   칸타타 "운정송2"(장충체육관)
1965   크리스마스 칸타타 "노엘"(동신교회)
1984   부활절 칸타타 "십자가의 승리"(동광교회)
1997   성가독창곡 "하루 살면"(힐튼호텔)
1997   연가곡 "사랑의 언약"(힐튼호텔)
1977~2005   한국교회음악협회 주최 신작성가 발표회 37회 참가, 37곡 신작성가 발표

2) 교육활동
1952~1968   성신여자중고등학교 교사 역임
1968~1981   성신여자대학교 부교수 역임
1981~1990   강남대학교 교수 역임

3) 지휘활동
-교회 성가대
1947   수원 종로감리교회
1949   서울 중앙감리교회

1950	숭덕학사교회
1050	강화읍교회
1951	대구제일교회
1952	동대문감리교회
1953	부산 해병사령부교회
1953	동대문감리교회
1955	동소문교회
1956	동광교회
1959	동신교회
1963~1973	동광교회
1984~1086	성도교회
1986~1989	동광교회
2000	만나교회

-합창단

1950.9	광복합창단 창단 지휘
1954~1958	서울Y성가단 창단 지휘
1959.3~12	농우회 합창단
1991.10	극동방송 주최 성가제 연합합창 지휘
1993.5	교회음악협회 주최 성가대 연합합창 지휘

-학교합창단

1952~1967	성신여고
1967	숭실대 합창단
1967~1976	한신대 합창단
1971~1977	성신여대 합창단
1983~1986	강남대 합창단
1991~1999	루터신대 합창단

-오케스트라 지휘

1964.6	성신여고 스트링오케스트라 창단지휘(시민회관)
1965.11	이리 전주 지방연주
1966.7	부산지방연주
1974.11	성신여대 정기연주회 지휘 국립교향악단 협연(류관순기념관)
1974	성신실내합주단 창단지휘
1978	베토벤 협주곡의 밤(성신실내협주단과 협연)
1980.12	2인 음악회(성신실내협주단과 협연)
1980.12	3인 음악회(성신실내협주단과 협연)

1983.11	강남대 제13회 정기연주회 지휘 인천시립교향악단 협연(중앙국립극장 대극장)
1986.11	강남대 제16회 정기연주회 지휘 수원시립교향악단 협연(숭의음악당)

4) 사회활동
1975~1980	한국음악교육연합회 이사 역임
1980~1990	한국음악학회 이사 역임
1990~1992	한국교회음악협회 회장 역임
1992~1998	서울 YMCA 삼동사업위원회 위원 역임
1996~2000	한국교회음악작곡가협회 회장 역임
1995~2000	한국예술음악장학회 회장 역임
1996~	한국코다이협회 고문

저술과 작품집

1) 논문
대학생의 교양을 위한 음악통론(1975)
종교음악과 학생들의 의식구조에 대한 조사연구(1983)

2) 작품집
칸타타 〈운정송 1〉(1964)
칸타타 〈운정송 2〉(1973)
크리스마스 칸타타 〈노엘〉(화음사, 1980)
부활절 칸타타 〈십자가의 승리〉(동림사 1987)
성가독창곡집 〈하루 살면〉(재순악보출판사, 1997)
연가곡집 〈사랑의 언약〉(재순악보출판사, 1997)
낱피스 〈주기도송가〉, 〈사도신경송가〉(세종예술기획, 2004)
낱피스 〈매주 부르는 예배용 음악〉(2005)

수상

1990	국민훈장 〈동백장〉

교회음악 작품목록

1) 합창곡
나 같은 죄인까지도(김성호, 1978)/새계명(심일섭, 1983)/온갖 굴욕을(정치근, 1986)/한번만 사는 것을(정치근, 1983)/우리 가족 한마음(김세진, 1990)/어느 때까지니이까(시13편, 1992)/나를 도우소서(시70편, 1994)/그를 찬양할지어다(시150편, 1995)/여호와께 부르짖으며(시143편, 1996)/나의 산성 되소서(남기철, 1997)/만일 네 눈이(정치근, 1998)/갈릴리 해변의 주님(1999)/지금 곧 찬송하게 하소서(최효섭, 1999)/지금 곧 찬송하게 하소서(정치근,

2000)/이 몸이 병들어(정치근, 2001)/이 생명 다하도록(2001)/이 마음 내 마음이지만(강문호, 1999)/주님만을 찬양합니다(이우림, 2001)/어려운 시험 당할 때에(차복희, 2000)

2) 독창곡
주의 기도(1977)/여호와께 즐거이 부를지어다(1979)/우리를 긍휼히 여기신(1998)/주님께 감사해(1986)/주여 당신이 절림은(정치근, 1985)/주님의 사랑(정치근, 1987)/꽃이 지난밤 내린 비에(조성문, 1988)/영혼아 찬양하라(김정준, 1989)/언덕 위의 십자가(1990)/주님 닮기 원합니다(1991)/염려하지 않게 하소서(1993)/외로운 영혼(김희보, 1961)/이 마을에 오시옵소서(김희보, 1961)/세우는 자의 수고가 헛되어(시27편 1997)/새 계명(1983)/헌신가(오명수, 1999)/주님의 은총(백태현, 1956)/빛이 되신 나의 주님(1984)

3) 칸타타(오라토리오)
크리스마스 칸타타 "노엘"(화음사, 1980)
부활절 칸타타 "십자가의 승리"(동림사, 1987)

4) 오페라
성가극 "헤롯왕"(1952)

5) 찬송가
나 같은 죄인까지도(김성호 작사, 1978)/소외된 무리 속에(1980)/하루 살면(정치근 작사, 1998)/긍휼히 여기사(백태현 작사)/믿음소망사랑/빛이 되신 나의 주님/세 가지 심판(강문호 작사)/세상에서 누가 가장(정치근 작사)/시작한 새 생애/아침바람 싱그럽게(이상윤 작사)/예수님 따라가면(강문호 작사)/예수님은 포도나무(김지수 작사)/우리나라 해방주신(김명희 작사)/주안에 살자(박성운 작사)/사랑의 주 하나님/새 일을 행하소서

6) 찬송가 편곡
지금까지 지내온 것(1995)/주여 나의 병든 몸을(2000)/주께 드리네(2002)/너 근심 걱정 말아라(2003)/나 주를 멀리 떠났다(2004)/아 하나님의 은혜로(2005)/시온의 영광이 빛나는 아침(2000)/빛의 사자들이여(2005)/예수가 우리를 부르는 소리(2005)

7) 어린이 찬송가
마음은 흰 종이(이태선, 1991)/개미같이(이태선, 1991)/할렐루야 찬양해(이태선, 1994)/오 찬란한 부활의 아침(박지혜, 1994)/하늘만큼 땅만큼(정명기, 1994)/주님 찬양(오병수, 1994)

그 외 작품목록
1) 성악곡
-가곡
부여(1946)/거문도의 이별(1953)/밤길(1956)/어젯밤(1956)/장미꽃(1956)/영원히 사랑하리라(1956)/촛불(1956)/그리움(1956)/봄(1956)/내 사랑(1956)/나의 장미(1956)/진달래(1956)/사랑의 언약(1957)/사랑의 이날(1957)/님 계신 곳(1957)/그립던 맘(1957)/낙화(조지훈, 1960)/내 마음(김동명, 1960)/들국화(심순섭, 1976)

-기관 단체가
성신학도가(1952)
성신학원가(1967)
도일약품회사 사가(김음창, 1970)
상문고등학교 졸업가(이선교, 1983)
상문고등학교 응원가(이선교, 1983)
삼성어린이집 원가(최병준, 1987)
추동국민학교 교가(이숙종)
오리초등학교 교가
덕율(德栗)초등학교 교가
묵곡(默谷)초등학교 교가(최현곤)

나 같은 죄인까지도

오진득(吳鎭得 1937~)

1937	경북 의성 출생

현재
1990~	염광교회 성가대 지휘자
2002~	기독교음악예술원장
2004~	기독교음악통신대학장
2006~	한국교회음악작곡가협회 회장

학력
1975	중앙대학교 대학원 졸업(음악학석사)
2000	미국 Bernadean University(음악박사)

경력
1) 작곡발표회
1962	오진득 작곡발표회(1962, 광주)
1989~	한국교회음악작곡가협회 창작성가 발표회(2005년 제38집 성가집 작품수록)
1999~2005	한국교회음악작곡가협회 부회장 역임
2001~2005	한국교회음악협회 이사장 역임

2) 지휘활동
1963~1965	광주 KBS방송합창단 지휘자 역임
1967~1973	광주 오라토리오합창단 지휘자 역임
1955~	교회성가대 지휘

3) 교육활동
1959~1964	광주 숭의실업고등학교 음악교사 역임
1968~1973	수피아여자고등학교 음악교사, 강남대학교 청주대학교(국악과) 강사 역임

저술과 논문
A. Schönberg, B. Bartok, A.v. Webern의 작품 關係性(1970)
Josef Mathian Hauer의 12 和音列에 관한 硏究(1975)

교회음악 작품목록
1) 합창곡
복 있는 사람(1971)

여호와는 나의 목자(1975)
내 영혼은 이제 깨어서(김정숙, 1975)
주님 나를 붙으시네(김정숙, 1975)
사도신경(1970)
여호와를 찬양하라(1977)
온 땅이여 여호와께서(1980)
십계명(1991)
제일은 사랑(1994)
주기도문(1996)

2) 여성합창곡
예수님 사랑(김정숙, 1983)
하나님 주신 한마음(김정숙, 1983)
하나님의 은혜(김정숙, 1984)

3) 독창곡
늘 찬송하리라(김정숙, 1986)
장미의 기도(이혜인, 1992)
에바다(장승희, 1990)
한 형제 입니다(장승희, 1990)
태초에 말씀이 계시니라(1995)
영광의 길(양계성, 1981)
오늘을 위한 기도(김소영, 1995)
성서와 함께(이혜인, 1995)

4) 찬송가
오늘은 거룩하신 주님의 날(김상형, 1996)
나의 자랑(권택명, 1996)
더욱 더 좋아하시는 것(이태선, 1995)
한결같이 베푸시는 하나님(김창호, 1995)
창조하신 모든 세계(김지수, 1994)
이제야 알겠네(이상윤, 1997)
언젠가는 돌아가리(정치근, 1999)
사랑과 진리로(김지수, 1999)

5) 칸타타
아기 예수 탄생하신 거룩한 날(김정숙 대본, 1966)
부활하신 그리스도(주정식 대본, 1970)

사랑과 진리로

이영조(李永朝 1943~)

1943   서울 출생

현재
1994~	국립 한국예술종합학교 음악원 교수
2005~	국립 한국예술영재교육 연구원 원장
2002~	Musica Anima 음악감독
2004~	서울교회 지휘자

학력
1968	연세대학교 음악대학 작곡과 졸업(학사)
1970	연세대학교 대학원 졸업(석사)
1980	독일 뮌헨 국립음대 대학원 졸업
1989	미국 American Conservatory of Music 대학원 졸업(D.M.A)

경력

1) 작곡발표회
1995.10	칸타타 "용비어천가"(국립합창단 위촉 연주)
	작곡가의 초상 〈이영조 실내악〉 작곡발표회(미래악회)
1996.5	칸타타 "화랑"(육군사관학교 위촉 연주)
1998.4	이강숙 초청 시리즈 이영조 작곡발표회
1999.4	오페라 "황진이"(한국오페라단 위촉 공연)등 다수

2) 교육활동
1980~1987	연세대학교 음대 조교수 역임
1989~1993	American Conservatory of Music 교수 역임
1994~1996	한국예술종합학교 음악원 교수
1997~2001	한국예술종합학교 음악원장 역임

3) 지휘활동
1961~1964	아현중앙 감리교회 지휘자
1965~1966	미 보병 제2사단 성가대 지휘자
1966~1977	아현중앙 감리교회 지휘자
1978~1980	독일 뮌헨 한인교회 성가대 지휘자
1980~1986	종교감리교회 성가대 지휘자
1986~1994	시카고 가나안장로교회 지휘자

| 1996~2003 | 충신교회 성가대 지휘자 |

4) 사회활동

2000	Korean Symphony Orchestra 재단이사장 역임
2000	전주 소리축제 예술총감독 역임
2000	21세기악회 이사
2000	한국음악협회 이사
2000	한국작곡가협회 이사
1999	한국작곡가회 고문

저술과 작품집

1) 저서
오선지 위에 쓴 이력서(작은우리, 2002)
화성학 연구와 실체 上, 下(정음문화사, 1983)

2) 역서
음악형식의 분석 연구(공역, 세광음악출판사, 1976)
전조의 연구(공역, 수문당, 1982)
그레고리오 성가에서 바하까지(공역, 세광음악출판사, 1976)
12음기법 입문(공역, 세광음악출판사, 1977)
12음기법 연구(역, 수문당, 1976)
대위법 연구(역, 수문당, 1977)
음악형식의 분석연구(역, 수문당, 1978)
음악소사(역, 수문당, 1979)
음악의 도표식 분석(역, 수문당, 1982)
관현악법(역, 정음문화사, 1983)

3) 작품집
Sori No.11 for Double Bass Solo (Russian Co—poser's League, 2004)
성가합창곡집 I 〈기쁜 찬양〉(기독교음악사, 1995)
성가합창곡집 II 〈좋은 찬양〉(작은우리, 2002)
성가합창곡집 III 〈송영곡집〉(작은우리, 2003)
칸타타 〈베들레헴에서 갈보리까지〉(작은우리, 1997)
칸타타 〈사도신경〉(미완성 출판사 (2000)
합창곡집 〈부활절을 위한 세 개의 노래〉(수문당, 1986)
합창곡집 〈경(經)〉(수문당, 1975)
플루트를 위한 〈소리〉 제1번(수문당, 1979)
클라리넷을 위한 〈소리〉 제3번 (독일 Noetzel Edition, 1980)

합창곡집 〈승무(僧舞)〉(수문당, 1980)
타악기과 테이프를 위한 〈코스모스 II번〉(수문당, 1981)
합창곡집 〈절벽(絶壁)〉(수문당, 1981)
오르간을 위한 〈코스모스〉 제1번 (수문당, 1981)
호른을 위한 〈소리〉 제6번 (American Conservatory Press, 1982)
바우고개 변주곡(음악춘추사, 1983)
3B 변주곡 (음악춘추사, 1983)
합창곡집 〈월정명(月正明)〉(수문당, 1983)
합창곡집 〈소요유(逍遙遊)〉(수문당, 1983)
합창곡집 〈탄금대(彈琴臺)〉(수문당, 1984)
합창곡집 〈Logos〉(수문당, 1984)
슈베르트-이영조 변주곡(음악춘추사, 1984)
피아노를 위한 춤(음악춘추사, 1984)
오르간을 위한 〈소리〉 제8번(수문당 1984)
윤동주 시에 의한 네 개의 노래(수문당, 1985)
합창곡집 〈농무(農務)〉(수문당, 1985)
바이올린을 위한 〈혼자놀이〉(수문당, 1994)
첼로와 장고를 위한 〈도드리〉(수문당, 1994)
줄풍류 I (수문당, 1995)
바이올린과 피아노를 위한 〈함께놀이〉(수문당, 1995)
이영조 피아노곡집(음악춘추사, 1995)
오페라 〈처용〉(수문당, 1987)
오페라 〈황진이〉(음악저널/아브라함 출판사, 2003)

수상
1988   채동선 작곡상(오페라 "처용")
1998   1998년도 최고 예술인 음악부분 수상(한국 예술평론가협회)
2002   한국 작곡 대상-오페라 "황진이"(한국작곡가회)

음반
이영조 합창곡집 〈소요유〉(Music Village 레코드사, 1999)
이영조 실내악 작품집 〈하늘천 따지〉(ISSM 레코드사, 1999)
이영조 관현악 작품집 〈도깨비 춤〉
오페라 "황진이" (ISSM 레코드사, 1999)
작곡집 〈이영조〉(한국예술종합학교, 1997)
이영조 피아노곡집 〈Korean Piano Music〉(영국 ASV 레코드사 2000)

교회음악 작품목록

1) 합창곡
메조 소프라노와 호른을 위한 3개의 시편-시편1편 복 있는 자는/시8편 여호와여 우리 주여/시113편 할렐루야(모테트 합창단 위촉으로 독창곡을 합창으로 편곡, 1989)
부활절을 위한 3개의 노래(국립합창단 위촉, 1986)-Ecce Homo(이 사람을 보라)/Stabat Mater (울고 서 있는 어머니)/Resurrecion(부활)
성가합창곡1 〈기쁜 찬양〉 편곡 및 창작집(기독교음악사, 1998)
성가합창곡2 〈좋은 찬양〉 편곡 및 창작집(22곡)(작은우리, 2002)
성가합창곡3 〈송영집〉 편곡 및 창작집(24곡)(작은우리, 2002)

2) 독창곡
우리는 다 부정한 자라(Sop.)(2004)
슬프다 범죄 한 나라여(Bar.)(2004)
너희는 옷을 찢지 말고 마음을 찢으라(Ten.)(2004)
성령을 믿사오며(Sop.)(2001)
그가 찔림은(M.Sop.)(1997)
믿으면 나으리라(Ten.)(1997)
주는 참 포도나무요(Sop.)(1997)
보라 세상 죄를 지고 가는 하나님의 어린양을(M.Sop.)
메조 소프라노와 호른을 위한 3개의 시편(1989)-시1편 복 있는 자는/시8편 여호와여 주리 주여/시113편 할렐루야
시23편(M. Sop)(1989)

3) 칸타타
예언자의 노래(Musica Anima 위촉, 2004)
Prelude to His Coming(임마누엘성가대 미주순회 위촉)
사도신경(한국교회음악협회 위촉, 2001)
From Bethlehem to Calvary(충신교회 40주년 위촉, 1997)
광야에 세운 십자가(경동교회 40주년 위촉)
Jerusalem for Baritone Solo and Chorus(황병덕 교수 은퇴 위촉)

그 외 작품목록

1) 성악곡
-가곡
황진이 시에 의한 6개의 노래-Sop.(1999)/윤동주 시에 의한 4개의 노래-Bar.(황병덕 위촉, 1985)/김소월 시에 의한 세 개의 낭만적 노래(1968)/고향(서울음악제 위촉, 1984)/누른 포도닢(1961)/비단 안개(1962)/엄마야 누나야(1962)/다듬이(1962)/시골밤(1962)

-동요
동요집 〈개고리 밤 학교〉 수록(1961)
호박 꽃 초롱/풀피리/참새와 허수아비/이른 봄의 들/종이배/제비꽃/조각달/개고리 밤 학교/ 초생당/갈매기/어머니 가슴/즐거운 소풍/봄노래/개고리/물레방아/시골밤/가을 밤/잠자리/숨바꼭질/연/자장자장 우리 아가/코스모스

-합창곡
바다, 모른다고 한다(울산시립합창단 위촉, 2005)/별들의 노래(한국 합창연합회 위촉, 2004)/죽은 자를 위한 4개의 노래(국립합창단 위촉, 2004)/봄의 소리(국립합창단 위촉, 2002) /정방 폭포(제주시 위촉, 2002)/4계의 소리(오산 여성합창곡 위촉, 2002)/사랑에 관한 3개의 노래(음악이 있는 마을 위촉, 2001)/한라산(제주시 위촉2000)/동동(動動)(삶과 꿈 합창단 위촉, 1994)/농무(農舞)Farmers Dance(국립합창단 위촉, 1985)/월정명(月正明)(국립합창단 위촉, 1983)/소요유(逍遙遊)Soyoyu(국립합창단 위촉, 1983)/절벽(絶壁)A Cliff(국립합창단 위촉, 1981)/승무(僧舞)Buddhist (국립합창단 위촉, 1980)/승려(僧侶)의 합창(合唱)Chorus of Monk(국립합창단 위촉, 1975)

-칸타타(교성곡)
龍飛御天歌(중앙 국립극장 위촉, 건국50주년 기념, 1995)/화랑(육군사관학교 개교50주년 위촉, 1995)

-오페라
Sontag Hotel (삶과꿈 위촉, 2005)
목화(대구 오페라하우스 개관기념 위촉, 2003)
황진이(한국오페라단 위촉, 1992~99)
처용(국립오페라단 위촉, 1986~87)

2) 기악곡
-무반주 독주곡
Sori No. 1 for Flute Solo(1978)
Sori No. 2 for Marimba Solo(1979)
Sori No. 3 for Clarinet Solo(뮌헨 음대 졸업 작품, 1979)
Sori No. 4 for Bass Solo(1980)
Sori No. 6 for French Horn Solo(신홍균 위촉, 1981)
Sori No. 7 for Oboe Solo(이한성 위촉, 1982)
Sori No. 8 for Organ Solo(조명자 위촉, 1983)
Sori No. 9 for Cello Solo(1984)
Sori No. 10 for Alto Saxophone Solo(손 진 위촉, 1999)
Sori No. 11 for Double Bass Solo(이호교 위촉, 2001)

-피아노 음악
Fantasy for Piano(Prologue-Sonatine-Fugato-Epilogue)(강충모 위촉, 2005)
Five Korean Legends(김미경 위촉, 1998)-Dream(꿈)/Once Upon a Time(옛날 옛적에)/Children Playing(장난꾸러기)/Memories(기억나는 사람)/Hide and Seek(숨바꼭질)
Dance Suite(1998)-Heaven Dance(天舞)/Children Dance(重舞)/Lovers Dance(愛舞)/Buddhist Dance(僧舞)/Peasant Dance(農舞)
Schubert-Lee Variations (이경숙 위촉, 1984)
Variations "3B(Bach-Beethoven-Brahms)" (1983)
바우고개 변주곡-Variations Based on Song Baugoge(이홍렬 3주기 기념, 1983)
피아노를 위한 "춤"(이방숙 위촉, 1984)

-오르간 음악
"Cosmds1" for Organ(채문경 위촉, 1983)
"Sori" No. 8 for Organ(조명자 위촉, 1983)
"Sirius" for Organ and Brass Quintet(1980)
"Zhen" for Organ(곽동순 위촉, 1997)

-실내악곡
"미로" for Violin, Viola, Cello and Piano(실내악단 Harmony 위촉, 2005)
"律(Yool)" for Percussion(박광서 위촉, 2003)
"셋이 놀이(Sesi Nori)" for Violin, Cello and Piano(허트리오 위촉, 2003)
"遭過(Encounter)" for Cello and Daekeum(정명화 위촉, 2002)
"놀이(Nori)" for Clarinet Solo(이임수 위촉, 2001)
Five Fanfare(아시안 게임 위촉, 2000)
거문고를 위한 "流"(국립국악원 위촉, 1998)
"놀이(Nori)" for 3 Percussion Players(박광서 위촉, 1998)
"流(Ryu)" for Keumoongo(Korea Zither) Solo (국립국악원 위촉)
"雅歌(Ahga)" for Violin and Piano(오순화 위촉, 1996)
"둘이놀이(Doori Nori)" for Violin and Piano(김남윤 이경숙 위곡, 1995)
"도드리(Dodri)" for Cello and Janggu(정명화 위촉, 1995)
String Quartet-1(1995)
하늘천 따지 Jul Poong Ryu-2(한국예술종합학교 음악원 위촉, 1995)
"혼자놀이(Honza Nori)" for Violin Solo(이성주 위촉, 1994)
"섬집아기" Quartet for Flute, Violin, Cello and Piano(박은희 위촉, 1998)
"五感圖(Ohgamdo)" for 13 Players(제7회 서울음악제 당선, 1977)
"Monologue and Dialogue" for Cello and Piano(1987)
"Surabul" for 3 Flute, Piccolo and Percussion(1983)
제1회 대한민국음악제 공모 당선

"Poet" No. 6 for Percussion Ensemble(1984)
"무제한 연주자를 위한 숨(Breath)" for Unlimited Players with Bottles(1981)
"Cosmos II" for Percussion and Tape(1980)
목관4중주(1975)
금관악기와 오르간을 위한 "시리우스"(1980)
목관5중주를 위한 "투카나"(1980)
실내악과 인성을 위한 노래(1982)
세 개의 플루트, 피콜로 그리고 타악기를 위한 "서라벌"(1983)
호른을 위한 실내악(1984)
이상의 시 제6호에 의한 합창과 실내악(1984)
클라비어 4개의 손을 위한 "무늬 I"(1987)
호른4중주를 위한 "영웅"
줄풍류 I(서울현악사중주 위촉, 1995)
줄풍류 II-하늘천 따지(한국예술종합학교 음악원 위촉, 1995)
클라리넷과 비올라 피아노를 위한 "무늬 II"(1982)
Piano Trio "Nori I"(시카고트리오 위촉, 1989)
호른4중주(신홍균 추모음악회 위촉, 1995)
봉선화 주제에 의한 12개의 변주곡 for Piano Trio(정트리오 위촉, 1998)
성불사 주제에 의한 변주곡 for Cello(정명화 위촉, 1998)
봉선화 주제에 의한 무반주 for Violin(조영미 위촉, 1998)
대풍류 1(아르톤 목관5중주 위곡, 2000)
피리를 위한 협주곡(국립국악원 위촉, 2000)

-관현악곡
"무늬(Pattern)" for Orchestra (한국예술종합학교 음악원 위촉, 2003)
Arirang Variations for String Orchestra(중국 중앙음악원 위촉, 2002)
Requiem for String Orchestra(2002)
Opera "Whang Jinie" Suite(2002)
Concerto for Piri(Korean Traditional Oboe) and Orchestra(1998)
Barcarolle for Cello and Orchestra(KBS위촉, 1998)
"소리(Sori)" for Symphonic Band(WASBE-World Association of Symphonic Band and Ensemble 위촉, 1997)
"도깨비 춤" for Orchestra(1996)
판소리와 오케스트라를 위한 "사랑가"(정명훈 · 안숙선 위촉, 1995)
오케스트라를 위한 "자명고"(1984)
현악 오케스트라를 위한 "무늬 II"(1983)
대편성 오케스트라를 위한 "적벽"(1979)
오케스트라와 피리를 위한 "流 III"(한국예술종합학교 음악원 정기연주 위촉, 1998)

현악을 위한 레퀴엠(홍연택 추모음악회 위촉, 2002)

-전자음악
Calvary Hill(갈보리 언덕)(1997)
Torn Curtain(찢어진 커튼)(1997)

기도로 뿌린 씨앗

한상수 작사
이영조 작곡

연보와 작품 283

이유선(李宥善 1911~2005)

1911   평남 평양 출생

학력
1928   배재학교 졸업(5년제)
1933   연희전문학교(연세대 전신) 상과 졸업
1940   시카고 아메리칸 음악대학(American Conservatory of school) 성악과 졸업
1940   시카고 음악대학 대학원 졸업
1976   명예 문학박사 학위 취득

경력
1) 교육활동
1941~1945 평양 John Moore 신학교 교수
1942~1949 연희 전문대 및 이화여자대학교 교수(정년퇴임)
1957~1976 중앙대학교 음대교수(정년퇴임)
1975~1980 총신대 교회음악과 교수
1980~1990 천안 호서대학교 음악과 교수

2) 지휘활동
1942~1945 평양합창단 창단 지휘 및 평양 방송근무
1952~1995 미군 연합교회 성가대 지휘자
1942~1994 60여 년간 교회성가대 지휘

3) 사회활동
1959~1961 한국음악협회창립 및 초대회장
1961~1962 서울국제음악제 실행위원장
1961~1964 한국합창연맹조직 및 이사장 역임
1971   김자경오페라단 창단 멤버 및 고문 역임
1977~1985 한국교회음악협회 및 한국성악회 회장 역임
1984~1985 기독교 100주년 찬송가 전곡 녹음 제작감독 역임
1997   남가주한인교회음악협회 이사, 세계음악선교회 회원
2005   미주LA한인원로음악인회 회장

4) 독창회
1940~1993 독창회 10회 개최

저술과 작품집
1) 저서
한국양악80년사(중앙대학교 출판국, 1968)
기독교음악사(총신대학교 출판부, 1977)
한국양악100년사(음악춘추사, 1985)
회고록 〈2불 80센트의 기적〉(작은우리, 1999)
오페라의 초대

2) 역서
화성학(A.O. Anderson 저, 1948)
서양음악사(Miller)

3) 작품집
이유선 독창곡집
이유선 작곡집

사사
J. Wise, Dudey Buck Jr. May Garden(성악)
Leo Sowety(화성악)
Rudolph Garz(지휘)

수상
1976.12   서울시 문화상
1983.10   대한민국문화훈장(은관)

교회음악 작품목록
1) 합창곡
아가 아가 우리 아가(1933)/부름 받아 나선 이 몸(이호운, 1967)/하늘 문 여시고(이호운, 1967)/창조주 하나님께(이용원, 1967)/이 땅에 태어나서(김정준, 1977)/영혼아 찬양하라(김정준, 1977)/축복 받은 사람은(김정준, 1977)/땅 끝까지 복음을(이호문, 1977)/은혜로운 우리가정(이호문, 1977)/청년의 노래(이호문, 1977)/주님 나를 부르시니(오병수, 1978)/시내산 돌 비석에(계정훈, 1978)/이른 새벽 이슬처럼(유재희, 1978)/기도할 때라(양계성, 1978)/이슬을 내리시듯(김희보, 1979)/주의 제단 앞에서(김경성, 1979)/수고하는 자들아(이유선, 1979)/세상 영화 다 준 대로(이유선, 1979)/겟세마네 동산에서(한경직, 1980)/북한 해방의 노래(1981)/벧세메스로 가는 소(1986)/피로 사신 교회(1989)/목마른 사슴같이(이유선, 1990)/감사 찬송 드립니다(이유선, 1992)/사랑하여라(1994)/이 세상사는 동안(김기호, 1995)/어머님 생각(김기호, 1995)/우리가 하나님을 (김종명, 1995)/우리가 하나님을(김종명, 1996)/임마누엘 샬롬(임경섭, 1996)/추도의 노래(이유선, 1950)/이전에 주님을 내가 몰

라(1966)

2) 어린이 찬송가
반짝반짝 별들을(조용기, 1978)/예수님 이름(최자실, 1978)/오래오래 참아주며(김성호, 1978)/엎드려 예배하오니(지유숙, 1995)/하나님의 외아들(임성숙, 1995)/하나님이 기뻐하시는(이태선, 1995)/우리 주님 호산나(김경수)/주님의 십자가(김재수)

그 외 작품목록
1) 성악곡
-가곡
새가되어 배가되어(이은상, 1936)/고향(이은상, 1937)/입다문 꽃(이유선, 1943)/가는 길(김소월, 1958)/파랑새(한하운, 1964)/사월에는(신석초, 1978)/나룻배(한용운, 1980)/고향의 꿈(이유선, 1987)/목련(정병문, 1995)/몰보라(우은숙, 1996)/휴전선(박정숙, 1996)/옛집(이영순, 1996)/인두(우은숙, 1996)/통일이여 어서 오라(김기호, 1996)/감격한 회포

-동요
강변 살자(김소월, 1969)/밤 한 톨의 떽데굴(윤석중, 1960)

2) 뮤지컬
흥부와 놀부(이근삼, 1962)

이전에 주님을 내가 몰라

이중화(李重華 1940~)

1940	함북 청진 출생

현재

1980~	한국교회음악작곡가협회 실행위원(감사)
1996~	은혜제일성결교회 성가대 지휘
2004~	함경북도 청진시 명예시장
2005~	민주평화통일자문위원(문화예술분과)

학력

1973	서울신학대학교(신학사)
1974	강남대 음악학과(작곡전공)
1985	연세대 교육대학원(음악교육석사)

경력

1) 작곡발표회

1972	제1회 이중화 작곡발표회(서울신대 강당)
1980	제2회 이중화 작곡발표회(세종문화회관 소강당)
1990	칸타타 "부활의 주" 작곡발표회(장석교회)
1999	칸타타 "사랑의 주" 작곡발표회(기독교백주년기념관)
1996	예수전 성가 발표회(오병수 시, 연세대 백주년기념홀)
1980	한국교회음악 작곡발표회 매회 발표
1998	21세기교회음악연구협회 발표 참가
1999	미성작 주관 성가합창곡 발표회 참가(영락교회 베다니홀)
2000	미성작 주관 성가합창곡 발표회 참가(연강홀)
1989	독창곡 연주 "내양을 먹이라신 예수"(국립극장)
1989	독창곡 연주 "자비하신 예수"(세종문화회관 대강당)
2000	피아노 소품 "기도하는 마음"(문화일보홀)
2002	독창곡 연주 "온 맘과 정성 다하여"(총신대 대강당)

2) 교육활동

1986~2002	정의여자고등학교 음악교사
1992~1998	서울신학대학 찬송가학 출강

3) 지휘활동

1964	흑석동교회(현 한가람) 성가대 지휘

1966	아현성결교회 성가대 지휘
1973	은산교회 교역자 및 성가대 지휘
1978	목동감리교회 교역자 및 성가대 지휘
1980	성일교회, 충정교회 성가대 지휘
1983	강남성결교회 성가대 지휘
1985	수유제일교회(현 강북제일) 성가대 지휘
1990	성문교회 성가대 지휘
1995	일산 승리교회 성가대 지휘

4) 사회활동
2000   제16회 직장선교예술제 심사위원장

저술과 작품집
1) 저서
시집 〈세월 속에 그린 심상〉(책나라, 2005)

2) 논문
음악사조 변천에 관한 연구(1985)

3) 작품집
-부활절 칸타타
부활의 주(오병수 시, 호산나, 1990)
부활찬미(이우음악사, 2002)
예수 부활하셨네(이우음악사, 2003)
십자가의 표상(이우음악사, 2002)
칸타타 〈아하바트 아도나이〉(김성영 시, 이우음악사, 2002)
칸타타 〈하나님의 계시〉(김호식 시, 1998)

-성탄절 칸타타
사랑의 주(미완성, 1998)
임마누엘(이우음악사, 2002)
하늘 영광 땅의 평화(이우음악사, 2004)
우리 구주 나신 날(이우음악사, 2004)
오 기쁜 성탄(이우음악사, 2003)
오 거룩하신 예수(이우음악사, 2003)
우리 구주 오신 날(비전사, 2005)
우리 위해 오신 예수(비전사, 2005)

-성가합창곡집
어린이 성가합창곡집 제1집(대한기독교서회, 2003)
어린이 성가합창곡집 제2집(비전사, 2005)
어린이 성가합창곡집 제3집(비전사, 2005)
성가합창곡집 제1집(이우음악사, 2001)
성가합창곡집 제2집(이우음악사, 2001)
성가합창곡집 제3집(이우음악사, 2001)
"비단 위에 수놓은 듯" 외 찬송 50여 곡
뮤지컬 〈이삭 줍는 룻〉(예솔출판사, 2006 예정)
시편성가합창곡집 〈내가 산을 향하여〉(예솔출판사, 2006 예정)

음반
1) CD
크리스마스칸타타 "사랑의 주"(미완성, 2000)
제3회 창작성가 연주회(한국교회음악학회, 2002)
크리스천 코랄 연주회(미성작, 1999)
미성작 성가 봉헌(한국기독인 합창, 2000)

2) 카세트테이프
MBC 내일을 여는 밤(박미라 리포터, 1999)
극독방송국(김철륜 교수 찬양세미나, 2003)
예수전 성가발표(아가페 합창단, 1996)

수상
YMCA 동요부르기 "고요한 밤에" 입상(1984)
서울시 노랫말 공모 "녹색서울 만들자" 입상(2000)
함경북도 "애원성" 채보(민속보존) 통일부장관 표창(2005)

교회음악 작품목록
1) 합창곡
복 있는 사람은(시1편)/주여 응답하소서(시4편)/주의 이름이 온 땅에 가득(시편)/주의 장막(시15편)/나의 힘이 되시는 주(시18편)/하나님의 영광(시19편)/여호와는 나의 목자(시23편)/문들아 머리 들라(시24편)/여호와는 나의 빛(시27편)/여호와를 찬송함이(시34편)/하나님을 기다렸더니(시40편)/사슴이 시냇물을 사모하듯(시42편)/하나님은 피난처(시46편)/온 땅이여(시66편)/우리를 긍휼히 여기사(시67편)/만군의 여호와여(시84편)/오라 어서오라(시95편)/새 노래로 찬양하라(시96편)/온 땅이여 주를 찬양(시100편)/여호와를 송축하라(시104편)/여호와께 감사하라(시118편)/내가 산을 향하여(시121편)/복되어라 주의 가정(시128편)/내가 깊은 곳에서(시130편)/그 인자하심이 영원하리라(시136편)/왕이신 나의 하나님이시여(시145편)/호흡이 있는 자마다(시150편)/나와 동행하시는 주/호산나/최후의 만찬/어린 새싹 귀여워라/어머니의 크신 은혜/우리 주님 모신 가정/성령이여 임하소서/나를 따라 오려느냐/주님은 나의 빛/교회 터는 주 예수라/비단 위에 수놓은 듯/추수 감사 찬미/추수 찬송 부르세/참 기쁜 노래로/이날은 기쁜 날/주님이 주신 평화/주님께 감사드리자/사랑의 하나님/다 찬양하여라/주의 이름 영화롭도다/새 노래로 주를 찬양/주 예수 이름 높이여/기쁨으로 주를 찬양/주 높이 찬양하라/면류관 드려 높이세/할렐루야 주께 영광/놀라운 은혜 /주가 너를 지키리/나 주를 찬양하리/주님의 음성/영원한 그 사랑/하늘의 찬미/그 그늘 아래 살게 하소서/갈릴리 푸른 호수/내 영혼 편히 쉴 곳/

-복음성가 편곡
주님의 얼굴 보라/날마다/갈보리/오 주 없인 살 수 없네/나는 연약하오나/나는 주님께 속했으니/내 맘속의 음악소리는/크신 일을 이루신/그 이름 비길 데가 어디 있나/새 노래로 나 주를 찬양하리/예수 이름으로/기도 /주님의 사랑 크고 놀랍도다/해 지는 저/예수 인도하셨네/세 개의 못/깊은 지혜와 사랑/주 부르심 들리도다/주의 손길/죄인들을 위하여/내 영혼의 보호자/주의 임재 앞에/오직 믿음/오 나의 자비로운 주여/기뻐하며 승리의 노래/나 주의 믿음 갖고/주님의 은혜로/예수는 왕/오 하나님 전능의 왕/주를 향한 나의 사랑을/주를 찬양하는 마음 주셨네

2) 칸타타
-부활절 칸타타
부활의 주(오병수, 호산나, 1990)
부활찬미(이우음악사, 2002)
예수 부활하셨네(이우음악사, 2003)
십자가의 표상(이우음악사, 2002)-십자가의 표상/하나님의 어린양을 보라/주는 그리스도 하나님의 아들/예수의 약속/성도들의 증거/호산나, 최후의 만찬/서로 사랑하자/십자가 위에서/부활 축가/나의 주 나의 하나님/갈릴리 푸른 호수/십자가의 표상
칸타타 "아하바트 아도나이" (김성영, 이우음악사, 2002)-영원부터 계신 님아-아름답고 거룩하여라/영원 전 님의 탄원-아버지의 뜻이, 그 때 거룩하신 영께서, 오 아버지여, 아들아 내 말이/영원 전 님의 작정-서주, 아버지 물음에 아들 말하기를, 아들을 속전물로, 님의 손에 이끌리어, 오 시인이여!
칸타타 "하나님의 계시" (김호식, 1998)-서곡(밧모섬의 정경, 예수님 출현)/일곱교회 향한 예수님 말씀(에베소 교회, 서머나 교회, 버가모 교회, 두아디아 교회, 사데 교회, 빌라델비아 교회, 라오디게아 교회/천상의 예배/어린양의 노래/봉인계시(순교자의 노래, 하나님의 어린양)/나팔계시(천사가 구름 입고/장로들의 합창(여인과 용, 하늘의 큰 음성, 하늘에서 들리는 소리, 순교자의 노래/구원받은 자의 노래/대접 계시 마지막 천사/그리스도의 승리(백마 출현, 천년세계, 최후의 심판)/새하늘과 새땅(거룩한 성)/종곡(다시오실 예수)

-성탄절 칸타타
사랑의 주(미완성, 1998)/임마누엘(이우음악사, 2002)/하늘 영광 땅의 평화(이우음악사, 2004)/우리 구주 나신 날(이우음악사, 2004)/오 기쁜 성탄(이우음악사, 2003)/오 거룩하신 예수(이우음악사, 2003)/우리 구주 오신 날(비전사, 2005)/우리 위해 오신 예수(비전사, 2005)

3) 뮤지컬
이삭 줍는 룻(아르히브음악사, 2005)

4) 어린이 찬송가
이 세상 살아가는 길/주의 발자취를 따름이/노을 빛 곱게 타는/호산나/예루살렘 아이들/내가 매일 주의 사랑/이 시간 주님께/낮엔 기쁨으로/예수님의 자라나심/승리의 하나님/하나님이 내려주신/사랑으로 우리를/호산나 호산나/널따란 잔디밭에/함께 찬송하자/우리들은 어려도/주여 어린 사슴이/우리 사랑 우리 평화/하얀 눈이 사락사락/내 맘속에 나쁜 욕심/아침저녁 내가 읽은

5) 피아노 소품
"기도하는 마음"-구하라, 찾으라, 두드리라(1980)
"성전으로 올라가는 노래"(1981)
"황혼에 서서"(1973)
"청화의 멜로디"(1999)

6) 현악사중주
현악사중주 井邑上里-"아름다운 갈릴리"(1980)

7) 송영
-기도송
우리 기도를/간구하는 우리 기도/위에 계신 하나님/나의 소망의 구세주여/주여 참 평화를/내 영혼 주께 간구/거룩 거룩 거룩/하나님 아버지

-축복송
주님 무한하신 은총/진리와 생명 되신 주/주 예수 크신 은혜와/성부성자성령/주님 보살피시사/성전을 떠나가오니/길 되신 예수여

-첫송영
은혜로우신 내 주여/은혜의 주 성령/신령과 은혜로/하늘에 계신 주/주 예수 문 밖에/주님 뜻 합당하게

-아멘송
아멘 I/아멘 II/아멘 III/아멘 IV

그 외 작품목록
1) 성악곡
-가곡
이영도 시조시 가곡(1980)-귀소/외따로 열고/목련화/낙화/환일/황혼에 서서/청맹의 창/화관/산/눈길에서/머언 생각
하옥이 시 연가곡(2004)-희망꽃/하늘의 마음/잠든 바다/엽서 한 장/동행/억새물/그 바다에서/사십대는/꽃을 피우며/겨울에 피인 꽃

-행사곡
정의의 찬가(오병수, 1997)
통일의 칸타타 "아 통일의 그날"(2004)
청진시민의 노래(2003)
제주도 찬가(정치근, 2005)
구리시가(정치근, 2005)
통일의 노래(정치근, 2005)
한반도 우리는 한 핏줄(최월금, 2004)
한국은 한쪽 바퀴 없는 수레(최월금, 2004)

비단 위에 수 놓은

한태근(韓泰根 1928~)

1928   경남 밀양 출생

현재
1991~   기독교 음악대학 총장
       한국교회음악작곡가협회 고문
       한국교회음악협회 이사

학력
1956   연세대학교 신학대학 졸업
1983   연세대학교 교육대학원 졸업(음악교육과)

경력
1) 작곡발표회
1988   한태근 회갑기념 작곡발표회(서울 YMCA 강당)
1999   한태근 칠순기념 작곡발표회(서울 예닮교회)
2000   한태근 목사 작곡40주년 기념 발표회(전주 삼성문화회관)

2) 교육활동
1968~1990 신일고등학교 음악교사 역임
1981~1990 중앙침례교회 음악목사 역임

저술과 작품집
1) 논문
한국교회의 교회음악 실태에 관한 조사 연구(1983)

2) 작품집
한태근 성가곡집(기독음악사, 1986)
한태근 성가곡집 II 〈언젠가 나의 기도 하늘에 닿으리〉(로고스, 1998)
한태근 성가독창곡집(기독교음악사, 2004)
칸타타 〈기쁘다 구주 오셨네〉(미완성출판사, 1995)
성구 찬송가(로고스출판사, 1995)
칸타타 〈십자가상의 칠언〉(아가페, 1996)
칸타타 〈여호와는 나의 목자〉(로고스, 1995)
즐거운 노래(미과사, 1971)

음반
여호와는 나의 목자시니(G.E.M. 2000)

교회음악 작품목록
1) 합창곡
주의 기도(1983)/다 주께 오라(마11:28, 1984)/주님의 크신 사랑은(한태근)/충만케 하소서/그리던 본향(차조웅, 1966)/먼 길을 가깝게 가겠네(유경환, 1980)/언젠가 나의 기도 하늘에 닿으리(유경환, 1977)/일어나 빛을 발하라(오관석, 1986)/바람 속의 주(유경환,1978)/거두어 주옵소서(1986)/주여 날 보내소서(1986)/기원(이상윤, 1994)/여호와는 나의 목자(이상윤, 1994)/주님의 크신 사랑은(1995)/내가 여호와를 기다리고(1997)/종려가지를 들고서 호산나(1998)

2) 독창곡
나의 간구하는 소리에 귀를 기울이소서(시130편, 1977)/주여 어서 오소서(한태근)/사막(유경환, 1987)/언제까지니이까(유경환, 1989)/누구 때문에(송명희, 1993)/임마누엘의 삶(1993)/선하심과 인자하심이(1994)/또 다시 시작하게 하소서(이상윤, 1995)/이 영원 속에 한 목숨을(유경환)/나를 영원한 길로 인도하소서(시139편, 1998)/사막(유경환)/주여 날 보내소서(한태근)

3) 칸타타(오라토리오)
성탄절 칸타타 "기쁘다 구주 오셨네"(1994)
부활절 칸타타 "십자가상의 칠언"(1996)
여호와는 나의 목자시니(이상윤, 1996)

4) 찬송가
임마누엘의 삶(1993)/우리 모두 하나 되어(1993)/달과 구름 바라보다(정치근, 1993)/오 놀라운 그 사랑(엄창업, 1994)/선하신 목자(고 훈, 1994)/축혼가(1995)/또 다시 시작하게 하소서(이상윤, 1995)/나 같은 사람에게도(정치근)/나 같은 죄인(정치근)/단 한번 살고는 마는 것을(정치근)/이 영원 속의 한 목숨을(유경환)/아 낳으시는 피로움 잊고(정치근)/하나님의 뜻을 따라(정치근, 1982)/주님 가신 길을 따라(임종락, 2000)/나는 이렇게 그 사랑 몰라도(이상윤, 1997)/구원 받은 나의 맘에(채기은, 1993)/주 예수님 우리들의(김지수, 1993)

5) 어린이 찬송가
높은 하늘 별들은(김성호)/우리 같은 어린이(한태근)/우리들을 어느 누가(장시춘)/아침해가 떠오르면(서성옥)/하늘은 하늘은(박진규)/크신 영광 받으소서(임종남, 1994)/꽃으로 피어나는 예수님(1994)/진심으로 찬송드려요(김시영, 1994)

6) 복음성가
좋은 일이 있으리(오관석, 1987)/예수는 예수는(1970)

그 외 작품목록
1) 성악곡
-가곡
이별(1948)/금잔디(김소월, 1958)/나그네(박목월, 1968)/강이 풀리면(김동환, 1974)/청노루(조지훈, 1986)

-서시
하늘을 우러러(윤동주, 1989)/소곡(한분순, 1990)

-동요
꼬부랑 할머니(전래동요, 1964)

-건전가요
진달래(이영도, 1972)/이 세상 어딘가에(박희진, 1974)/내일이 오면(한태근, 1961)/이쁜 마음(1973)/어쩌면은(한태근, 1961)/언덕에 서면(한태근, 1965)/그 뉘신가 오면가면(박경용, 1972)/해마다 4월이 오면(1987)

달과 구름을 바라보다

정치근 작사
한태근 작곡

황철익(黃哲益, 1932. 5~)

1932	충남 청양 출생

현재
1977~	한국교회음악협회 이사
1990~	아시아 기독인 작곡가연맹(ACCL)한국본회 대표
1996~	한국21세기 교회음악연구협회 고문
1997~	일본 사이타마캥 전통문화예술연구소 Fumiko 일탄음악교류재단 평생초청 교수
1998~	한국평론가협회 자문위원
1999~	한국교회음악포럼 이사장
1999~	W.J. International 키시코 국제음악교류회 한국자문위원
2002~	한국예술가곡진흥위원회 창작위원
2002~	21세기 한국찬송가위원회 편집 음악전문위원장 겸 편집위원
2003~	100인회(100Korean Creative Musical Artists Federation)수석 이사장
2004~	한국울림예술(백호)대상 시상위원회 대표
2006~	사단법인 한국음악저작권협회 이사

학력
1932.5	청양에서 출생, 공주에서 교육받음
1940	충남 공주 본정 초등학교 입학
1946.3	충남 공주 본정 초등학교 졸업
1952.2	충남 공주 농업고등학교 졸업
1952.3	국립 서울대학교 음악대학 작곡과 입학
1957.3	국립 서울대학교 음악대학 작곡과 졸업
1982.5	일본 동경음악대학 대학원(연구과정) 작곡 석사 졸업
1983.3	일본 무사시노 (Musashino) 음악대학 대학원 작곡학 석사 졸업

경력
1) 작곡발표회

1967.3.25	"교회음악의 밤" 박재훈 지휘, 영락교회성가대합창(영락교회)
1970~1979	성가성극창작기획연구 예배음악위원 및 오르가니스트, 국립합창단 위촉작곡(I~VI회, 서울 경동교회)
1970.3	숭의여자전문대학 교가 위촉
1971.8.12	음악극 "드고아에서 온 사람"(경동교회)
1971.11.19	음악극 "세리 삭개오"(드라마센터)

1973.4	일본 군마 교향악단 초청으로 3개의 여성 합창곡 발표(군마연주홀)
1974	음악극 "살았다" 휴머독스 희곡에 붙인 음악극(경동교회)
1975	이반작 Musical Drama "압살놈의 제비"(드라마센터)
1977.12.4~28	동남아(대만, 홍콩, 일본)순회, 예술성가곡작품발표회
1977.12.4~12	중화민국(대만) 한국종교 성악작품발표회(한중 종교문화 예술친선교류, 대만전국그리스도장로교회, 아기작연맹한국위원회 준비위원기획실 주관)
12.5	대북시 쌍연기독교장로교회
12.6	대북시 중산기독교장로교회
12.7	대북시 대중시립문화중심회관
12.9	고웅시 영정기독교장로회교회
12.10	팽토마공 기독교장로교회
12.12	대남 민족로기독교장로교회
12.18	홍콩 크리스천 문화회관

1977.12.18~28 일본, 한국 예술가곡 성가작품 발표회의 밤

12.18	도쿄 Ishitashi Memorial Hall
12.29	후쿠오카 서남대학 강당
12.20	나가사키 활수여대 강당
12.21	후쿠큐슈 서남여학원 강당
21.22	시모노세키 매광여학원 강당
12.23	가고시마 의사회관홀
12.24	히로시마 그리스도 교회
12.25	오사카 그리스도 교회
12.26	나고야 그리스도 교회
12.27	나가노 그리스도 교회
12.28	음악평론가, 연주가 환영좌담회, 일본음악예술인의 모임 주관

공동주최: 아기작연맹한국본회 준비위원회, 도쿄성가의 벗사

1983	서울 장로회신학대학교 교가 작곡의뢰, 채택
1984.8.15	성가곡 '오라', '여호와께 즐거이 노래하라(시편 100편)' 발표
1984.12.21	수원시립합창단 위촉 '하나되게 하소서' 작품연주, 이상길 지휘(수원 시립극장)
1985.5	"제3회 3중주의 밤", 'Phyo Sang for Clarinet, Viola, and Piano' 발표, 한국 무지카 주최(세종문화회관 소강당)
1985.7.27	요노시 음악연맹 "사론 콘서트", 재 4명의 요노시 작곡가의 작품과 한국 황철익 작곡가를 초대하여 갖은 모임, '울림의 표상' 발표
1985.8.25	"한일친선합작콘서트", '꽃 파는 아가씨', '새 몽금포 타령' 발표, KBS 아동합창단, 이수인 지휘(호암아트홀)

1986.6.12	"교회음악작곡가협회 작품발표회", 성가 '나의 찬미', 발표(100주년 기념관)
1986.6.16	"제7회 한국신작찬송가 공동발표회", '주님 만나뵙고' 발표, 서부교회합창단
1986.10	"한불100주년 창악회작품발표회", 실내악곡 'Piano를 위한 수속과 발산' 발표, 차악회 주최(국립소극장)
1986.12.19	"제11회 신작성가합창발표회", '이 땅에 태양처럼 영광 충만하라' 발표, 교회음악작곡가협회 주최(한국교회 100주년 기념관)
1987.10.31	"제21회 성가대합창제 합창조곡', '예수이름으로 승리는 내 것일세' 발표 지휘, 남산교회연합성가대, 극동방송국 주최(세종문화회관 대강당)
1988.7.19	"제 13회 교회음악작곡가협회 발표회", 신작성가 '하나님이여, 내 하나님이여' 발표(경동교회)
1988.10.24	"작악회 창작작품발표회", 합창조곡 '내 영혼아 아기예수' 발표, 안양시립합창단(소망교회)
1989.3	KBS FM 위촉가곡작품 '길' 발표(문예대극장)
1989.5.30	"작악회 작품발표회", '주여 구하소서', '다함없는 사랑으로' 발표, 람파스콰이어(연세대 100주년 콘서트홀)
1989.11.30	"KBS 신작가곡의 대향연", '길' 협연, 서울아카데미 오케스트라(호암아트홀)
1990.5.23	"아기작 창립기념 작품전", 'Flute을 위한 백제필녀의 아가' 발표, 아시아기독인작곡가연맹 주최(예술의전당 리사이틀홀)
1990.9.24	한국선명회 초청작품, '너와 함께 살리라', 한국선명회 주최(예술의전당 콘서트홀)
1991.11.7	"작악회 제9회 창작작품발표회", 'O Save Lord II' 발표(예술의전당 리사이틀홀)
1992	'내가 처음 당신을 만나던 날', KBS 교향악단 협연(세종문화회관)
1992.8.28	일본 사이타마켄 요노시 초청, 한일음악교류 "음과 사람의 만남", 일본 최초의 요노시 초청 한일음악교류 대음악제 주관감독으로 15인의 음악가를 인솔 참가, 요노시 가와구찌 리리아 음악홀 (예술성가곡 임옥빈 시 '나의 간구' 와 세편의 '하이쿠' 작곡 발표
1992.10.30	황철익, 허방자 2인 공동 작품발표회 "사랑과 영혼의 노래", 예술의 전당 리사이틀홀, 10편의 성가곡과 구약성서 1장을 소재로 한 3편의 현대실내악곡 및 6편의 찬송가 송영, 합창적 실내조곡 '나의 영혼아' 발표(11. 7 앵콜공연, 남산교회 본당)
1992	서울장로교협의회 창립 50주년기념회가 작곡헌정
1992	제1회 성가합창제 '하나되게 하소서' 공연, 한국음악교류협회(횃불회관)
1993.7.19	콘서트오페라-단지후미코 작, "바람색의 나날", 한일음악교류회 주최, 도쿄 후크토피아 홀)
1993.7.27	"한일음악교류콘서트" 작품 발표회(공동), 도쿄 후쿠 토피아홀, 예술서성가곡 '바람색의 나날', '시구래 시구래', '사랑을 지키며', '멀어져 가는 눈발

	자욱'
1994.5.26	"태극기의 노래", "대한민국 태극기", 선양회 위촉작품(예술의전당 리사이틀홀)
1994.7.19	단지 후미코 작 "풍색의 나날 연주회", '피아노 조곡 1, 2, 3장', '사죄의 가슴으로', 한일음악교류회 주최
1994.11.17	(사)한국작곡가협회 창작곡발표회, 'Piano를 위한 삼장(1. To Shik, 2. Horakphil, 3. Mae Hwa)(페스티발 앙상블 홀)
1994.4	세편의 예술가곡발표 '그대 만나는 날', '꽃의 빛이 짙어질수록', '한송이의 눈아' 한일음악교류회주최(세종문화회관 소강당)
1995	"가곡의 향연 1995 KBS FM 신작", '내가 처음 주님을 (당신을) 만나던 날 온갖 꽃이 만발했네, KBS 교향악단 협연(한국방송공사 KBS홀)
1995.7.17	콘서트 오페라-"반딧불"(도쿄 후크토피아 홀)
1995.7.17	"만남의 콘서트", 단지 후미코 작 '바람색의 나날' 접속극 3편의 효도가곡 '머리의 장' 발표, 한일음악교류회 주최(도쿄 후쿠 토피아 쯔쯔지 홀)
1995.9.12	녹색가곡과 엄문혁 시, '내가 처음 주님(당신)을 만나던 날', 서울이트오케스트라 협연으로 연주(세종문화회관 대강당)
1995.11.14	"제27회 서울음악제", 위촉작품 '모란이 피기까지', 독창 김인혜(문예회관)
1995.12.5	남산교회 창립 50주년 기념가 '교회여 영원하여라' 위촉작곡발표
1996.8.27	월드컵 유치 '월드컵 찬가' 위촉(수원시장)
1996.9.2	한국음악학회 제3회 연구발표회-어린이를 위한 창작 피아노곡 'Perspective Five Festival'
1996.9.7	"작악회" 제17회 작품발표회" 초청작품연주 '피아노를 위한 투시도' (예술의전당 리사이트홀)
1997.5.23	콘서트 오페라 "바람색의 나날", 앵콜공연(도쿄 오지홀)
1997.10.7	세종대왕탄신 600주년 기념 "한글사랑세종음악제" 작악회 초청발표(국립극장)
1997.10.9	콘서트 오페라 단지 후미코 작 '서리', 시빅크 홀, 한일음악교류회 주최
1997.11.21	"한국교회음악작곡가협회 창립 1주년 기념 성가합창곡발표회" 감독기획, '축하하세 노엘' 발표연주(서울 초동교회)
1997.12.5	4인의 타악기주자를 위한 구약성서주제 '성형의 위상 (星形의 位相)', 영적 치료를 위한 합창조곡 '영혼의 찬가', '나의 영혼아' 발표, 안산시립합창단, 박선화 지휘(예술의전당 리사이틀홀)
1997.12.5	콘서트 오페라-"바람색의 나날" 정년퇴임기념 서울공연, 일본인 출연자에 의한 공연(예술의전당 리사이틀홀)
1997~2002	Kishiko 국제음악교류 4개국의 현대 피아노작품 경연음악회 피아노창작품 "Three Projections for Piano" 북경음악청(1997.5.15) 도쿄 소개츠 홀(1998.11.9)

도쿄 이이노홀(2002.10.8)
"Piano를 위한 세 개의 투영" 연주기록 연주자명
I. To Shik - Suspirando 〈dolento〉
II. Ho Rak Jeuk - Tempo rubato
III. Mae Hwa - Espressivo 〈dilicatomento〉

1997.5.23	가와하라 다다요시, 한일음악작품교류회(도쿄 마애바시 시민문화회관)
1994.5.26	김승희, 작악회작품발표회(예술의전당)
1994.7.19	가와하라 다다요시, 한일음악작품교류위원회 발표회(도쿄 북 토피아 홀)
1994.11.17	기성원, (사)한국작곡가협회 작품발표회(페스티벌 앙상블 홀)
1995.10.21	창작피아노곡 피스시리즈 01 악보출판, 음악춘추사
1995.11.19	김미경, Kishiko 국제현대피아노작품전 제8회 96 Festival, (북경 음악홀)
1995.11.28	Raissia Ilyuhina 피아노 독주회(국립극장소극장)
1997.5.2	김용배, 한국창작음악연구원(예술의전당)
1997.7.13	허태범, 한미합동현대음악작품발표회(미국 Wilshire Bd. Los Angeles, CA 임마누엘선교회)
1997.12.9	김여옥, Graduate Lecture Recital Grand Ricital Hall Theater(미국 Pennsylvania)
1998.2.25	"에비스타 레이꼬 서울 피아노 독주회", 현대피아노 작품 '3개의 投影' 연주, 발표(문화홀)
1998.9.25	에비스다 레이코 피아노 독주회(서울 문화일보홀)
1998.11.19	김미경, 국제현대피아노작품전, Kishiko 제10회 96Festival(도쿄 소개츠홀)
2000.12.31	"제6회 삼성플라자 청소년 오케스트라 정기연주회", 독창연주 (Store Gud, Delian), 삼성청소년오케스트라 주관(삼성플라자 1층 밀레니엄무대)
2000.3.3	(사)한국납세자연합회 위촉작품, '납세자의 노래' 제정 발표
2001.9~10.6	그랜드 오페라 "허난설헌의 불꽃 아리랑 3막11장"(김태수 작, 박성찬 연출, 프라임오케스트라, 금노상 지휘, 한전문화센터, 안양문화회관)
2001.9.24	"람파스콰이어 창단연주회", '승리는 내 것일세' 연주, 극동방송 주관, 지휘 고덕환(연강홀)
2001.11.28	"카자흐스탄 국립체임버 오케스트라 초청 제3회 새천년한국가곡의 밤", 정치근 시 '그리운 내가족' 발표, 독창 고성진, 지휘 Bakhytzhan Mussakhojayera(KBS 홀)
2002.6.5	"허태법 피아노독주회", 'Piano를 위한 Sonate 세 개의 투영', (주)음연 Piano 주관(예술의전당 리사이틀 홀)
2002.10.8	"제14회 Kishiko 국제교류음악회" '오솔길', '엄마곰' 연주, NPO 법인, World Ject 음악교류협회 주최(도쿄 이이노홀)
2003.4.12	"우리시 우리노래 신작가곡음악회", 예술가곡 '숲속의 오솔길', '그리워' 발표 (공동),(예술의전당 콘서트홀)
2003.10.18	"한일 가곡의 밤", 김정령 독창회, 단지 후미코 작 '너를 만나는 날', '한줌

	'눈과 입맞춤', '자양화' (요코하마 아시히 홀)
2003.10.28	"신작가곡발표회", '안개몰이' 외 공동 발표, 한국예술가곡연합회 주최, CD 작품집, 세광음악출판사 발행(영산아트홀)
2004.5.12	예술가곡 '아가4', '사랑해야 하는 이유' 발표(공동)
2004.5.17	"2004 프리마돈나 앙상블 제7회 정기연주회", 세종문화회관 재개관 기념공연, 지휘 나영수, '꽃파는 아가씨' (여성3부합창곡)
2004.8.23	"대한민국 창작합창 Festival", '큰 나무 되려면', 한국아카데미소녀합창단, 지휘 추승운, 한국100인창작음악연합회 주최(세종문화회관대강당)
2004.10.20	"가곡이 흐르는 가을밤" 공동 발표, '매화', 한국예술가곡연합회 주최(세종문화회관 대강당)
2004.10.24	정치근 시인의 뜻을 기려 "울림예술백호대상" 설립, 2004년도 창작음악예술인 6인을 선정하여 시상식 거행, (세종문화회관 4층 컨퍼런스홀)
2004.11.5	"고려대학교 개교100주년 기념 초청 작품발표회", 신작 성가곡과 합창곡 발표, '산새 물새', '고려대학교 교가 (조지훈 시, 윤이상 곡, 황철익 편곡)', 개교 100주년을 기념하여 합창곡으로 편, 작곡
2004.11.11	예술가곡 '노송' 외 공동창작가곡의 밤 개최, 연주 장상근, LA 남가주한인음악가협회 주최(170 Bimini Pl. L.A. CA9004 미주평안교회)
2004.11.17	"신작합창곡발표회", '내가 만약', 여성3부 합창곡 발표, 아주여성합창단, 지휘 임명손, 서울시 서초구청 후원(서울 서초구민회관)
2004.11.19	"제1회 가곡대축제", '내 마음의 노래 그대 가슴에', '매화', '내가 처음 주님을 만너던 날' 발표 (공동)
2004.12.14	동요, 문삼석 요 '살구나무' 외 공동발표회, 기획감독, 한국동요사작곡가협회 주최, 연주 어린이 노래나라 동심, 지휘구성 이혜자(서울 여성프라자 아트홀)
2005.4.16	"제6회 전국찬양합창제" 특별출연 작품연주, '주님과 함께', 전국찬양합창제 조직위원회 주최(KBS 홀)
2005.9.8~11.10	(매주 목요일) "제2회 한국가곡대축제, 내 마음의 노래 그대 가슴에", 추진위원단 위원, '매화', '내가 처음 당신을 만나던 날', '온갖 꽃이 만발했네', '그리운 내 가족' 연주(금호아트홀)
2005.10.7	"제16회 Kishiko 국제교류 피아노창작품경연 초청음악회", 협력주관(도쿄 니후코홀)
2005.11.9	KBS〈정다운 우리가곡제〉"내가 처음 당신을 만나던 날" 한국대표곡으로 선정, KBS 교향악단과 협연으로 초대공연(KBS홀)
2005.11.18	산림문학회관 신축개관기념 '박재삼 시인의 시상' 세미나- '갈대밭에서(박재삼 시)' 위촉작품 발표

2) 지휘 및 연주활동
1960/1967/1962   Organ 작품 "소품5장", "전주곡", "후주곡" 연주, (미 8 Army Main

	Post Chapel)
1966~1970	서울 영락교회 오르가니스트 겸 합창지휘
1970.12.24	영락교회 연합성가대 Oratorio "Messiah" 지휘(영락교회본당)
1982.3	도쿄 후카자와 교회 상임 지휘
1981.8.18~20	"81도쿄 복음 선교대회" 후카자와 교회성가대 출연 지휘(히비야 공회당)
1981~1983	일본 크리스천 콰이어 부지휘자 겸 지도위원
1983~1997	남산감리교회 성가단 지휘
1987.10.31	극동방송국 특별초대 성가대합창제, "예수이름으로 승리는 내 것일세", 남산감리교회 연합성가단 출연(세종문화회관 대강당)
1991.5.27	제5회 전국대학연합합창제 지휘(서울 교육회관 홀)
1972.4.6~8	박재훈 곡 "Esther" 전3막 연습지휘합창(신민회관)
1982.8.18	일본 도쿄 히비야 공회당 동경복음대집회, 후카자와교회 성가단 특별출연 지휘
1993.9.17	기독교대한감리회 서울남연회 서초지방 93 평신도 연합대성회 서초지방연합 성가대 지휘(남산감리교회 본당)
1993.11.13	제6회 서울 성가제 출연, 10개 교회 연합 성가 "Handel Hallelujah" 지휘, 관현악 반주, 파이프 오르간: 윤양희(세종문화회관 대강당)
1995.12.3	남산교회 창립 50주년 기념 성가음악제 합창-남산교회 연합성가대, 세바티안 실내악단(남산교회 본당)
2000.12.2	제3회 자선음악회 "나에게 돌아오라 시편 20편", 한국기독교총연합회 11개 교회합창단 연합합창 지휘(횃불선교회관 희락성전)
1967.6.25	영락교회 파이프 오르간 설치기념 음악예배, 한국성가의 밤, 작품 발표 및 오르간 반주
1970~1980	경동교회 오르간 주자로 임명
1972.12.24	국립교향악단 송년음악회 J. S Bach 교성곡 147번 오르간 협연(국립극장)
1975.2	서울대학교 음악대학 칸타타의 밤 J. S Bach 35번 오르간 연주(국립극장)
1976.8.24	마산지구복음화전도대회
1979.12.24	경동교회 연합성가대 오르간 연주(경동교회)
1981.9.20	제3회 찬미의 모임 특별출연 (지휘, 독창, 음악주사), (일본 크리스도 교단 후카자와 교회)
1993.11.13	세종대 서울성가제 연합합창지휘
1995.8	Saesaram 선교회 신앙강좌 집회시 "찬송가 독창과 피아노 즉흥연주" (강남 YMCA 강당)
2000.12.31	제6회 삼성플라자 청소년오케스트라 정기연주회 독창자 특별출연(Store Gud, Delian(삼성플라자 밀레니엄 무대)

3) 교육활동

1967	강남대학교 음악과 강사

1968~1970	진명여자고등학교 전임교사
1970~1972	대전목원대학 창작이론 강사
1970~1985	숭의여자전문대학 음악과 전임교수
1974~1975	서울여대학 창작이론 강사
1974~1977	경희대학교 음악대학 강사
1975~1980	단국대학교 음악대학 강사
1978~1980	상명대학교 예술대학 강사
1982	안양대학교 교수
1982~1983	숙명여자대학교 음악대학 강사
1983~1987	건국대학교 사범대학 음악학과 강사, 건국대학교 사범대학 교육대학원 강사
1984~1985	피어선대학 강사
1985~1989	대한신학대학 교회음악과 주임교수 취임
1989.9	건국대학교 사범대학 음악교육과 교수(과장 및 교육대학원 주임교수)
1991~1994	서울찬양신학원 강사
1992.3	숙명여자대학교 무용학과 대학원 강사
1995.8	숙명여자대학교 음악대학 대학원 강사
1997.12	일본전통문화예술원 비상근 교수
1998.8	건국대학교 퇴임
1999	러시아 Khavarovsk 국립문화예술대학 창작교수
1999	제7차 교육과정에 따른 음악교과서 집필자

4) 세미나 및 강연회

1979.8.27~29	일본전국교회 음악강습회, 특강초빙 주제강연 주제:"한국교회음악의 과거와 현재", "선의 기적과 한국교회사", "회중찬송가의 발간과 그 의미", "한국개신교의 교회음악", "한국 내에서 발간된 찬송가", "종전후의 한국교회음악의 발전과 찬미가의 발간", "한국교회음악의 토착화 문제" 도쿄 메이지 대학원 채플 강당 참석 강의
1980.8.23	일본전국교회음악세미나 특강주제발표(명지대학원)
1981.8	일본전국교회음악세미나 필실기 지도
1982.8	일본전국교회음악세미나
1987.7.9	"교회음악의 분석 표현" 세미나 특강(일본 다카자키 은혜의 교회)
1989	"음악과 신앙1" 특강(서울 강남노인대학)
1989.3.1	명지대학교 사회교육원 특강, "음악사와 신앙음악가의 역할"
1990	"음악과 건강2" 특강(서울 강남노인대학)
1990	"찬송가, 성가에 따르는 피아노 연주법, 반주법, 즉흥연주법" 지상 강의, 세광출판사 음악교육지 연재(1990년 봄호~1991년 봄호)
1992.8.12	"찬양은 기도보다 빨리 하늘에 도달한다", 성가대세미나 특강(서울 반석교

	회)
1993.10	KBS FM 작곡가와의 만남(박경구), 대담과 작품해설
1996.8.24	경희대학교 최고경영자 과정 특별초청특강 "음악의 구조적 발상"
1996.10.12	홍릉경로대학 특강 3회 "음악과 시의 발상" (홍릉 경로대 강당)
1997.2.17~18	한국교회음악 특별공개강좌(대전 Oadash Chorus 세미나실)
1997.7.10~13	세미나 특강 "21세기 한국교회음악의 민속적 토착화와 그 전망", LA 한국교회음악협회 및 아기작 공동주최(미 LA 산성교회)
1998.3	"교회음악의 현실과 교회음악의 반주법", 한국교회음악지휘자 연합회(구세군회관)
1998.6.17	동요음악세미나 "동요작곡법과 반주실기", 강동교육청 교육장 주최(기원초등학교)
1998.8.20	경희대학교 최고경영자 과정 특별초빙강사 "음악의 구조와 한국가곡의 시상"
2004.12.17	우리시 우리노래 "우리가곡의 어제와 오늘 그리고 내일" 강연(서울 '문학의 집' 주최, 세미나실)
1998	Gregorian Chant 이전의 교회음악에 대한 역사적 고찰", 구세군음악캠프 새시대 새음악 주제발표(구세군 세미나)

5) 사회활동

1957	창악회 창립위원, 서울대 교수회관에서 창립총회(초창구성위원: 황철익, 이치완, 이성재, 이남수, 김용진, 최영섭, 김성남, 윤해중, 박중후, 김대붕)
1965~1970	서울 8 Army Post Main Choral과 루터교회의 예배음악 담당 오르가니스트 겸 편곡자
1970~1980	경동교회 오르간 주자로 임명
1970	한국교회음악작곡가협회 창립 대표
1972	아시아기독인작곡가연맹 한국본회 조직 대표
1994	도쿄 이케부크로 뉴예루살렘교회 음악장로 추대
1976	제1회 한국성가작품발표회 기획 실행(새문안교회-한국성가순례단 주최)
1986	"축산을 사랑하는 시민의 모임" 창작이사
1988	작악회 창립대표(Zakak Association for Contemporary Music)
1990	(사)21세기한국교회음악연구협회 고문
1990	도쿄 뉴예루살렘(이케부크로) 교회 선교음악장로
1990	아시아기독인작곡가연맹(Asian Christian Composer's League) 창립, (작곡가: 황철익, 임우상, 류행웅, 고영필, 진규영, 김규현)
1991	삼성플라자 청소년 오케스트라 지도고문
1992	한일음악작품교류회 한국대표
1993~1994	(사)한국음악저작권협회 평의원
1994	한국찬송가 제2편 출간기념 작품위촉(17장, 88장)
1994	이젠 챔프 창작지도고문으로 추대

1994	(사)한국작곡가협회 이사
1995	한국동요음악협회 지도고문
1995~1999	(사)한국음악저작권협회 이사
1995	한국복사전송권관리센터(KRTRC)감사
1995	(사)대한민국 태극기 선양회 창작이사
1997	(사)한국작곡가협회 부회장
1997	(사)한국음악협회 이사 추대
1997	(재)두손병원 음악예술고문
1998	제1회 한민족창작음악축전 기획위원 위촉
1998	한국음악인선교회 고문 추대
1999	한국동요음악협회 상임이사
1998	한국교회음악 Forum 지도고문
1998	한국음악평론가협회 자문위원
2000~2003	21세기 한국찬송가위원회 편집음악전문위원장
2000	한국창작 Opera 명가회 창립위원대표
2002	한국예술가곡진흥위원회 창단조직위원
2002	한국예술가곡진흥위원회 창립창작이사
2003	한국100인 창작음악연합회(CMA:100 Korea Creative Musical Artists Federation) 창단, 대표이사장 추대 (발족대표자: 유경환, 함동선, 황철익, 탁계석), 한국언론재단 20층 내셔널프레스클럽
2004	한국동요작사작곡가협회 회장
2005~2006	21세기한국찬송가위원회 편집분과위원 위촉

저술과 작품집

1) 저서

새합창가집 (편저 발행, 형설출판사, 1974)
실용반주법(세광출판사, 1975)
일본도쿄 긴자 Kiguchi 국제음악사무소 예술성가곡실황녹음 Tape 제작발행(비매품, 1980)
악전이론과 실습(세광출판사, 1982)
숫자기호에 의한 건반화성실습(Figured Harmony at the Keyboard)(태림출판사, 1983)
건반화성과 반주법(태림출판사, 1984)
화성의 변모(Edmond Coste're 저, 편역, 세광출판사, 1984)
현대 음악교육의 자원(원제: Sound & Silence, John Paynter & Peter Aston 저, 편역, 삼호출판사, 1988)
창작대위법(공저, 삼호출판사, 1990)
합창의 기교(편역, 삼호출판사, 1990)
표준반주법(건반화성을 겸하여)(세광출판사, 1983)

2) 논문
신앙과 음악 사이에서 본 한국성가예술의 측선(숭의여대학보 교수논단 지상논문, 숭의여대학보, 1982)
신학적 측면에서 본 현대음악의 역사사회 심리학적 고찰(일본 도쿄 무사시노 대학원 졸업논문, Muahashino 대학원출판사, 1982)
21세기 한국교회음악의 토착화와 전망(동진음악사, 1997)
황철익의 Piano를 위한 세 개의 투영 분석연구(숙명여자대학교 대학원 작곡과 김미경 졸업논문, 1998)
황철익 창작 가곡과 성가곡에 관한 연구(성신여자대학교 대학원 최문자 졸업논문, 1990)

3) 연재
찬미가 피아노 연주법-음악교육사 논문연재(세광출판사, 1990 봄호~1991 봄호)
한국찬송가의 종합적인 진단" 지상강좌, 기독저널 연재(1995.1~1997.2)
건반화성과 교회음악반주의 실제론", "한국교회음악의 한국화, 민속화 작업에 따른 불가피한 메시지", "개혁으로 향한 선택과 결단"(기독음악저널 연재 1996.4)
한국교회음악은 민속(국민)적인 얼로 새로워져야 한다"(음악춘추사 명교수 감수 1-33회 연재, 1997.2)
그레고리와 성가로부터 현대성가곡에 이르기까지의 가락과 화성반주의 실제"(음악춘추사 지상강론 1-33회 연재, 1997.3)
아동음악에 대한 창의적 교육 방법의 고찰"(숭의목멱시 1975.7월호)
한국교회의 과거, 현재, 미래에 대한 고찰"(일본도쿄 음악전문지 '성가의 벗' 1979.9/10/11월호)
신학적 측면에서 본 현대음악의 역사, 사회심리학적 고찰", 일본 도쿄 음악전문지 '성가의 벗' 연재, 일본교회음악연구회(1984.3,4월, 일본연력 소와 1959년 5, 6월호, 1960년 8, 12월호, 1961년 2월호)
건반화성과 교회음악반주의 실제론", "한국교회음악의 한국화, 민속화 작업에 따른 불가피한 메시지", "개혁으로 인한 선택과 결단"(기독음악저널 연재, 1996)
그레고리와 성가로부터 현대성가곡에 이르기까지의 가락과 화성반주의 실제" 연재(음악춘추 지상강론 1~33회, 1997)

4) 작품집
성가곡집 〈주님과 함께〉(교회음악사, 1982)
성가곡 "오라"(태림출판사, 1984)
신작가곡의 대향연 작품집 공동수록 발간(KBS 한국방송공사, 1989)
성가곡집 〈주님을 처음 만나던 날〉(KBS 신작가곡집, 1992)
실내악 작품집 〈Side Line for Flute, Violin, & Piano〉, 〈Spring Loves on a Hae Hwa〉, 한국현대작곡가집 No. 6(예당출판사, 1992)
나의 간구(호산나음악사, 1994)

송영과 성가곡집 〈나의 하나님〉(호산나음악사, 1994)
Three Projections for Piano(창작 피아노곡 피스 시리즈 No. 1 황철익 작곡집)(음악춘추사, 1994)
효도가곡 "어버이 큰 한사랑"(음악예술 TEMA, 1995)
성가합창곡집, KI, KII, 남산(편저, 감리교회 음악부, 1996)
한국작곡가의 현대 피아노 작품집(음악춘추사, 1996)
성가곡집 〈당신과(주님과) 함께〉(작은우리출판사, 1997)
황철익 작곡집 〈사랑하는 님에게〉, 〈아름다운 제주(합창곡)〉(공저, 유일출판사, 1999)
새동요, 새합창작곡집 〈꽃파는 아가씨〉(한국음악교육연구소, 1999)
그랜드 오페라 〈허난설헌의 불꽃 아리랑〉(아브라함출판사, 2001)
가곡집 〈우리시 우리노래〉(편저, 동진음악출판사, 2003)
가곡집 〈우리시 우리노래〉(편저, 동진음악출판사, 2004)
신작예술가곡제 2집(동진음악출판사, 2004)
창작예술가곡집 〈노송〉(LA 여성기획사 발간, 2004)
"너와 함께 살리라", 한국문화예술진흥원 위촉작품(문화예술진흥원, 1976)
성가조합기사 "내 고향집 시냇가에" 등제(일본 '성가의 벗사,' 1977)
소논문 "한국교회음악현황" 등제(일본 '성가의 벗사', 1978)
어린이성가집 10곡, 위촉작품(기독교서회 어린이성가 편찬위원회, 1979)
백제의 도읍 공주산성은 나의 예혼을 길러준 곳(아기작 홍보부 단행본 발행, 1987)
한국찬송가 신작발표곡집 1~6집, 10여곡 발표(21세기한국교회음악연구협회, 1989)
Edited & Corrected by Chul Ik Hwang, 교회대성가집(남산교회 음악부, 1990)
Spring Loves Mae Hwa(매화에 봄 사랑이) (공저, 예당출판사, 1992)
Sonata for Piano and Flute(예전음악출판사, 1992)
성가합창곡집(남산교회 음악부, 1992)
주님과(당신과) 함께(호산나출판사, 1992)
한국신작찬송가 발표회곡집(한국찬송가공회 위촉곡, 1994)
어버이 큰 한사랑(테마출판사, 1995)
태극가(음악교육, 1995)
연주회용 성가제 합창곡집, 남산교회 50주년 창립기념(1995)
한국현대피아노곡집 II(음악춘추, 1996)
주님과 함께(합본, 작은우리출판사, 1997)
하나 되게 하소서(작은우리출판사, 1997)
새동요 창작합창곡집(음악교육출판사, 1998)
나의 하나님 혼성합창곡집, 종로서적 위촉 합창곡 출판 외 40여종 저서 출판(1998)
우리시 우리노래 신작가곡집, 한국예술가곡진흥위원회(동진음악출판사, 2003)
성가, 새 찬송가, 합창곡, 가곡작품집, 〈나 같은 사람에게도〉(동진음악출판사, 2003)
우리시 우리노래 신작가곡집, 한국예술가곡진흥위원회(편저, 동진음악출판사, 2004)
신작서정가곡합창곡집(동진음악출판사, 2004)

중앙성가합창곡집 1/2(중앙아트출판사, 2005)
창작피아노곡 피스시리즈 01(음악춘추사, 2002)
우리시 우리노래 신작가곡집(한국예술가곡진흥위원회 발간, 동진음악출판사, 2003)
성가 새 찬송가 합창곡 가곡작품집, 한국100인 창작음악연합회(동진음악출판사, 2003)
우리시 우리노래 신작가곡집(한국예술가곡진흥위원회 발간, 동진음악출판사, 2004)
신작서정가곡 합창곡집(동진음악출판사, 2004)한국새동요곡집(형설출판사, 1970)
개정총보 Orchestra Score(아브라함 발간, 2000)
성가작품집 찬송가 작품집 〈나 같은 사람에게도〉(동진음악출판사, 2005)
통일이여 어서오라, 제주도 찬가 작품집 및 CD(국제 Studio, 2005)
새합창곡집(형설출판사, 1974)
신작가곡발표회, "안개물이" 외 공동 발표, 한국예술가곡연합회(세광음악출판사, 2003)
"우리시 우리노래" 창작가곡집편집발행, 한국예술가곡진흥위원회(동진음악사, 2005.10)

음반

1) CD
한국성가합창곡집-러시아볼쇼이합창단 위촉연주, 루드밀라 에르마코바 지휘(1992.6)
생동하는 영의 소리-안산시립합창단,아이노스합창단,인천시립합창단,볼쇼이합창단, 박신화 지휘, 르드밀라 예르마코바(Gloson Recording Studio, 2003.7.16)
한국 정치근 시 새찬송가-안산시립합창단, 지휘 박신화(Gloson Recording Studio, 2004.3.20)
100인회 대표 가곡집(B&B Music, 2004.5.12)
100인회 신작 서정가곡 합창곡집-아주여성합창단, 임명운 지휘(B&B Music, 2004.6.14)
"예수 사랑하심은"-안산시립합창단, 박신화 지휘(Gloson Recording Studio, 2005.9.1)
정치근 "애국찬가"(Kukje Recording Studio, 2005.6.15)
정치근 시 한국새찬송가-안산시립합창단, 박신화 지휘(Gloson Recording Studio, 2005.6.20)
100인회 "2005신작예술가곡" CD녹음 발향(Dream Share Recording Studio)

2) Cassette
예술성가곡집(기쿠찌 음악사무소 제작, 1977.12.18)

수상

1977	성가수교감사 공로상
1977	음악문화교류 공로상
1980	음악교육발전 공로표창장
1982	교회음악조직 발전공로상
1983	한일문화교류 공로상
1985	합창우수작품 표창장

1987	교회음악발전 공로감사패
1988	국립합창단 15주년 기념음악회 작품위촉공연 감사패
1994	애국국민찬가작곡 공로표창장
1994	한국찬송가 제2편 출간기념패
1995	교회성가발전 공로감사패
1997	국무총리 표창장, 국가사회발전(음악창작)에 기여한 공로 대한민국 창작교육상(제 83192호)
1997	일한음악창작교류 특별공로상
1998	한국음악상(창작분야)
1999	제12회 대한민국동요작곡대상
2003	한국창작발전 공로표창장
2003	공주문화발전 공로감사패

교회음악작품목록

1) 합창곡

축하하세 노엘(1972)/여기 계시옵소서(1972)/백합의 노래(1973)/영광 충만하라(1974)/이 땅에 태양처럼 영광 충만하라(1974)/아기 예수 나셨네(1975)/너와 함께 살리라(김희보, 1976)/아기 예수(1976)/피아노와 여성합창을 위한 조곡 "너와 함께"(1976)/비파와 거문고로 찬양하라(시150편, 1976)/이 땅위에 태양처럼 영광 충만하여라(1977)/내가 주를 안다함이 (다함없는 사랑으로)(1977)/시100편(1978)/하나 되게 하소서(1980)/주님과 함께(1981)/나의 하나님(정치근, 1986)/예수 이름으로 승리는 내 것일세(합창조곡, 1987)/내 영혼아 찬송하라(정치근, 1989)

2) 독창곡

주여 구하소서(정치근, 1970)/사랑은 영원이어라(김희경, 1972)/주님의 사랑을 알게 하소서(주정식, 1973)/우물길(이승희, 1978)/여호와께 즐거이 노래하자(시100편, 1976)/비파와 거문고고 찬양하라(1976)/하나되게 하소서(김성영, 1976)/주여 구하소서(황철익, 1976)/여호와께 즐거이 부를찌어다(시100편, 1977)/비파와 거문고로 주를 찬양하라(시150편, 1977)/온 땅이여 여호와께 찬양하라(1978)/더욱 크신 은혜(김한준, 1979)/못 잊도록 생각나겠지요(김소월, 1980)/오라(1980)/주여 응답하소서(1980)/당신과 함께(강정규, 1981)/주님과 함께(강정규, 1981)/나는 따르리라(오병학)/주님위해 살래요(김보림, 1981)/당신과 함께(1981)/길(신경림, 1982)/주님과 함께(1982)/오라 (박종렬, 1984)/하나님의 귀한 아들 딸(1984)/이웃을 사랑해요(1984)/하나님이여 내 하나님이여(송명희, 1988)/아픔도 슬픔도(1989)/나의 친구(정치근, 1992)/하나님의 귀한 아들딸(나채운, 1992)/이웃을 사랑하면(고소웅, 1992)/봉헌의 노래(고소웅, 1992)/불쌍히 여기어 주옵소서(박정희, 1992)

3) 칸타타

압살롬의 祭碑(제비)(전4막, 1973)/세리 삭개오(전4막, 1971)/살았다(전 4막 7막, 원작 편곡,

1974)/나의 영혼아(소 Cantata, 1992)/드고야에서 온 사람(전5장, 1975)/피아노와 혼성합창을 위한 "Time Coloration"(1993)

4) 찬송가
주여 나의 생명(김보훈, 1968)/영광 충만하여라(정치근, 1970)/여기 계시옵소서(정치근, 1972)/여호와의 장막(박경종, 1975)/주 앞에 드리자(황철익, 1975)/내 고향집 시냇가에서(조남기, 1975)/깊은 곳에(정치근, 1975)/여기 계시옵소서(정치근, 1975)/나는 따르리라(오병학, 1976)/내가 주를 안다함이(김성영, 1976)/감사 찬송(김희보, 1976)/하나 되게 하소서(김성영, 1976)/주님 만나 뵈옵고(1978)/사랑의 주님 예수(1978)/길이 되신 주님 앞에(강대식, 1978)/응답하소서(정치근, 1979)/지극히 높은 곳을(박종구, 1980)/주의 은혜 감사하네(황철익, 1980)/하나님의 동역자(장신위원회, 1980)/더욱 크신 은혜(김한준, 1981)/더욱 크신 은혜(유성윤, 1981)/빛 되신 나의 주(찬송가위원회, 1982)/주의 은혜 감사하네(정치근, 1982)/아픔도 슬픔도(김성호, 1984)/사랑의 빛(조학현, 1984)/하나님의 귀한 아들 딸(나채운, 1985)/이웃을 사랑하면(고소응, 1985)/봉헌의 노래(고소응, 1985)/불쌍히 여기어주옵소서(박정희, 1986)/나의 영혼 깊은 곳에(정치근, 1986)/주님 위해 살래요(김보림, 1987)/주여 우리 기도를(정치근, 1987)/주의 평화 넘치네(정치근, 1987)/주 앞에 드리자(정치근, 1988)/오천년 이 땅위에(엄원용, 1989)/내 영혼아 찬송하라(정치근, 1989)/가시밭의 백합화(이선봉, 1989)/기쁘고 거룩한 날(박정희, 1989)/우리교회 성전은(전재동, 1990)/예수님의 마음(박종구, 1993)/가시밭의 백합화(이성봉, 1993)/지극히 높은 곳을(박종구, 1994)/교회여 영원하여라(조학현, 1995)/예배하러 나왔어요(나채운, 1995)/반갑고 즐거운 주님의 날(박정희, 1995)/주님 위해 살래요(김보림, 1995)/널따란 잔디밭에(최영일, 1995)/이웃을 사랑하면(고소응, 1995)/사랑의 빛(조학현, 1996)/길이 되신 주님 앞에(강대식, 1997)/하나님은 우리 피난처시니(강풍식, 1998)/어머님의 크신 은혜(엄원용, 1998)/꽃이 피고 새가 우는(임종락, 1999)/머리에 가시관(반병섭, 2000)/아침햇살 비칠 때1(황금찬, 2000)/아침햇살 비칠 때2(황금찬, 2000)/달과 구름을 바라보다(정치근, 2002)/비단 위에 수놓은 듯(정치근, 2003)/세상 복은 왔다가도(정치근, 2003)/어둠의 권세에서(마경일, 2003)/태산이 변하여서(정치근, 2003)/머리에 가시관(반병섭, 2004)/언젠가는 돌아가리(정치근, 2005)/어둠의 권세에서(정치근, 2005)/내 몸이 병들어(정치근, 2005)/한번 왔다 한번 감은(정치근, 2005)/세상 복은 왔다가도(정치근, 2005)

5) 송영곡
받아주소서 아멘(1954)/입례송 알렐루야 (정치근, 1970)/깊은 곳에서(정치근, 1971)/평화의 나라 주소서(1975)/깊은 곳에서 당신께(정치근, 1975/여기 계시옵소서(정치근, 1975)/영광 충만하여라(정치근, 1975)/여섯 번 아멘 일곱 번 아멘(1976)/알렐루야 아멘(1977)/알렐루야(1977)/대축송(1980)/내 영혼아 아멘(1980)/영광의 하나님(황철익, 1980)/12개의 알렐루야(성경시, 1981)/여섯 번 아멘(1981)/일곱 번 아멘(1981)/12개의 아멘(성경시, 1982)/주여 나의 기도를 들으소서(1983)/응답하소서(정치근, 1983)/여기 계시옵소서(1984)/이곳에 임하소서(1984)/주여 우리 기도를(정치근, 1984)/평화의 기도(정치근, 1984)/주의 평화 넘치네

(정치근, 1984)/만유의 하나님(정치근, 1984)/나의 영혼 깊은 곳에(정치근, 1984)/깊은 곳에 서 당신께(1985)/주님의 평화를 내리소서(1989)/평화의 기도(1989)/만유의 하나님(1989)/ 나의 영혼 깊은 곳에(1989)/깊은 곳에(1989)/주 앞에 드리자(정치근, 1989)/깊은 곳에 (1989)/주 앞에 드리자(정치근, 1989)/이곳에 임하소서(정치근, 1990)/주여 임하소서(정치 근, 1990)/대축송(정치근, 1990)/내 영혼아 아멘(정치근, 1990)/주와 함께 살리라(이영호, 1990)/13th Century 아멘(1993)/세 번 아멘(1993)/주님의 평화를 내리소서(정치근, 1993)/ 은혜 내려주소서(황철익, 1994)/삼위일체 하나님(1998)/나의 하나님(1999)

그 외 작품목록

1) 성악곡

-가곡

뻐꾹새(유치환, 1956)/명주딸기(김소월, 1956)/지나가는 꿈 (김광섭, 1967)/먼 후일(김소월, 1975)/화월야(김소월, 1975)/이 밤 깊으면(김기석, 1978)/내 고향 인천(조병화, 1998)/그리운 내 가족(정치근, 2001)/길이 되신 주님 앞에(강대식, 2001)/나의 조국(정치근, 2002)/그리워(박화목, 2003)/안개몰이(이향숙, 2003)/구미시가(정치근, 2004)/통일이여 어서 오라(정치근, 2005)/제주도 찬가(정치근, 2005)/매화 같은 나의 사랑(단지후미꼬, 1985)/한송이의 눈과 입 맞추며 고대하는 날(단지후미꼬, 1985)/멀어져 가는 눈 발자욱 소리(단지후미꼬, 1985)/너에 대한 나의 사랑(단지후미꼬, 1985)/꽃 춤(단지후미꼬, 1985)/그대 만나는 날 갈아입을 홑옷은(단지후미꼬, 1986)/자양화 꽃의 빛이 짙어질수록(단지후미꼬, 1986)/나의 찬미(임옥인, 1986)/낙천(김소월, 1987)/모란이 피기까지는(김영랑, 1981)/그대 그리워(단지후미꼬, 1984)/어린이여 안녕(외국시, 1984)/매화 같은 나의 사랑(1994)/어버이 큰 한사랑(김추인, 1994)/내가 처음 주님을 만나던 날(엄문혁, 1995)/까치야(서정주, 1996)

-동요

꽃신(유선윤, 1970)/눈이 내린다(김영일, 1970)/눈(김영일, 1970)/도토리(유성윤, 1970)/밤 하늘(어효선, 1970)/어린이 나라(석용원, 1980)/우리는 귀염둥이(석용원, 1970)/닭(강소천, 1989)/누굴까 누구일까(정두리, 1993)/저녁(박경종, 1996)/어머니 크신 은혜(엄원용, 1997)/ 여름 밤하늘(송명호, 1997)/은행잎(박선자, 1997)/참새꽃 까치꽃(김완기, 1998)/보리밭 푸른 이삭(유경환, 1998)/멧새(권영상, 1998)/소망(이동주, 1998) /순종하면(김찬양, 1998)/우리 아빠 팔 베개하고(김찬양, 1999)/채송아 꽃밭(유경환, 1999)/팽이(김종상, 1999)/겨우살이(김종상, 1999)/노랑나비(김영일,1999)/어머니의 사랑(엄원용, 1999)/여름 밤 하늘(송명호, 1999)/강아지풀(김구연, 1999)/꽃이 피고 새가 우는(임종락, 1999)/오솔길(유경환, 2000)/오솔길을 걸으면(권오훈, 2000)/가을(김종상, 1994)/갈대꽃(석용원, 1994)/안개꽃(박경종, 1994)/자장가(유성윤, 1994)/가을소식(홍은순, 1995)/밤송이(어효선, 1995) /오솔길(유경환, 1995)/참새꽃 까치꽃(김완기, 1995)/가보나마나(유경환, 1996)/냇물(박송, 1996)/봄(박경종, 1996)/아침(박화목, 1996)/건져드릴까(김신철, 1997)/반장뽑기(엄기원, 1997)/밤이면 와요(홍은순, 1997)/여름밤 하늘(송명호, 1997)/울엄마(선용, 1997)/목동들이 보았네(박경종, 1998)/산수유 피는 마을(선용, 1998)/아기 예수 나셨네(박화목, 1998)/개미들이(김시철, 2000)/나와 등대(박경종, 2000)/동구밖 길(박화목, 2000)/목련꽃 지면 안돼(홍은순, 2000)/동물 흉내(김종상, 2001)/봄북 길(선용, 2001)/지구는 초록별(신현득, 2001)/꽃처럼 풀처럼(엄기원, 2002)/무지개(박경종, 2002)/밤하늘(어효선, 2002)/외진 오솔길(유경환, 2003)/살구나무(문삼석, 2004)/아가 하나 있으면(신현득, 2004)/봄비(선용, 2005)/심심해서(김종상, 2005)/설날 아침(이준관, 2005)

-합창곡
꽃 피는 아가씨(1967)/새 몽금포사랑(1968)/새 아리랑 타령(1970)/집을 나간 꼬꼬야(1971)/송편타령(1976)/벚꽃(일본고요, 1978)/피아노와 여성합창을 위한 "讚歌"(1979)/천안삼거리(1982)/한 오백년(1991)/나의 영혼아(1997)/매화에 봄 사랑이(1989)/울고 가는 저 기러기(한국전승시, 1997)/엽서 한 장(한국전승시, 1998)/가을 하늘(임금자, 1999)/아름다운 제주 진군홈(1999)/여성합창을 위한 "바람색의 나날"(단지후미꼬, 1999)/큰 나무 되려면(이양자, 1999)

-동요반주 편, 작곡
학교/소풍/장난감 망원경/나는 나는 자라서/미끄럼/숫자 놀이/공놀이/코끼리/오리/여름방학/개구리/무지개/숲속의 나라/착하고 아름답게/가을/운동회 노래/추석날/기차놀이/아버지와 어머니/아침/꼬마대장/우리길/저녁한때/우리 모두 다함께/줄넘기/어린이 명절/뱅글뱅글/층층계 노래/종이접기/송아지/해와 비/우리 산 우리 강/햇볕은 쨍#/여름방학/노래하자 춤추자/저금통/동대문 남대문/운동회 노래/가을 소풍/달맞이/바람개비/옛날이야기/참말 잘한다/퐁당퐁당/인디언의 춤/소풍/잠자리/시계/물레방아/리듬악기 노래/가랑잎 배/가을/머지 않아/은방울/우리 할머니/배꽃/옥수수 하모니카/닭/달밤/별 하나, 나 하나/위문 편지/다람쥐/똑똑똑/함박눈/탄일종/소리개/봄맞이/꽃밭에서/새마을 노래/태극기/이순신 장군/우리 공군 아저씨/캠프의 노래/산길/구름/새와 개구리/광복절 노래/제헌절 노래/새해의 노래/삼일절 노래/고요한 밤/종소리/개천절 노래/한글날 노래/사공의 노래/성불사의 밤/애국가/서로서로 도와가며/안녕/제힘으로 척척/나비 노래/흰구름/시냇물

2) 기악곡
-독주곡
하몬드 오르간을 위한 전주곡와 후주곡(1983)
첼로와 피아노를 위한 "Dialogue"(1979)
오르간 독주곡 "크리스토의 변용"(1984)
피아노를 위한 "Convergence and Divergence"(1980)
플루트를 위한 "Elegia"(1982)
플루트를 위한 "Circuit"(1982)
더블베이스와 플루트를 위한 "3개의 전문(典文)"(1981)
한 대의 피아노와 남성을 위한 두 편의 "Acts"(1981)

플루트를 위한 "백재필여의 애가(哀歌)"(1983)
피아노를 위한 Sonata "3개의 Projectors"(1994)
피아노를 위한 "Theme & Variations"(1989)
피아노를 위한 "1988의 자화상(自畵像)"(1992)
플루트와 피아노를 위한 서정적 소나타(1993)
소프라노를 위한 "일성(一聲)"(1992)
플루트와 피아노를 위한 5개의 "민화"(1993)
플루트 독주를 위한 "적녀(笛女)의 한"(1990)
피아노를 위한 "Three Fantasies"(1989)
인성과 피아노를 위한 "Figure of Woman"(1987)
1인의 여성과 남성을 위한 2중창 "고대찬가(古代讚歌)"(1980)
더블베이스를 위한 "Variations Retrospective"(1985)
피아노를 위한 "철문도(鐵門圖)"(1957)
피아노를 위한 "A Plan in a Dream"(1957)
플롯을 위한 "Eb Sonata"(1985)
피아노를 위한 "5개의 소품"(1969)
소프라노를 위한 "일성(一聲)"(1992)
피아노를 위한 "Three Pieces"(1995)
바이올린을 위한 3장 Catalogue "잔조집(殘照集)"(2005)
피아노를 위한 3장의 "조류(潮流)"(2004)
1인의 인성을 위한 "古代讚歌(고대찬가)"
플롯을 위한 "雅歌女(아가녀)의 한"

-실내악곡
더블베이스와 플롯을 위한 "3개의 典文(전문)"(1981)
한 대의 피아노와 남성을 위한 두 편의 "사도행전"
두 손을 위한 4개의 "설계도"(1968)
플롯, 바이올린과 첼로를 위한 "4개의 殘映(잔영)"(1981)
두 개의 클라리넷과 콘트라베이스를 위한 5개의 Pieces(1981)
피아노와 두 손을 위한 "기승(起承)"(1981)
3장의 목관5중주 "시적단장"(1982)
클라리넷, 더블베이스, 피아노를 위한 "승전(承傳)"(1986)
클라리넷, 첼로, 피아노를 위한 "자계(磁界)"(1988)
바이올린과 피아노를 위한 "공간의 기억"(1994)
바이올린과 피아노를 위한 "기배(氣配)"(1996)
4인의 타악기 주자를 위한 "Penta Phase"(1997)
4개의 트럼본을 위한 "4계의 정경"(1999)
4인의 타악기 주자를 위한 18세 "Eighteen"(2000)

두 개의 트럼펫과 트럼본을 위한 "교착(交錯)" (2001)
현악4중주 "Spring" (1967)
현악4중주 "Impromtus" (1968)
클라리넷, 비올라, 피아노를 위한 "표상" (1969)
플루트와 바이올린, 피아노를 위한 "Side Line" (1980)
두 개의 클라리넷과 인성을 위한 "Meditation" (1981)
두 개의 클라리넷과 더블베이스를 위한 "5개의 Pieces"
바이올린, 첼로, 더블베이스를 위한 3장의 "Imagination" (1982)
현악 4중주를 위한 "Theme & Variations" (1980)

-관현악곡
관현악을 위한 4개의 "Complicated Circuit" (1978)
관현악을 위한 "Phantom of Tree" (1989)
피아노를 위한 협주곡 "Crystal(結晶)" (1999)
관현악을 위한 "Three Scheme"

3) 오페라
-콘서트 오페라
風色(풍색)의 나날(단지후미꼬 각본, 1993)/반디불(단지후미꼬 각본, 1995)/이슬(露(로)(단지후미꼬 각본, 1997)

-오페라
허난설헌 불꽃 아리랑(김태수 각본, 2001)

내가 주를 안다함이

김성영 작사
황철익 작곡

1. 내 가 주 를 안다함 이   입 으 로 만 하였었 네
2. 내 가 주 를 사모함 이   거 짓 입 술 되었었 네
3. 내 가 주 를 사랑함 이   말 만 같 지 못하였 네

김규현 Kim Gyuhyon

충남 아산 출생으로 연세대학교 대학원에서 작곡(하재은 교수 사사)을 전공하고 재학 시 제 14, 15회 서울음악제(音協 주최)에 작품 입선하여 발표했고, 제30회 서울음악제(2000)에 실내악 작품을 위촉 받아 발표했다. 제37회(1994)부터 제43회(2006)까지 독일 다름슈타트 현대음악제에 11년간 참가했고, 제3회(캐나다, 1993), 제5회(네덜란드, 1999), 제6회(미국, 2002), 제7회(일본, 2005) 세계합창심포지엄에 참가했다. 미국 캘리포니아 주립대학교 연장 교육인 Conducting Master Class(1997)를 수료했다. 비평가로서 Oregon Bach Festival(미국, 1997), 제11회 아태관악제(대만, 2000), Black Sea Winter Music Festival(루마니아, 2000), International First Festival of Actual Music(몽고, 2001) 등에 초청받아 참가했다. 2002년 부산 국제합창올림픽 심사위원과 예술위원을 역임했고, 인천시향과 제주시립합창단 지휘자 심사위원(2004)도 역임했다. 그리고 한국음악비평가협회 회장을 6년간 이끌어왔고 서울시 서울문화재단의 무대공연 평가위원도 역임했다.

저서로는 『김규현 作曲集』(1990), 『테러리즘 음악평론의 시비』(1991), 『한국 현대음악의 현장』(1992), 『현대음악의 사조와 구조분석』(2000), 『김규현의 현장음악 비평』(2005), 『근현대 한국 합창곡 분석』(2004), 『한국 현대 작곡가와의 대화』(근간), 『한국 교회음악 작곡가의 세계』(2006) 등이 있다. 작품은 Suites for Strings Orchestra, Jesus Symphony by Orchestra 등 150여 곡을 썼다.

현재 서울 신학교 교수, 현대성가포럼 대표, 비평학교 교장, 서울코랄음악 고문, 6인 비평가 그룹 동인, 젊은음악인의모임 고문, 뉴욕신학대 한국분교교수, 뉴욕 교회음악아카데미 원장, 반도 중앙교회 성가대지휘자 등으로 있다.

Gyu Hyon Kim (b Asann Chungnam Province, South Korea)

He graduated from Yonsei University graduate school. He studied composition with Jae-eun Ha, then attended Hongik University in 1986. He was selected as the winning nominee by the 14th and 15th Seoul Music Festival. And his chamber work performed at the 30th seoul music festival commissioned by music Association of Korea.

From 1993 to 2005, he traveled to the USA, Canada, and the Netherlands, Japan, participating in the 3rd, 5th, 6th, 7th World Symposium on Choral Music sponsored by the Internatioal Federation on Choral Music(IFCM)

From 1994 to 2006, he completed the 37th-43nd International Ferienkurse fur Neue Musik of Darmstadt in Germany.

Also in 1997, he finished Conducting Master Class at California State University.

As a music critic, he participated in the 1997 Oregon Bach Festival in the United States, with Suwon Civic Chorale as a guest of the program, he is presented at the 32nd Seoul Music Festival in 2000. And The Music Assosiation of Korea commissioned him to write the chamber music work.

He is presently president of the contemperary sacred Music Forum, former juror and member of The 2002 Busan International Choir Olympic, also professor at New York College of theology of the Korean Brunch and a professor at Seoul College of Theology, department of music.

17인의 작곡가를 만나다
한국 교회음악 작곡가의 세계

1판 1쇄 발행 ㅣ 2006년 9월 19일

지은이 ㅣ 김규현
펴낸이 ㅣ 김재선
펴낸곳 ㅣ 예솔

출판등록 ㅣ 1993.4.3(제 2-1525호)
주소 ㅣ 서울시 마포구 서교동 364-31 석전빌딩 303호
전화 ㅣ 02)3142-1663(판매), 335-1662(편집)
팩스 ㅣ 02)335-1643
홈페이지 ㅣ www.yesolpress.com
ISBN 59-5916-165-9 04230

값 15,000원